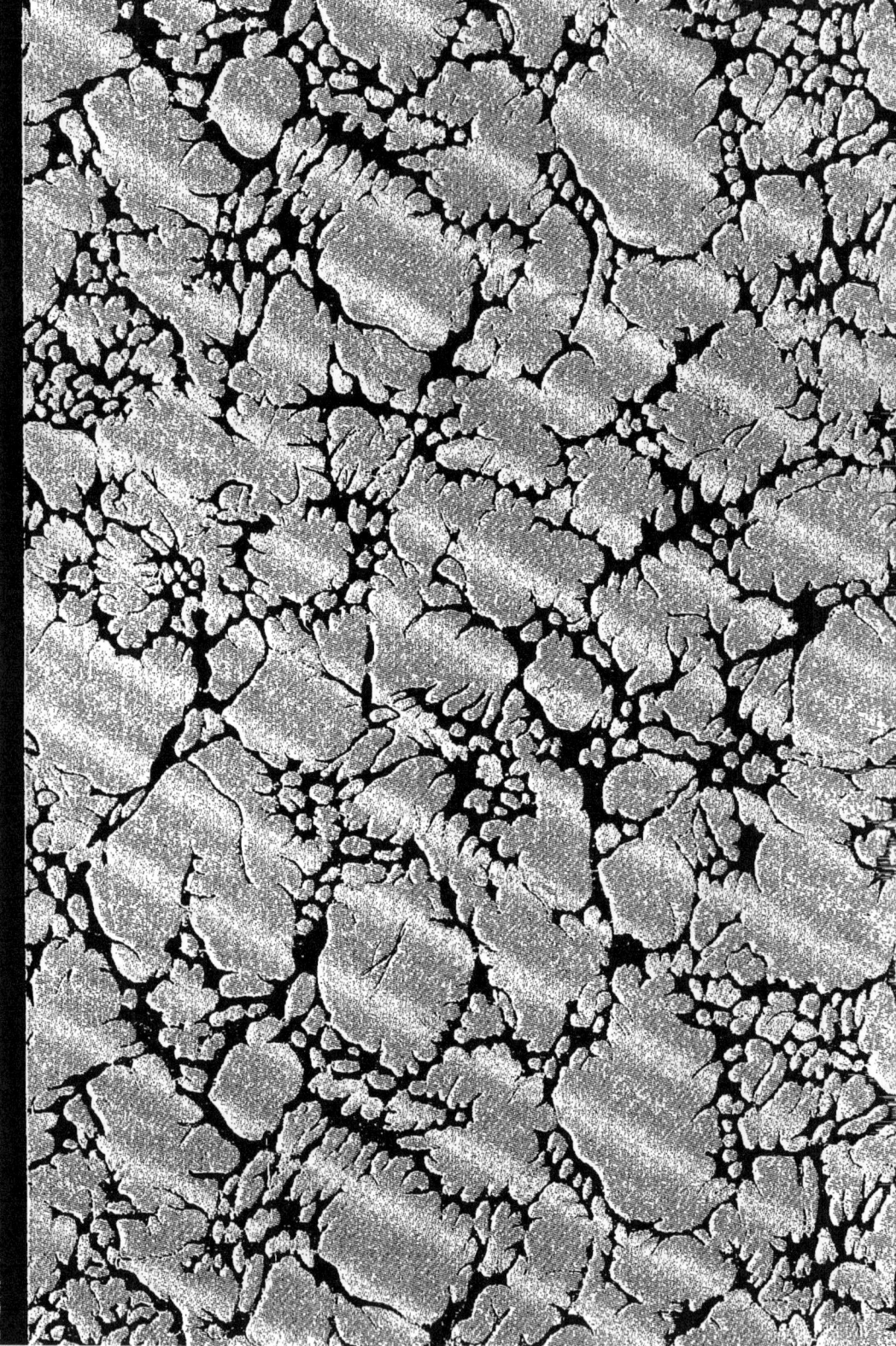

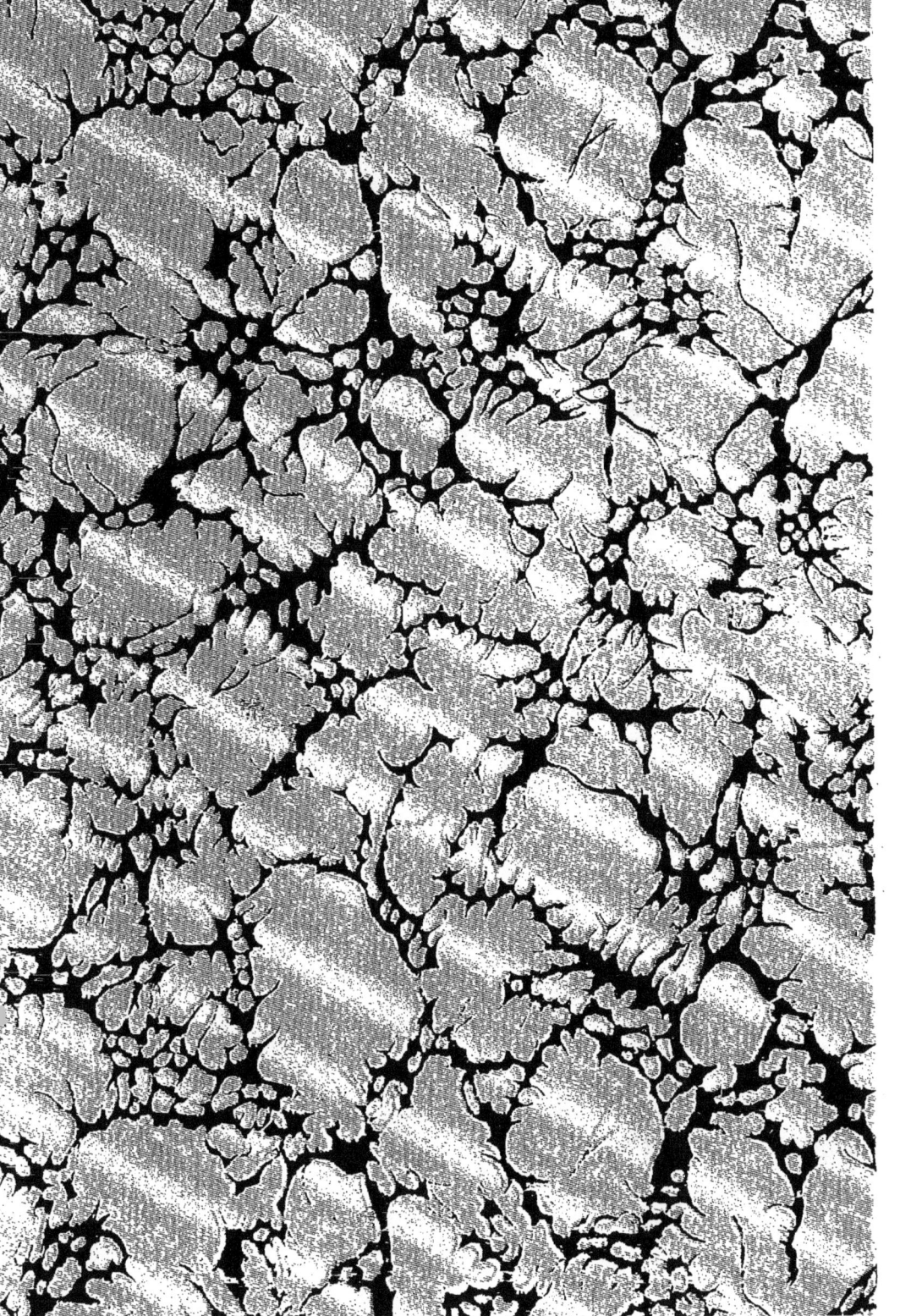

OEUVRES
DE RIGORD

ET DE

GUILLAUME LE BRETON

HISTORIENS DE PHILIPPE-AUGUSTE

PUBLIÉES POUR LA SOCIÉTÉ DE L'HISTOIRE DE FRANCE

PAR H. François DELABORDE

TOME PREMIER

CHRONIQUES DE RIGORD ET DE GUILLAUME LE BRETON

A PARIS
LIBRAIRIE RENOUARD
HENRI LOONES, SUCCESSEUR
LIBRAIRE DE LA SOCIÉTÉ DE L'HISTOIRE DE FRANCE
RUE DE TOURNON, N° 6

MDCCCLXXXII.

En attendant l'introduction qui paraîtra ultérieurement et qui contiendra la description et le classement des manuscrits que nous avons employés, nous croyons devoir indiquer au lecteur les abréviations qui les désignent dans la présente édition.

Manuscrits de Rigord.

P.   — Paris, Bibl. nat., latin 5925.
V.   — Vatican, Reine Christine 88.

Manuscrits de Guillaume le Breton.

Brux. — Bruxelles, Bibl. roy. 18401.
Chr. — Vatican, Reine Christine 619.
Cott. — British Museum, Cotton, Vespasianus D iv.
Ott. — Vatican, Ottoboni 1472.
P. — Paris, Bibl. nat. latin 5925.

On trouvera une description de ces manuscrits dans l'*Étude sur la chronique en prose de Guillaume le Breton* qui forme le 22e fascicule de la *Bibliothèque des écoles françaises d'Athènes et de Rome*.

ERRATA.

P. 55, note 3, *au lieu de* : 4862, *lisez* : 1891.
— 62, au haut de la page, *au lieu de* : 1150, *lisez* : 1050.
— 64, note 5, l. 2, *au lieu de* : à l'année 1213, *lisez* : p. 257, § 176.
— 84, note 3, *au lieu de* : manque dans V, *lisez* : manque dans P.
— 96, note 2, l. 9, *au lieu de* : Philippide II, v. 787, *lisez* : Philippide III, v. 737.
— 96, note 2, l. 13, *au lieu de* : Philippide (II, v. 7), *lisez* : Philippide III, v. 748.
— 218-220. Le § 129, étant tout entier de Guillaume le Breton, doit être entre crochets.

ŒUVRES DE RIGORD

ET DE

GUILLAUME LE BRETON

IMPRIMERIE DAUPELEY-GOUVERNEUR,

A NOGENT-LE-ROTROU.

OEUVRES
DE RIGORD
ET DE
GUILLAUME LE BRETON

HISTORIENS DE PHILIPPE-AUGUSTE

PUBLIÉES POUR LA SOCIÉTÉ DE L'HISTOIRE DE FRANCE

Par H. François DELABORDE

TOME PREMIER

CHRONIQUES DE RIGORD ET DE GUILLAUME LE BRETON

A PARIS
LIBRAIRIE RENOUARD
HENRI LOONES, SUCCESSEUR

LIBRAIRE DE LA SOCIÉTÉ DE L'HISTOIRE DE FRANCE
RUE DE TOURNON, N° 6

MDCCCLXXXII.

EXTRAIT DU RÈGLEMENT.

Art. 14. — Le Conseil désigne les ouvrages à publier, et choisit les personnes les plus capables d'en préparer et d'en suivre la publication.

Il nomme, pour chaque ouvrage à publier, un Commissaire responsable, chargé d'en surveiller l'exécution.

Le nom de l'éditeur sera placé à la tête de chaque volume.

Aucun volume ne pourra paraître sous le nom de la Société sans l'autorisation du Conseil, et s'il n'est accompagné d'une déclaration du Commissaire responsable, portant que le travail lui a paru mériter d'être publié.

Le Commissaire responsable soussigné déclare que l'édition des OEuvres de Rigord et de Guillaume le Breton, *préparée par* M. H. F. Delaborde, *lui a paru digne d'être publiée par la* Société de l'Histoire de France.

Fait à Paris, le 15 décembre 1882.

Signé L. DELISLE.

Certifié,

Le Secrétaire de la Société de l'Histoire de France,

J. DESNOYERS.

GESTA PHILIPPI AUGUSTI

RIGORDI LIBER.

Serenissimo et amantissimo domino suo Ludovico, Dei gratia Philippi regis Francorum semper Augusti illustri filio, regie indolis adolescenti gloria et honore sublimando, magister Rigordus, natione Gothus, professione physicus, regis Francorum cronographus, beati Dionysii Areopagite[1] clericorum minimus, vitam et sospitatem ab eo per quem reges regnant.

Exsultat et letatur in Domino sancta mater ecclesia, quia visitans visitabit Dominus populum suum et in servis suis miserebitur. Vox siquidem exsultationis et salutis in tabernaculis Francorum passim insonuit, quia vident regem suum, regis Augusti filium, a cunis sapientie laribus educatum, ad regalem sapientie thronum mature conscendere, et divina sibi studenti arridente gratia celum haurientem, in justitia et judicio sibi solium preparare. O solemnes et regales nostri Salomonis nuptias! O copulam qua non est in terris ulla felicior! Cum et rex sibi conglutinat sapientie contubernium, et sapientia relativo jure regis assumit

---

1. *Ariopagite* V P. — Les variantes du ms. du Vatican sont désignées par la lettre V, celles du ms. de Paris par la lettre P.

officium, juxta divinum Platonis oraculum, qui tum demum beatum orbem terrarum futurum predicavit, cum aut sapientes regnare, aut reges sapere cepissent. O admirandam hujus regii pueri maturitatem, qui cum sit adhuc in annis teneris, jam quodam modo se ipso major est et jam fit tempestivus honori, quia maturus virtuti! Etatem namque superat sensus, et rationem potentem[1] evo concludit animus. Regia siquidem magnificentia, degeneris et ignave more damna male sustinens, tarda non exspectat annorum molimina, quia Cesaribus virtus contigit ante diem. Jam videre mihi videor in temporibus hujus clementissimi et sapientissimi principis et pauperibus pacem, et antiquam ecclesiis reformari dignitatem, quando et collata erit ei potestas ad judicium sceleris, et per scientiam compti mores ad exemplar honestatis; quando scilicet et poterit et noverit reddere que sunt Cesaris Cesari et que sunt Dei reddere Deo. Tunc siquidem ipse, morum columen et militum gloria, non minori laude promet exemplum quam gladium; quia tunc gloriose de ceteris hostibus triumphabit, cum per sapientie presidium de vitiis triumphaverit, in altero scilicet mentis libertatem, in reliquo statum regni conservans incolumem[2]. Quicquid enim animo, quicquid manu, quicquid lingua est admirabile, hujus sapientia suis in temporibus ad cumulum laudis perducet. Hinc est, o puer, atavis[3] edite regibus, quia litteras discitis et diligitis, quod ego serenissime prudentie vestre litteras meas mittere presumpsi, et lucu-

1. *ratione potenti* V P.
2. *in columen* V.
3. *attavis* P.

bratiunculam quamdam, quam de gloriosi patris vestri Philippi semper Augusti gestis utcumque contexui, vobis primum videndam et legendam destinavi, duplici[1] nimirum intentione, ut et vos devotionem meam erga regnum Francorum et gloriosum patrem vestrum perfecte cognoscatis, et vos tanti principis commendabiles actus quasi speculum pre oculis semper habeatis in exemplar virtutis. Licet etenim viri fortis progenies armorum faciem inter ipsos matris agnoscat amplexus, et, dum nature obsequitur, discat amare terrorem, per exemplar[2] tamen non minimum animatur ad virtutem. Accipite igitur, queso, gratanter, puer inclyte, de manibus clerici vestri nuntium paterne virtutis opusculum; quod quamvis rudi nimis et incompto stylo et indignis tante materie verbis sim persecutus, tamen ex humili sermone veritatem, et in veritate poteritis contemplari virtutem; nec[3] regia soboles regia fastidiat fercula, quamvis luteis, sed tamen mundis, vasis sibi sint propinata. Recognoscite igitur et recolite, regia progenies, *heroum laudes et* vestri *facta parentis*[4], ut et vos possitis que sit virtus cognoscere, et nos in vobis tribus auguste virtutem gaudeamus parentare;

> Ut postquam firmata virum vos fecerit etas,
> Jamjam pacatum[5] patriis virtutibus orbem[6]

in justitie et pacis osculo gubernetis.

1. *dupplici* P.
2. *exempla* P.
3. *hec* P.
4. Virg. ecl. IV, 26.
5. *peccatum* P.
6. Ces deux vers sont une adaptation des vers 17 et 37 de l'églogue IV de Virgile.

In fine tamen hujus epistole, Salvatoris exoramus clementiam, ut ipse in cujus manu sunt omnium potestates et jura regnorum, respiciat ad Francorum benignus imperium, et, per gloriosi martyris sui et patroni nostri macarii Dionysii sociorumque ejus intercessionem, ipse vos eadem gratia qua feliciter educavit in puerum, felicius vos promoveat in juvenem, et tractu temporis per prosperos ad vota successus felicissime vos in perfectam consummet etatem, ad sui nominis laudem et gloriam et ecclesie sue sancte defensionem.

Incipit prologus in librum Gestorum regis Philippi Augusti a Deo dati.

Librum gestorum Philippi Augusti, christianissimi Francorum regis, mihi scribere gestienti multa concurrerunt impedimenta, egestas seu rerum inopia, acquisitio victualium, instantia negotiorum, styli simplicitas et mens in hujusmodi minus exercitata; et maxime quia, cum in auribus multorum aliquid novi recitatur, solent[1] auditores in diversa scindi vota, et hunc quidem applaudere idque quod audit laude dignum predicare, illum vero seu ignorantia ductum, seu livoris aculeo vel odii fomite perversum, etiam bene dictis detrahere. Et mirum est humanum genus a prima sui origine (secundum quem[2] cuncta que fecit Deus valde bona creata sunt) ita esse depravatum ut promptius sit ad condemnandum quam indulgendum,

1. *solere* V P.
2. *quam* V.

et facilius sit ei ambigua depravare quam in partem interpretari meliorem. Multum enim in utramque partem fama mentitur crebro, et tam de bonis mala quam de malis bona, falsorum ora concelebrant. Virtus enim semper invidie patet, et venenatis[1] emulorum subjacet latratibus. Scripturus enim gesta christianissimi Philippi regis, si cuncta de virtutibus ejus congrua dixero, adulari putabor; si quedam subtraxero ne[2] incredibilia videantur, damnum laudibus ejus mea faciet verecundia. Hoc ego pertimescens, opus decennio elaboratum habui in voluntate supprimere aut penitus delere, vel certe, quantum viverem, in occulto sepelire. Tandem ad preces venerabilis patris Hugonis beatissimi Dionysii abbatis[3], cui ista familiariter revelaveram et ad ipsius instantiam, hoc opus in lucem protuli et christianissimo regi humiliter obtuli, ut sic demum per manum ipsius regis in publica veniret monumenta[4]. Verumtamen lectores hujus operis exoratos esse volo, ut si quid in hoc satyra dignum invenerint, considerent altitudinem materie et simplicitatem mee litterature, nec ad tam arduum opus vires meas suppetere; et, ad hec habito respectu, discant saltem ex dispensatione tolerari debere pleraque, que, si quis forte diligentius discuteret, possent de rigore condemnari. Scripsi enim quedam que propriis oculis vidi, quedam que ab aliis diligenter inquisita

1. *venerantis* P.
2. *si quedam subtractione* P.
3. Il y eut à cette époque deux abbés de Saint-Denis du nom de Hugues qui gouvernèrent l'abbaye à la suite l'un de l'autre : Hugues Foucaut (1186-1197) et Hugues de Milan (1197-1204).
4. *monimenta* P.

forsan minus plene didici, quedam mihi incognita penitus pretermisi. Sed forte miramini quod in prima fronte hujus operis voco regem Augustum. Augustos enim vocare consueverunt scriptores, Cesares qui rempublicam augmentabant, ab *augeo, auges* dictos; unde iste merito dictus est Augustus ab aucta republica. Adjecit enim regno suo totam Viromandiam quam predecessores sui multo tempore amiserant et multas alias terras; redditus etiam regum plurimum augmentavit. Natus est enim mense Augusto, quo scilicet mense replentur horrea et torcularia, et omnia temporalia bona redundant. Et primum a nativitate ipsius regis miraculosa, Deo disponente, initium sumamus, ipso juvante[1] qui omnium princeps est et principium.

1. Ces quatre derniers mots manquent dans V.

GESTA PHILIPPI AUGUSTI

CHRISTIANISSIMI FRANCORUM REGIS.

1. — Anno Dominice incarnationis MCLXV, natus fuit Philippus, rex Francorum, mense augusto, XI kalendas septembris, in festo Timothei et Simphoriani[1]. Iste antonomastice debet vocari a Deo datus, quia, cum sanctissimus pater ejus Ludovicus rex numerosam sobolem filiarum de tribus uxoribus suis suscepisset, successorem regni masculum habere non poterat[2]. Tandem cum uxore sua Adela illustri regina et universo clero et omni populo totius regni, ad orationes

1. Dimanche 22 août. En réalité, Philippe-Auguste était né la veille au soir au château de Gonesse, ainsi qu'il résulte de témoignages recueillis par M. L. Delisle, parmi lesquels le plus concluant est le nom de *Philippe de Gonesse* sous lequel ce roi est désigné dans plusieurs textes du XIIIe et du XIVe siècle. Voy. *Bibl. de l'Éc. des chartes*, 1859, p. 149.

2. Louis VII avait déjà quatre filles de ses deux premiers mariages. De son union avec Éléonore de Guyenne naquirent Marie, mariée en 1164 à Henri le Libéral, comte de Champagne, à qui elle était fiancée dès 1147, et Alix mariée vers la même époque à Thibaut V, comte de Blois, frère d'Henri. De Constance de Castille, il eut encore Marguerite, mariée en 1160 à Henri Court Mantel, roi d'Angleterre, puis en 1186 à Béla III, roi de Hongrie, et Alix, fiancée d'abord à Richard Cœur de Lion, puis mariée à Guillaume, comte de Ponthieu. Enfin Adèle de Champagne, mère de Philippe-Auguste, donna encore le jour à Agnès qui, fiancée à huit ans, le 2 mars 1180, à Alexis II Comnène et couronnée avec lui en 1182, épousa en 1183 son successeur Andronic. Restée veuve, elle devint la femme d'un seigneur grec appelé Théodore Branas.

conversus et eleemosinas, filium a Deo petiit, non de meritis suis jactans, sed de sola Dei misericordia confidens et dicens : « Obsecro, Domine, memento mei
« et non intres in judicium cum servo tuo quia non
« justificabitur in conspectu tuo omnis vivens : sed
« propitius esto mihi peccatori; et, si peccavi sicut
« ceteri homines, tamen, Domine, parce ne pereant
« apud te que feci coram te. Miserere mei, Domine,
« secundum magnam misericordiam tuam, et da mihi
« filium regni Francorum heredem et strenuum guber-
« natorem, ne dicant adversarii : *vana factą est spes*
« *tua, et eleemosine tue et orationes perierunt*[1]. Sed
« tu, Domine, secundum voluntatem tuam fac mecum,
« et in fine dierum meorum precipe in pace recipi
« animam meam. » Sic eo orante cum universo clero et populo totius regni, exaudite sunt preces eorum in conspectu Domini et datus est ei a Deo filius nomine Philippus, quem ipse sanctissime nutriri fecit et in fide Domini nostri Jesu Christi pleniter erudiri; quem ipse solemniter Remis coronari fecit et postea per annum fere vivens in solio regni Francorum gloriosissime regnantem vidit; [de quo rex Ludovicus, antequam natus esset, talem in somnis vidit visionem : videbatur ei quod Philippus filius suus tenebat calicem aureum in manu sua, plenum humano sanguine, de quo propinabat omnibus principibus suis, et omnes in eo bibebant. Hanc autem visionem extremo tempore vite sue retulit Henrico Albanensi episcopo[2], apostolice sedis in Franciam legato, per nomen Domini

1. Tobie, II, 22.
2. Henri, abbé de Clairvaux en 1176, puis cardinal et légat en 1179, mort à Arras en 1188.

adjurans ne alicui ante mortem ipsius regis revelaret. Rege autem Ludovico defuncto, Henricus episcopus hanc visionem multis viris religiosis manifestavit;]¹ cujus regni anno primo christianissimus rex Ludovicus, pater predicti Philippi in civitate que quondam Lutetia, nunc Parisius vocatur, feliciter migravit ad Dominum. Sed de his infra plenius dicemus. Nunc ad gesta primi anni regni Philippi Augusti illustris Francorum regis stylum vertamus².

Gesta primi anni.

2. — Anno Dominice incarnationis MCLXXIX, Ludovicus christianissimus Francorum rex, pene septuagenarius, considerans humane vite brevitatem, sen-

1. Tout ce qui est entre crochets manque dans V. Le récit de cette vision paraît avoir été interpolé; il se rattache en effet fort mal à ce qui précède. Que l'on relise les lignes précédentes, et on verra que les mots *rex Ludovicus* sont tout au moins superflus. Si l'on passe à la phrase qui suit ce passage, on ne s'explique pas ce commencement « cujus regni anno primo, etc. » où *cujus* semble se rapporter au légat Henri, tandis que si l'on supprime l'interpolation, ce membre de phrase fait naturellement suite aux autres : « ..... *quem* ipse sanctissime nutriri fecit..... *quem* ipse solemniter Remis coronari fecit..... » — On trouvera un récit beaucoup plus détaillé de la même vision dans Giraud le Cambrien, *De instr. princ.* D. Brial, XVIII, 124 et 141.

2. Sur l'enfance de Philippe-Auguste, on ne connaît que quelques anecdotes rapportées soit dans une lettre de saint Thomas Becket (D. Brial, XVI, 400, C), soit dans Giraud le Cambrien, *loc. citat.* 158 et 154. Nous ne citons que pour mémoire un passage d'une chronique du XVᵉ siècle, celle de Hermann Corner, dans laquelle on raconte que Philippe, s'étant, pendant son enfance, noyé dans une marmite pleine de jus de viande, avait été ressuscité par saint Thomas Becket qui se trouvait alors à la cour de Louis VII (Eccard. *Corpus hist. medii ævi*, II, 745).

tiensque se adversa valetudine paralysi aliquantulum pregravari, convocavit Parisius generale concilium omnium archiepiscoporum, episcoporum, abbatum necnon et baronum totius regni Francorum in palatium venerabilis patris nostri Mauricii Parisiensis episcopi[1]; ubi residentibus omnibus, solus rex[2] Ludovicus capellam ingressus primo, ut in omnibus operibus suis facere consueverat, oratione fusa[3] ad Dominum, deinde vocatis singulatim archiepiscopis, episcopis, abbatibus, et omnibus regni principibus, communicavit eis consilium, quod dilectissimum filium suum Philippum a Deo datum in instanti Assumptione beate virginis Marie, cum consilio eorum et voluntate, in regem Francorum sublimare volebat. Audientes autem prelati et principes voluntatem regis, omnes unanimiter clamaverunt dicentes : « Fiat, fiat. » Et sic solutum est concilium[4].

3. — Adveniente autem festivitate jam dicta beatissime virginis Marie, christianissimus rex Ludovicus cum dilectissimo filio suo Philippo Karnopolim venit, ubi Domino ordinante aliter quam sperabat evenit; quia, dum ibi rex moram faceret, prout fama multorum referente didicimus, inclytus Philippus a patre accepta licentia, cum venatoribus regis nemus causa venandi intravit. Confestim ingressus aprum invenit : quo viso, mox venatores, discopulatis canibus, insecuti sunt aprum per devia nemoris et vaste solitudinis,

1. Maurice de Sully, évêque de Paris (20 juillet 1160 — 11 septembre 1196), avait, vers 1161, fait bâtir dans la Cité, parallèlement à la cathédrale, le palais épiscopal et deux chapelles.
2. *rex* omis dans P.
3. *sua* P.
4. Tous les chroniqueurs sont muets sur cette assemblée de 1179.

clangentes cornibus, diversas semitas nemoris prosequentes. Interea Philippus, equo velocissimo insidens segregatus ab aliis, cursu rapidissimo diu aprum insecutus est solus per aliam secretiorem semitam, et post paululum respiciens, declinante jam die, nullum de venatoribus adesse cognovit. Videns autem se esse solum relictum in illa vasta solitudine nemoris, non immerito timere cepit; pergens huc illuc solivagus quo equus eum ferebat, tandem nimis sollicitus hac et illac prospiciens et neminem videns, cum gemitu et suspiriis Deo et beate Marie virgini et beatissimo Dionysio regum Francorum patrono et defensori, signum sancte crucis fronti imprimens, se affectuosissime commendavit. Finita oratione, ad dexteram partem respiciens, eminus rusticum quemdam, statura procerum, prunas in igne sufflantem, subito prospexit, aspectu horribilem, carbonum nigredine infectum, vultu deformem, super collum securim magnam tenentem. Quem ut vidit primo, sicut puer, aliquantulum timuit : sed, timorem illum magnitudine animi superans, propius accessit, et hominem illum benigne salutavit; et cognito quis erat, et unde et quare venerat, protinus dimisso rusticus negotio, per viam compendii[1], dominum suum ipsum esse cognoscens, Karnopolim festinus reduxit. Ex hoc enim timore Philippus a Deo datus graviter tunc acuto morbo laboravit : qua de causa protelata est ejus sublimatio usque ad sequens festum Omnium Sanctorum. Sed Dominus noster Jesus Christus, qui nunquam relinquit sperantes in se, per orationes et merita sanctissimi patris sui Ludovici, qui

1. *Par une adresce,* disent les Chroniques de Saint-Denis.

die ac nocte incessanter pro eo Dominum deprecabatur et per orationes universalis ecclesie, effluxis aliquot diebus, pristine sanitati restituit[1].

4. — Superveniente autem Omnium Sanctorum festivitate, Philippus Augustus convocatis archiepiscopis, episcopis, et omnibus terre sue baronibus, a Willelmo

---

1. Robert de Torigny (II, 83) est, avec Rigord et Guillaume le Breton dans sa *Philippide* (I, v. 273-335), le seul auteur qui indique la cause de la maladie de Philippe-Auguste. — On ne s'explique pas pour quel motif Rigord ne dit pas un mot du pèlerinage de Louis VII au tombeau de Thomas Becket, à Cantorbéry, afin d'obtenir le rétablissement de son fils. Il est impossible qu'il ait ignoré un événement aussi important que le premier voyage d'un roi de France sur le sol anglais, « quod inauditum est, reges Francorum transisse maria nisi forte ad exteras seu fidei inimicas nationes debellandas. » (Herbert de Bosham, *Liber melorum*, p. 538.) Les chroniqueurs anglais ont tous mentionné ce pèlerinage, même sans en indiquer la cause. Faut-il croire que les religieux de Saint-Denis regardaient l'intervention de l'archevêque de Cantorbéry comme une incursion sur les privilèges de leur saint, patron officiel des rois de France, « regum Francorum patronus et defensor, » ainsi que notre auteur prend soin de le dire quelques lignes plus haut? Les récits des chroniqueurs anglais permettent de combler facilement la lacune laissée par Rigord. Pendant la maladie de Philippe-Auguste, Thomas apparut trois nuits de suite à Louis VII pour le sommer de faire un pèlerinage à son tombeau, lui promettant, à ce prix, d'obtenir la guérison du jeune prince. Le roi partit tout aussitôt, alla s'embarquer à Wissant et arriva le 22 août à Douvres où l'attendait Henri II qui le reçut magnifiquement et le conduisit le lendemain à Cantorbéry. Louis déposa sur la tombe du martyr une coupe d'or et constitua aux moines une rente de cent muids de vin sur ses terres de Poissy, rente qui fut l'année suivante confirmée par Philippe-Auguste (*Catalogue des actes de Ph.-Aug.*, n° 1). Après avoir passé deux jours à Cantorbéry, le roi de France revint le 25 à Douvres où il s'embarqua le 26. Cf. Benoit de Peterborough, I, 241, Roger de Hoveden, II, 192, Gervais de Cantorbéry, I, 293, Raoul de Dicet, I, 432, Robert de Torigny, II, 83.

reverendo Remensium archiepiscopo, tituli Sancte Sabine presbytero cardinali, apostolice sedis legato, ipsiusque regis avunculo, coronatus est Remis, adstante Henrico rege Anglie, et ex una parte coronam super caput regis Francie ex debita subjectione humiliter portante[1], cum omnibus archiepiscopis, episcopis, ceterisque regni principibus et universo clero et populo clamantibus : « Vivat rex! Vivat rex! » Cujus etas fuerat annorum XIIII in festivitate Timothei et Simphoriani preterita, et tunc ceperat volvi annus XV[2] : ita quod in anno quinto decimo sue etatis in regem est inunctus, in festo scilicet Omnium Sanctorum, adhuc vivente patre suo christianissimo rege Ludovico, tamen adversa egritudine nimis gravato, videlicet paralysi que ei gressum prorsus negaverat[3].

5. — De his autem que in exordio regni sui gessit, pauca scribere proposuimus, ne prolixitas voluminis, et nimia simplicitas sermonis, delicatis auditorum auribus fastidium generaret. A primeva[4] etate sua, timo-

---

1. Il est curieux de rapprocher du récit de Rigord celui de Raoul de Dicet (I, 438). Selon ce dernier chroniqueur, le jeune roi d'Angleterre n'aurait assisté au couronnement que « solius affinitatis incitatus et invitatus intuitu. » S'il a soutenu la couronne sur la tête de Philippe-Auguste, ce n'est pas comme duc de Normandie, comme le dit tout simplement Roger de Hoveden (II, 194), mais c'est de crainte que le poids ne fatiguât l'enfant royal : « illud in-
« nuens quod si, tempore procedente, Francis necessitas incubue-
« rit, securi debeant ejus implorare subsidium a quo tale recepe-
« rint sub ipsa sui regis consecratione suffragium. »

2. L'âge exact de Philippe-Auguste était alors 14 ans, 2 mois et 10 jours.

3. La cause de cette paralysie était un refroidissement dont Louis VII avait été atteint en se rendant à Saint-Denis, lors de son retour d'Angleterre (Benoit, I, 243).

4. *primeva igitur* P.

rem Domini pro pedagogo habuit, quia *initium sapientie timor Domini*[1], rogans in orationibus suis et humiliter Dominum deprecans, ut omnes actus ejus et gressus dirigeret. Justitiam quasi matrem propriam dilexit; misericordiam superexaltare judicio contendit; veritatem nunquam a se alienari permisit; continentiam conjugalem[2] pre omnibus aliis regibus in domum suam[3] transtulit. Verumtamen, quia a tenera etate in his gloriosis virtutibus seipsum exercitari complacuit, ideo tempore procedente factum est quod, sicut ipse rex deum timebat et reverebatur, ita ab omnibus in curia sua manentibus observari precepit; et quod mirabilius est, juramenta que ab aleatoribus frequenter in curiis vel in tabernis aleatorum fieri solent enormia, in tantum abhorruit, quod, quando fortuito casu miles vel quilibet alius ludens, presente rege, ex improviso juramentum incurrebat, statim ad mandatum regis in flumine vel in lacu aliquo projiciebatur, et tale edictum ab omnibus firmissime servari in posterum jussit[4]. Macte virtute! cujus talia erant principia qualis erit[5] finis! Etenim manus Domini erat cum eo.

6. — Revolutis autem quampaucis diebus ex quo novus rex post sacram inunctionem Parisius rediit, opus quod longo tempore mente clausum gestaverat, sed, pro nimia reverentia quam christianissimo patri

---

1. Psalm. CX, 10.
2. Ce langage est bien différent de celui que Rigord tiendra lorsque Philippe-Auguste aura répudié Ingeburge.
3. Nous reproduisons ici la correction faite par D. Brial; les deux mss. portent *dominum suum*.
4. Guillaume le Breton rapporte cette prohibition du blasphème à l'année 1181.
5. *erat*, V.

suo exhibebat[1], perficere formidabat, aggressus est. Audierat enim multoties a pueris[2] qui cum ipso pariter in palatio fuerant nutriti, et hoc sine obliteratione memorie commendaverat, quod Judei qui Parisius manebant, singulis annis christianum unum, in opprobrium christiane religionis, quasi pro sacrificio, in cryptis subterraneis latentes in die Cene, vel in illa sacra Hebdomada Penosa, jugulabant; et in hujusmodi nequitia diabolice fraudis diu perseverantes, tempore patris sui multoties deprehensi fuerant et igne consumpti[3]. Sanctus Ricardus, cujus corpus quiescit in ecclesia Sancti Innocentii[4] in Campellis Parisius, sic interfectus a Judeis et cruci affixus[5], feliciter per martyrium migravit ad Dominum : ubi ad honorem Domini per preces et per intercessiones sancti Ricardi multa miracula, ipso Domino operante, facta fuisse audivimus. Et quia christianissimus rex Philippus diligenti inquisitione a majoribus hec et alia quamplurima nefanda de Judeis plenius didicerat, ideo zelo Dei inflammatus, ad mandatum ipsius, eodem anno quo Remis sacra regni Francorum suscepit gubernacula,

1. Alexandre III reprochait à Louis VII sa tolérance envers les Juifs. Cf. une lettre de ce pape à l'archevêque de Bourges datée de 1179 (D. Bouquet, XV, 968, C. D). L'auteur du *Fragmentum historicum vitam Lud. VII summatim complectens* attribue cette tolérance à une cupidité exagérée. (*Ibid.*, XII, 286, D).

2. Les deux mss. sont d'accord sur cette leçon que D. Brial a remplacée par *principibus*.

3. Cf. Robert de Torigny, II, 27 et note 4, et p. 66.

4. Il faudrait *Sanctorum Innocentium*, titre que portait cette église dès l'année 1150. Sur ce point et sur le martyre de saint Richard, cf. l'*Histoire de Paris* de l'abbé Lebeuf, éd. Cocheris, I, 107.

5. *crucifixus* P.

xvi kalendas martii in Sabbato, capti sunt Judei per totam Franciam in synagogis suis et tunc exspoliati sunt auro et argento et vestibus, sicut et ipsi Judei in exitu de Egypto Egyptios exspoliaverant[1]. Hoc ipso significata fuit futura eorum ejectio, que procedente tempore, Deo disponente, subsecuta est.

7. — Factum est autem, quasi post mensem dierum ex quo sacram suscepit inunctionem Philippus Augustus, quod Hebo de Carantonio[2] in pago Bituricensi cepit tyrannidem in ecclesias Dei exercere, et gravibus exactionibus clericos ibidem Deo servientes opprimere. Cujus sevitiam clerici sufferre non valentes, miserunt nuncios ad christianissimum regem Philippum Augustum, de violentia a jam dicto Hebone sibi illata conquerentes, et a rege justitiam humiliter exigentes. Audita rex virorum religiosorum conquestione, zelo Dei accensus pro defensione ecclesiarum et cleri libertate, contra illum tyrannum movit arma et cum manu valida terram ipsius vastavit et predas duxit, et in tantum audaciam ejus repressit, quod necessitate compulsus, videns quod manum regis effugere non posset, providit ad pedes regis, impetrans ab eo veniam, et sub attestatione jurisjurandi promittens quod, secundum beneplacitum et voluntatem ipsius regis omnibus ecclesiis et clericis Deo servientibus plenissime satisfaceret, et de cetero se ab hujusmodi obtemperaret.

---

1. En 1180, le 16 des kalendes de mars (14 février) tombait un jeudi, il faut donc lire : *XIV kalendas martii*. — Raoul de Dicet (II, 4), qui rapporte cet événement sous la date du 18 janvier, ajoute que les Juifs rachetèrent presque tout ce qui leur avait été enlevé moyennant 15,000 marcs.

2. Hébes VI, sire de Charenton (Cher, arr. de Saint-Amand).

Hoc primum bellum gessit in initio regni sui Philippus a Deo datus in etate xv annorum et Domino consecravit. Dicitur enim a Deo datus quia ad liberationem ecclesiarum et cleri, et ad custodiam totius populi christiani, datus est a Deo in regem.

8. — Porro eodem anno regni sui, videlicet primo, ad suggestionem antiqui serpentis hostis humani generis, egressi sunt filii iniquitatis, scilicet Ymbertus de Bellojoco et comes Cabilonensis[1] cum complicibus suis, adversus ecclesias Dei : qui cum graviter contra regias immunitates ipsas ecclesias gravare presumpsissent, clerici et viri religiosi ibi jugiter[2] Deo servientes significaverunt omnia ista mala domino suo christianissimo Francorum regi. Tunc rex, pro defensione ecclesiarum et cleri libertate collecto exercitu, terras eorum intravit et magnas predas duxit, et in tantum superbiam illorum et tyrannidem Domino operante confregit, quod eis invitis ablata ecclesiis in integrum restitui fecit, et clericis ibidem Domino famulantibus pacem temporis reformavit, eorum orationibus humiliter se commendans[3]. Et quia iste est qui assidue stat pro

---

1. Guillaume II, 1168-1203.
2. *jugiter* omis dans V.
3. Rigord est, avec Raoul de Dicet (II, 6), le seul historien qui mentionne cette campagne de Philippe-Auguste; nous avons heureusement plusieurs des actes qui en ont été les résultats. Humbert III de Beaujeu avait pour complices non seulement le comte de Chalon, Guillaume II, mais encore Girard, comte de Vienne. Leurs victimes étaient l'abbaye de Cluny et l'église de Mâcon. Voy. *Catalogue*, nos 3 et 16; *Bibl. Clun.* col. 1441 et 1443. L'intervention armée du roi est expressément rappelée dans la première de ces pièces donnée à Pierrepertuis, entre le 20 avril et le 18 septembre 1180 : « Ad querimoniam ecclesiarum contra « earum impugnatores, in multa regni copia, Burgundiam intra-

ipsa ecclesia, protegens eam ab inimicis et defendens, exterminando Judeos fidei christiane inimicos, propulsando hereticos de fide catholica male sentientes[1]. Bona enim illius opera stabilita sunt in Domino, et ideo facta ejus et dicta debet enarrare omnis ecclesia sanctorum.

9. — Porro anno primo regni Philippi Augusti, et etatis ipsius anno quinto decimo, ortis quibusdam simultatibus, id est[2] fictis odiis, inter principes regni, quidam de principibus ejus, stimulante diabolo ecclesiastice pacis inimico, conspirationem contra dominum suum Philippum Augustum facere presumpserunt; qui collecto exercitu terras regis vastare ceperunt. Videns autem hec christianissimus rex Philippus, nimio furore succensus, infinite multitudinis contra illos duxit exercitum, et, paucis revolutis diebus, omnes fugavit et tam potenter et viriliter persecutus est quod, Domino miraculose operante, omnes sibi suppeditavit, et ad omnem voluntatem ejus faciendam potentissime coegit[3]. Verumtamen omnium Domi-

---

« vimus, ut qui malefactorum injuriis opprimebantur nostro leva-
« rentur auxilio et firmam ecclesiis pacem restitueremus. » Martène, *Ampl. coll.*, I, 944.

1. Les expressions employées ici par Rigord se rapprochent beaucoup de celles du serment royal dans le cérémonial du sacre des rois de France. Voy. Leber, *Cérémonial du sacre,* 488.

2. *vel* P.

3. Voici ce qui s'était passé : Louis VII malade avait dû abandonner le gouvernement; Philippe-Auguste, séduit par les promesses du comte de Flandre qui s'engageait à lui léguer le Vermandois, promit d'épouser la nièce de celui-ci, Isabelle de Hainaut. Irritée de cette union, la reine Adèle, sur la dot de qui Philippe avait porté la main, entra, ainsi que ses frères, Guillaume, archevêque de Reims, Thibaut, comte de Blois, et Étienne, comte de

nus retributor bonorum et remunerator, qui nullum bonum relinquit irremuneratum, quia duo prima prelia in initio regni sui pro defensione ecclesiarum et cleri libertate christianissimus rex Philippus Augustus ad honorem Domini nostri Jesu Christi et beate Dei genitricis et virginis Marie strenue gesserat, ideo Dominus noster Jesus Christus, qui non relinquit sperantes in se, *in fraude istorum circumvenientium illi affuit, et custodivit eum ab inimicis, et a seductoribus tutavit illum, et certamen forte dedit illi ut omnes adversarios*

Sancerre, en relations avec Henri II. Celui-ci, qui s'attendait à quelque attaque du jeune roi sur la Normandie, avait dès le 5 mars envoyé une ambassade à Paris. Il se hâta de passer en Normandie avec son fils, et se trouvait au Mans le 20 avril 1180; les révoltés firent avec lui un traité formel; mais grâce à la sagesse du roi d'Angleterre, tout se borna, de part et d'autre, à de grands préparatifs militaires. Le 28 juin eut lieu, à mi-chemin de Trie et de Gisors, une entrevue dans laquelle Henri fit la paix entre Adèle et Philippe-Auguste, et renouvela avec celui-ci le traité d'alliance qu'il avait jadis conclu avec Louis VII à Ivry. Des termes assez vagues de Rigord, il ne résulte qu'une chose, c'est que les révoltés avaient pris l'initiative des hostilités et que Philippe-Auguste dut les réprimer par la force; or, comme les chroniqueurs anglais sont unanimes à dire que tout se termina pacifiquement, il est probable que notre auteur, qui semble avoir écrit un certain temps après les faits qui nous occupent à présent, aura confondu les événements de 1180 avec une seconde révolte des seigneurs survenue l'année suivante et sur laquelle il a gardé un silence complet. Cette fois les rôles étaient changés, les révoltés avaient pour appui le comte de Flandre, dont l'influence sur Philippe-Auguste avait dû s'effacer devant celle du roi d'Angleterre. C'est à cette seconde révolte que se rapporte la prise de Châtillon-sur-Loire en 1181 racontée dans le livre I de la *Philippide* (Cf. Benoit, I, 244; Raoul de Dicet, II, 6; Roger de Hoveden, II, 196; Gervais de Cantorbéry, I, 294, et surtout Gilbert de Mons, ap. M. G. XXI, 531. — Chron. S. Dion. ad Cyclos paschales, éd. Berger. *Bibl. de l'École des chartes*, 1879, p. 279).

suos vinceret[1], et potentiam adversus eos[2] qui eum injuste deprimere moliebantur. *Dominus enim est qui dissipat consilia gentium, reprobat autem cogitationes populorum, et reprobat consilia principum*[3]. Hic enim vir non est derelictus a Deo in die certaminis, quia angelus Domini, stans a dextris ejus, *confringit capita inimicorum suorum*[4]. Et quare hoc? Quia *fideliter permanet in mandatis Domini*[5].

Gesta secundi anni Philippi Augusti Francorum regis.

10. — Anno dominice incarnationis MCLXXX, quarto kalendas junii[6], ea die qua Dominus noster Jesus Christus bajulis nubibus celos ascendit, in ecclesia Beati Dionysii, ad suggestionem et consilium cujusdam boni viri qui zelum dei videbatur habere[7], idem

---

1. Sap., X, 12.
2. *eorum* V.
3. Psalm. XXXII, 10.
4. Psalm. LXVIII, 22.
5. Ecclesiastic. XXII, 23.
6. Le ms. que le copiste de P avait sous les yeux devait porter *MCLXXX quarto kl. junii;* car, supposant que cela devait se lire *millesimo centesimo octogesimo quarto, kalendis junii,* et croyant à une erreur, ce copiste a corrigé à tort *quarto* qu'il avait déjà transcrit en *primo*.
7. Qui peut être ce *bonus vir?* Les Grandes Chroniques emploient une expression générale : « par le conseil d'aucuns preudhommes et sages qui environ luy estoient. » Selon Benoit (I, 245), c'est le comte de Flandre lui-même qui, pressé de voir sacrer sa nièce, aurait été cause que Philippe-Auguste fit célébrer, le jour de l'Ascension (29 mai) et à Saint-Denis, ce second couronnement qu'il avait d'abord fixé à la Pentecôte et qui devait avoir lieu à Sens. — Mais le mot *bonus vir* doit avoir ici le sens littéral de Bonhomme de l'ordre de Grandmont (Cf. Ducange, *Boni homines*). Il désigne sans doute un grandmontain célèbre, Bernard de Bré,

rex Philippus secundo imposuit sibi diadema, et tunc inuncta fuit Elisabeth uxor ejus venerabilis regina, filia Balduini illustris comitis Haenuensis, neptis Philippi magni comitis Flandrensium[1], qui ea die, prout moris est, ensem ante dominum regem honorifice portavit. Sed, dum hec in ecclesia beatissimi Dionysii solemniter agerentur, et ipse rex cum regina, ante majus altare flexis genibus et inclinatis capitibus, nuptialem benedictionem a venerabili Guidone archiepiscopo, astantibus multis episcopis et baronibus, humiliter reciperet, accidit quoddam dignum memoria, quod huic operi inserendum utiliter estimavimus. Interea, dum multa turba populi de circumpositis civitatibus, suburbiis, vicis et villis, cum magno gaudio ad tantam solemnitatem videndam convenissent, et ut viderent regem et reginam[2] diademate insignitos conflictum cum tumultu facerent, quidam miles de officialibus regis tenens virgam in manu sua, cum ad sedandum

---

de Boschiac ou du Coudrai, correcteur des Bonshommes de Vincennes depuis 1168, qui parait avoir eu beaucoup d'influence sur Philippe-Auguste; c'est, ainsi que Rigord le rappelle un peu plus loin, d'après ses conseils que les Juifs furent expulsés de France; c'est lui que l'on trouve mentionné dans le testament politique du roi; c'est lui enfin qui négocia le mariage du roi et d'Ingeburge. Il vivait encore en 1195. Cf. *Hist. litt.*, XV, 137-140.

1. Élisabeth ou Isabelle était fille de Baudouin V, comte de Hainaut, et de Marguerite, sœur du comte de Flandre. On sait que Baudouin prétendait descendre de Charlemagne par Ermengart, comtesse de Namur, et que l'auteur des *Gesta Lud. VIII* a tenu à rappeler que la couronne avait fait retour au lignage Karolingien en la personne de Louis VIII. — Le mariage qui avait eu lieu au Tronc Bérenger fut consommé à Bapaume le 28 avril 1180 (Gilbert de Mons ap. M. G. XXI, p. 529. — Raoul de Dicet, II, 5. — Gerv. de Cantorbéry, I, 294).

2. *cum regina* P.

tumultum populi virgam huc et illuc in incertum jaceret, tres lampades super capita ipsorum ante majus altare pendentes subito uno ictu fregit, et oleum illarum super capita regis et regine, in signum plenitudinis donorum Spiritus Sancti celitus missum, miraculose effusum fuisse credimus, et ad dilatandam famam nominis ipsius et gloriam in omnem terram circumquaque diffundendam. Unde in Cantico amoris Salomon de isto prophetice videtur dixisse : *Oleum effusum nomen tuum*[1]. Quasi diceret : fama nominis tui et sapientia diffundetur *a mari usque ad mare, et a flumine usque ad terminos orbis terrarum; et inclinabunt capita ante eum reges et multe gentes servient ei*[2]. Ex his et aliis hujusmodi conjicere possumus, quod ea que circa ipsum regem Deo ordinante gesta sunt, sic intelligi possunt.

De obitu piissimi regis Ludovici.

11. — Eodem anno, xiiii kalendas octobris, feria quinta, obiit Ludovicus piissimus Francorum rex, in civitate que nunc Parisius dicitur et est caput regni Francorum. Forte Domino ita procurante factum est, ut ille qui rex erat et caput totius regni Francorum, in civitate que caput regni Francorum est, in palatio suo feliciter migraret[3] ad Dominum : ut etiam[4] sic omnibus manifestum fieret, quod de palatio ad palatium, de regno ad regnum, gloriose transiret, de palatio ter-

1. Cant. I, 2.
2. Psalm. LXXI, 8 et 11.
3. *migravit* P.
4. *etiam* omis dans P.

reno ad latitudinem celestis paradisi, de regno transitorio ad regnum eternum, *quod nec oculus vidit, nec auris audivit, nec humanus animus comprehendere potuit, quod ab eterno preparavit Deus his qui diligunt eum in veritate*[1]. Cujus corpus gloriose sepultum fuit in ecclesia Sancte Marie de Barbael[2], quam ipse fundavit : ubi ad honorem domini nostri Jesu Christi et beate Dei genitricis et virginis Marie, et omnium sanctorum, die ac nocte a sanctis et religiosis viris divina celebrantur officia pro anima ipsius et omnium predecessorum suorum et pro[3] statu regni Francorum. In eadem ecclesia super sepulturam ipsius regis, Adela predicta illustris Francorum regina, mater jam dicti Philippi Augusti Francorum regis, fecit construi sepulcrum miro artificio compositum ex lapidibus, auro et argento, et ere et gemmis subtilissime decoratum. Tale opus et[4] tante subtilitatis a diebus Salomonis non fuit repertum in universis regnis[5]. Sed de his hacte-

1. I Cor. 2, 9.
2. Barbeaux, Seine-et-Marne, comm. de Fontaine-le-Port. Il s'y trouvait une abbaye cistercienne, aujourd'hui détruite, fondée par Louis VII en 1147.
3. *pro* omis dans V.
4. *et* omis dans P.
5. La tombe de Louis VII ayant été ouverte sous Charles IX, le corps y fut trouvé entier; autour du cou était une chaine d'or et les doigts étaient chargés d'anneaux que Charles IX fit enlever et porta longtemps. Sur le sarcophage était une inscription en lettres dorées, rapportée dans l'*Historia regum Francorum* (Bouquet, XII, 221) et dont quelques vers étaient encore visibles au commencement du xviie siècle (Cf. J. Picard, dans ses notes sur l'éd. de Guillaume de Newbury. Paris, 1610, p. 756). En 1695, le cardinal Félix-Egon de Furstemberg fit refaire ce tombeau à l'exception de l'ancienne statue qui fut conservée et que l'on peut voir reproduite dans le recueil de Gaignières au Cabinet des Estampes

nus; nunc ad ea que circa perfidos Judeos, Domino inspirante, ab ipso rege facta sunt, transitum faciamus.

Quare rex Philippus christianissimus exterminavit Judeos de tota Francia hic ponitur prima causa.

12. — Eo tempore multitudo maxima Judeorum in Francia habitabat, que a longis retroactis temporibus de diversis mundi partibus, ob pacis diuturnitatem et Francigenarum liberalitatem, ibi convenerat. Audierant enim Judei strenuitatem regum Francorum contra inimicos, et pietatem magnam erga subditos; et ideo majores eorum et sapientiores in lege Moysis, qui ab ipsis Judeis didascali vocabantur, Parisius venire decreverunt : ubi longam habentes conversationem in tantum ditati sunt, quod fere medietatem totius civitatis sibi vindicaverant, et (quod contra Dei decretum est et institutionem ecclesiasticam) christianos in servos et ancillas in domibus suis habebant, qui, a fide Jesu Christi manifeste recedentes, cum ipsis Judeis judaïzabant. Et quia Dominus per Moysen in Deuteronomio dixerat : *Non fenerabis fratri tuo sed alieno*[1], per alienum Judeus prave omnem christianum intelligens, tradentes christianis sub usuris pecunias suas,

---

(I, 30 et 31). On trouvera aussi dans Millin (*Antiquités nat.*, t. II, art. 13) une planche donnant l'emplacement et l'aspect du tombeau tel qu'il avait été refait. Le même auteur nous apprend qu'au moment où il écrivait (1791), l'Assemblée nationale avait, sur la demande du département de Seine-et-Marne, décidé que ce monument serait transporté à Fontainebleau.

1. Deut. XXIII, 19.

in tantum gravaverunt cives et milites et rusticos de suburbiis, oppidis et vicis, quod plurimi ex eis compulsi sunt possessiones suas distrahere. Alii Parisius in domibus Judeorum sub juramento astricti, quasi in carcere tenebantur captivi. Quod audiens christianissimus rex Philippus, pietate commotus, consuluit quemdam eremitam nomine Bernardum[1], virum sanctum et religiosum, qui eo tempore in nemore Vicenarum degebat, quid facto opus esset. De consilio cujus relaxavit omnes christianos de regno suo a debitis Judeorum, quinta parte totius summe sibi retenta.

Secunda causa hic ponitur.

13. — Ad cumulum etiam damnationis sue, vasa ecclesiastica Deo dicata, scilicet cruces aureas et argenteas[2], habentes imaginem crucifixi domini Jesu Christi, et calices, que pro instanti necessitate ecclesiarum, nomine vadii, fuerant eis supposita, in vituperium et opprobrium christiane religionis tam viliter tractabant, quod in calicibus, in quibus corpus et sanguis domini nostri Jesu Christi conficiebatur, infantes eorum offas in vino factas comedebant et cum ipsis bibebant, non reducentes ad memoriam illud quod legitur in libro Regum[3], quomodo Nabuchodonosor[4] rex Babilonis, undecimo anno regni Sedechie regis

---

1. Pierre Bernard de Bré, de Boschiac ou du Coudrai, dont il a été question plus haut, était déjà correcteur des Bonshommes de Vincennes en 1168.
2. *auree et argentee* P.
3. 4 Reg., XXV.
4. *Nabugodonosor* P.

Hierusalem, peccatis Judeorum exigentibus, per Nabuzardan principem militie, sanctam civitatem Hierusalem cepit et templum exspoliavit, et vasa pretiosa Deo consecrata, que Salomon sapientissimus fecerat, secum portavit. Sed Nabuchodonosor licet gentilis et ydolatra, tamen timens Deum Judeorum, noluit, in vasis illis bibere, nec ad usus suos transferre; imo quasi sacrosanctum thesaurum jussit in templo suo juxta ydolum conservari. Sed superveniens Balthasar, qui sextus ab eo regnavit, grande convivium suis faciens optimatibus et principibus, precepit ut afferrentur vasa que suus avus Nabuchodonosor de templo Domini asportaverat, et biberunt in eis rex et optimates et uxores et concubine ejus. In eadem hora iratus Dominus contra Balthasar, ostendit ei signum destructionis sue, scilicet manum contra eum in pariete scribentem : Mane, Techel, Phares; quod interpretatum sonat : numerus, appensio, divisio[1]. Eadem nocte capta est Babilon a Ciro et Dario, et interfectus est Balthasar in ipso convivio, ut Isaias longe[2] ante predixerat : *Pone mensam, contemplare in specula* (id est in pariete) *comedentes et bibentes in vasis Domini; surgite principes, accipite arma*[3], quia civitas capta est. Et statim, ex improviso supervenientibus Medis et Persis, interfectus est Balthasar in ipso convivio[4]. Ceterum quis obnubilare audeat quod Deus revelare disponit ?

1. Daniel V.
2. *longe* omis dans V.
3. Isaïe, XXI, 9.
4. Rigord oublie qu'il a déjà écrit ce dernier membre de phrase six lignes plus haut (*interfectus — convivio*).

Tertia causa ejectionis Judeorum hic ponitur.

14. — Eo igitur tempore, Judeis timentibus ne ab officialibus regis scrutarentur eorum domus, factum est quod quidam Judeus, qui eo tempore Parisius morabatur, habens vadia ecclesiastica, videlicet crucem auream gemmis insignitam et librum Evangeliorum auro et lapidibus preciosis mirifice decoratum, cum scyphis[1] argenteis et vasis aliis, in sacco ponens in foveam profundam ubi ventrem purgare solebat (proh dolor!) vilissime dejecit : que omnia paulo post, Domino revelante, a christianis ibidem sunt inventa, et, soluta quinta parte totius debiti domino regi, proprie ecclesie cum summo gaudio et honore sunt reportata.

Iste annus potest merito vocari jubileus; quia sicut in veteri lege in anno jubileo omnes possessiones libere revertebantur ad pristinos possessores, et omnia debita remittebantur, ita, tanta relaxatione debitorum a christianissimo rege facta, christiani in regno Francie manentes perpetuam libertatem a debitis Judeorum sunt consecuti.

Gesta tertii anni regni Philippi Augusti Francorum regis.

15. — Anno Dominice incarnationis MCLXXXII, mense aprili, qui ab ipsis Judeis dicitur *Nisan*[2], exiit edictum a serenissimo rege Philippo Augusto, quod omnes

---

1. *ciphis* P.
2. *Jusan* V. — *Nisan*, premier mois légal des Juifs, répond en partie au mois de mars et en partie à celui d'avril.

Judei de regno suo, usque ad sequens festum sancti Joannis Baptiste, ad exeundum parati essent. Et tunc data est eis licentia a rege quod omnem suam supellectilem venderent usque ad prefinitum tempus ab ipso, scilicet festum sancti Joannis, reservatis sibi et successoribus suis Francorum regibus possessionibus, videlicet domibus, agris, vineis, granchiis, torcularibus et hujusmodi. Quo audito perfidi Judei, quidam ex ipsis regenerati ex aqua et Spiritu sancto, conversi sunt ad Dominum, perseverantes in fide Domini nostri Jesu Christi, quibus rex intuitu christiane religionis omnes possessiones eorum in integrum restituit, et perpetue libertati eosdem donavit. Alii errore antiquo excecati, in perfidia sua permanentes, principes terre, videlicet comites, barones, archiepiscopos, episcopos, donis et promissionibus magnis allicere ceperunt, tentantes si aliquo modo, per consilium eorum et suggestionem et infinitam pecunie promissionem, animum regis a tam fixo proposito revocare potuissent. Sed miserator et misericors Dominus qui non relinquit sperantes in se et de sua virtute presumentes humiliat, infundendo gratiam suam celitus missam, ita robore Spiritus sancti inflammando mentem ipsius regis illustratam confirmavit, quod nec precibus, nec promissionibus rerum temporalium, potuit emolliri. Et ut verum fatear, huic congrue potest adaptari quod de beata Agatha legitur : *Facilius possunt saxa molliri, et ferrum in plumbum converti quam mens* christianissimi regis *ab intentione* divinitus inspirata possit *revocari*[1].

---

1. *Acta SS.*, 5 *febr.*, I, 615, col. 2, § 4.

De principum repulsa.

16. — Videntes igitur infideles Judei principes repulsam fuisse passos, per quos alios reges predecessores suos ad voluntatem faciendam facile inclinare consueverant, admirantes Philippi regis magnanimitatem et firmam in Domino constantiam, attoniti et quasi stupefacti, et sub quadam admiratione clamantes *Scema Israhel*, id est *Audi Israhel*[1], aggressi sunt vendere omnem suam supellectilem. Tempus enim jam[2] imminebat quo, de precepto regis, de tota Francia tenebantur exire, quod nulla ratione ulterius poterat prorogari. Tunc Judei, regis jussa complere satagentes, res suas mobiles sub mira festinatione vendiderunt; possessiones enim omnes ad fiscum regis sunt devolute[3]. Igitur Judei, venditis rebus suis, precium habentes pro viatico, egressi sunt cum uxoribus et filiis, et universo comitatu suo, anno Domini supradicto MCLXXXII, mense julio, qui ab ipsis Judeis dicitur *Tamuz*, regni regis Philippi Augusti anno tertio, et etatis sue anno XVII incepto mense augusto preterito, videlicet in festo sancti Symphoriani, XI kalendas septembris. Et sic annus septimus decimus etatis regis in mense sequenti post Judeorum expulsionem, scilicet augusto, completus est. Exierant enim mense julio, ut

1. *Id est : audi Israhel* est écrit entre les lignes au-dessus de *Scema Israhel* dans V.
2. *jam* manque dans V.
3. Voy. *Cat.*, 86, un acte par lequel Ph.-Aug. donne aux drapiers de Paris, moyennant un cens de 100 livres parisis, vingt-quatre maisons confisquées sur les Juifs. Voy. aussi *ibid.*, 111, 121, 155.

predictum est : ergo ad completionem septimi decimi anni non restabant nisi tres hebdomade vel XXI dies[1].

Quod Philippus rex semper Augustus synagogas Judeorum ecclesias Deo dedicari fecit.

17. — Facta autem infidelium Judeorum ejectione, et eorumdem per universum orbem dispersione, Philippus rex semper Augustus, non immemor factorum[2] suorum, anno Dominice incarnationis MCLXXXIII, etatis ipsius XVIII incepto, opus gloriose inceptum, Deo disponente, gloriosius consummavit : nam omnes synagogas Judeorum, que scilicet schole ab ipsis vocabantur, ubi Judei, sub nomine ficte religionis, causa orationis quotidie simulatorie[3] conveniebant, prius mundari jussit, et contra[4] voluntatem omnium principum easdem synagogas ecclesias Deo dedicari fecit, et, ad honorem Domini nostri Jesu Christi et beate dei genitricis et virginis Marie, in eisdem altaria consecrari precepit[5]. Consideravit equidem pia consideratione et honesta, quod ubi nomen Jesu Christi Nazareni, teste

---

1. Les deux mss. portent bien *quindecim dies*, mais comme l'anniversaire de la naissance du roi se plaçait dans la nuit du 21 au 22 août, et que les Juifs ont été expulsés en juillet, il ne pouvait pas s'écouler moins de 21 jours entre cette expulsion et l'accomplissement de la 17ᵉ année de Philippe-Auguste.

2. *fratrum* P.

3. *simulatione* P.

4. *circa* P. La leçon *contra* s'accorde mieux avec ce que Rigord a rapporté plus haut des démarches faites par les Juifs auprès des seigneurs; c'est du reste celle des Chroniques de Saint-Denis.

5. Voy. *Cat.*, 82, un acte par lequel Philippe-Auguste livre à Maurice, évêque de Paris, la synagogue des Juifs de Paris pour y construire une église.

Hieronymo super Isaïam, de die in diem blasphemari solebat, a clero et universo populo christiano ibidem laudaretur Deus, qui facit mirabilia magna solus.

De institutione prebendarum Aurelianis.

18. — Videntes autem milites totius Francie et cives et alii burgenses opera regis miraculosa, que tempore ipsorum, Deo ordinante, fiebant, regem bone indolis adolescentem contemplantes et opera ipsius admirantes, benedixerunt Deum, qui talem potestatem dedit hominibus. Et si vultis diligenter attendere, invenietis in isto illas quatuor gloriosas virtutes quas Moyses dixit considerandas in eligendo principe, videlicet potentiam, timorem Dei, amorem veritatis, detestationem avaritie[1]. Iste, salva pace omnium dico, est in sermone subtilis, justus in judiciis, acutus in responsis, providus in consiliis, fidelis in commissis, strenuus in agendis, acer in hostes, pius erga subditos, conspicuus in bonitate, preclarus in omnimoda morum honestate. Hujus ad exemplum Aurelianenses cives inducti, caput suum, id est regem, imitari cupientes, in ecclesia que quondam Aurelianis fuerat synagoga[2], prebendas perpetuo instituerunt, ubi clerici ordinati die ac nocte divina celebrant officia pro rege et pro omni populo christiano, et pro statu ipsius regni Francorum. Simili modo in ecclesia Stampensi, que fuerat

1. Exod., XVIII, 21.
2. Suivant La Saussaye (*Annales eccl. Aurelian.*, 461), cette église serait celle de Saint-Sauveur : « quondam synagoga Judeorum quam postea Philippus Augustus donavit fratribus hospitalariis (et est hodie equitum ordinis S. Joannis Hierosolymitani qui Melitenses dicuntur). » Voy. *Cat.*, 572.

synagoga, factum fuisse vidimus[1]. Quod talis ejectio Judeorum vel expulsio, revolutis quampluribus annis, alia vice facta fuerit, ex Gestis regum Francorum didicimus[2].

Prima expulsio Judeorum que in hoc nostra historia ultima ponitur.

19. — Legimus enim in Gestis Francorum quod tempore Dagoberti regis Francorum facundissimi, imperium romanorum imperatorum Heraclius gubernabat, vir sapientissimus in liberalibus artibus, et maxime in astronomia, que eo tempore multum vigebat, sed, multiplicato numero fidelium, sublata est de medio, et ab omni cetu fidelium veluti ydolatria eliminata. Iste Heraclius scripsit Dagoberto excellentissimo regi Francorum, ut omnes Judeos de regno suo exterminaret; quod et factum est. Prescierat enim imperator per signa siderum, quibus sepissime intentus erat, quod imperium Romanorum per gentem circumcisorum delendum esset. Sed quod ille intellexit de Judeis, hoc certum fore dignoscitur per gentem Agarenorum quos nos Sarracenos vocamus, quoniam ab ipsis ejus imperium postmodum noscitur esse captum atque violenter vastatum, et secundo futurum dicit Methodius in fine temporum. Isti sunt Ismaelite qui de Ismaele descenderunt; et omnes sunt circum-

1. Il s'agit de la collégiale de Sainte-Croix. Voy. *Cat.*, 90, et Fleureau, *Antiquitez de la Ville d'Estampes*, p. 380 et s. — Jaffé, *Reg.*, 9689, 9691.
2. On trouve la matière de ce qui suit dans Aimoin, livre IV, chap. 22.

cisi, quia pater eorum Ismael, filius Abrahe, circumcisus fuisse legitur. De his enim Methodius martyr scriptum nobis reliquit : Futurum est enim in fine temporum, scilicet circa tempora Antichristi, ut exeant adhuc semel, et obtinebunt orbem terre per octo hebdomadas[1] annorum, id est, per quinquaginta sex annos; et propter pressuras et tribulationes quas tunc christiani patientur, *vocabitur iter eorum via angustie. In sacris locis interficient[2] sacerdotes, ibidem cum mulieribus dormient et ad sepulcra sanctorum religabunt jumenta[3]*, id est, in ecclesiis juxta corpora sanctorum martyrum stabula facient, et hoc pro nequitia christianorum qui tunc erunt. Josephus etiam dicit totum orbem futurum eorum habitaculum, et etiam insulas maris eos obtinere testatur. His breviter decursis, ad gesta quarti anni regni Philippi Augusti Francorum regis pertractanda, Deo annuente, redeamus.

Gesta quarti anni regni Philippi Augusti Francorum regis.

20. — Factum est autem eodem anno quo supra, videlicet Dominice incarnationis MCLXXXIII, regni christianissimi regis Philippi anno IIII, quod idem rex, ad preces multorum et maxime ad suggestionem cujusdam servientis qui eo tempore fidelissimus in negotiis regiis pertractandis esse videbatur, Parisius, a

---

1. *ebdomas* P.
2. *interficiant* P.
3. Method. *Revel.* dans la *Bibl. max. PP.* de Lyon, III, 731, col. II, F et H. — Rigord cite probablement de mémoire, car il ne reproduit pas les termes exacts de Méthodius.

leprosis extra ipsam civitatem manentibus, nundinas sibi et suis successoribus emit et in civitate transferri fecit[1], scilicet in foro quod Campellis vocatur, ubi ob decorem et maximam institorum utilitatem, per ministerium predicti servientis qui in hujusmodi negotiis probatissimus erat, duas magnas domos quas vulgus halas vocat, edificari fecit, in quibus tempore pluviali omnes mercatores merces suas mundissime venderent, et in nocte ab incursu latronum tute custodirent. Ad majorem etiam cautelam, circa easdem halas jussit in circuitu murum edificari, portas sufficienter fieri precipiens que in nocte semper clauderentur, et inter murum exteriorem et ipsas halas mercatorum stalla fecit erigi desuper operta, ne mercatores tempore pluvioso a mercatura cessarent et sic damnum incurrerent.

De ambitu muri circa nemus Vicenarum.

21. — Eodem igitur tempore, Philippus Augustus Francorum rex, de augmento et ampliatione regni sollicitus, nemus Vicenarum, quod toto tempore predecessorum suorum fuerat disclusum, et omnibus transeuntibus olim fuerat patens et pervium, muro optimo circumcingi fecit[2]. Quo audito, Henricus rex Anglo-

---

1. Cet achat eut lieu non pas en 1183, ainsi que le dit Rigord, mais en 1181. Voy. *Cat.*, 27. Comme il n'est pas question des halles dans l'acte auquel nous renvoyons, on pourrait peut-être en conclure que la date de 1183 est celle de l'année où furent commencées les constructions.

2. Ce mur souvent mentionné par les historiens (Voy. Le Roux de Lincy et Tisserand, *Paris et ses historiens,* Guillebert de Metz, p. 226. Antoine Astesan, p. 544), n'aurait entouré, suivant Piga-

rum, qui in regimine regni Anglie regi Stephano successerat, feras per totam Normanniam et Aquitaniam colligi fecit, videlicet hinnulos cervorum, damulos et capras silvestres, quas cum summa diligentia in navem magnam positas et ingeniose coopertas, habentes ibidem victus necessaria, per fluvium Sequane[1], longo scilicet ductu aquarum, regi Philippo domino suo Parisius transmisit. Quod munus christianissimus rex benigne suscipiens, in nemus Vicenarum juxta predictam civitatem includi fecit, positis ibi perpetuo custodibus.

22. — *Incidentia*. Eodem tempore combusti sunt multi heretici in Flandria a Guillelmo reverendo Remensium archiepiscopo, tituli Sancte Sabine presbytero cardinali, apostolice sedis legato et a Philippo illustri comite Flandrensium[2].

Aliud incidens. Eodem anno in provincia Caturcensi[3], in castro quod vulgo dicitur Martel, tertio decimo kalendas junii obiit inclytus Henricus juvenis rex Anglie, cujus corpus translatum est in civitate Rotomagensi, in provincia que quondam Neustria, nunc Normannia vocatur[4].

niol de la Force (IX, 506), que la partie qu'on appelait encore de son temps le *Vieux Parc*. C'est sans doute à cause de la construction de cette clôture que Phil.-Aug. échangea la dîme d'Auvers contre le droit d'usage que l'abbaye de Montmartre avait dans la forêt de Vincennes (*Cat.*, 62). L'abbé Lebeuf (V, 77) a encore vu des vestiges de ce mur épais de quatre ou cinq pieds.

1. *Secane* V.
2. Sur cette exécution qui eut lieu à Arras au commencement de l'année 1183, voy. *Annales Aquicinctini mon.* dans D. Brial, XVIII, 356.
3. *Carturcensi* V.
4. On montre encore à Martel (Lot, arr. de Gourdon) la maison

De nece Cotarellorum juxta civitatem Bituricam.

23. — Eodem anno in provincia Bituricensi interfecti sunt VII millia Cotarellorum et eo amplius, ab incolis illius terre in unum contra Dei inimicos confederatis[1]. Isti terram regis vastando predas ducebant, homines captos secum vilissime trahebant et cum uxoribus captorum (proh nefas!), ipsis videntibus, dormiebant, et, quod deterius est, ecclesias Deo consecratas incendebant; sacerdotes et viros religiosos captos secum ducentes, et irrisorie *cantores* ipsos vocantes, in ipsis tormentis subsannando dicebant : « Cantate nobis, cantores, cantate » et confestim dabant eis alapas, vel cum grossis virgis turpiter cedebant. Quidam sic flagellati beatas animas Domino reddiderunt; alii, longa carceris custodia mancipati, semimortui, data pecunia pro redemptione, ad propria redierunt. Sed quomodo quod sequitur sine lacrymis et suspiriis referre poterimus ?

De eodem.

24. — Eodem igitur tempore, peccatis nostris exi-

où serait mort Henri Court-Mantel, non pas le 20 mai comme le dit Rigord, mais le 11 juin 1183. Voy. Geoffroy de Vigeois dans Labbe, II, 337; Robert de Torigny, II, 120; Benoit de Peterborough, I, 301; Raoul de Dicet, II, 19; Gervais de Cantorbéry, I, 304; Thomas Agnel, éd. Stevenson, 263.

1. Cette défaite des Cottereaux eut lieu le 20 août 1183, près de Châteaudun. Voy. Geoffroy de Vigeois dans Labbe, *Bibl. nova*, II, 338. Geoffroy porte le nombre des morts à 10,000; l'anonyme de Laon (D. Brial, XVIII, 706) à 17,000.

gentibus, jam dicti Cotarelli invadentes ecclesias, ipsas exspoliabant, et corpus Domini nostri quod pro instanti necessitate egrotantium in vasis aureis vel argenteis, prout decet, ibidem reservabatur, suggerente diabolo, ausu temerario, manibus humano sanguine pollutis de ipsis extrahentes vasis (proh dolor!), in terram viliter projicientes, pedibus conculcabant, et de illo sancto linteamine quod corporale dicitur, concubine eorum pepla capitibus suis componebant, et vasa aurea vel argentea in quibus servabatur vel conficiebatur, secum irreverenter portabant et malleis confringentes vel lapidibus distrahebant. Quod videntes incole illius provincie, per litteras suas omnia ista mala significaverunt domino suo Philippo christianissimo Francorum regi, qui, audito verbo, zelo Dei accensus, misit exercitum suum eis in adjutorium. Recepto autem regis exercitu, insultum unanimiter in hostes fecerunt, et interfecerunt omnes a minimo usque ad maximum et ditati sunt multi de preda illorum. Videntes autem populi ea que facta fuerant, reversi sunt glorificantes et laudantes Deum de his omnibus que audierant et viderant[1].

De reformatione pacis miraculosa inter comitem Sancti Egidii Raimundum et regem Arragonensium.

25. — Orta autem fuerat dissensio magna a longis retro evolutis temporibus inter regem Arragonensium et comitem Sancti Egidii Raimundum, que, suggerente diabolo humani generis inimico, nulla ratione poterat

---

1. Luc., II, 20.

pacificari[1]. Sed Dominus pauperes suos in tanta oppressione et afflictione diutina clamantes exaudiens, misit eis salvatorem, non imperatorem, non regem, non principem aliquem ecclesiasticum, sed pauperem quemdam nomine Durandum, cui Dominus dicitur apparuisse[2] in civitate Aniciensi que vulgo nunc Podium dicitur, et etiam illi tradidisse scedulam in qua erat imago beate virginis Marie sedentis in throno, tenens in manibus imaginem[3] Domini nostri Jesu-Christi pueri habentem[4] similitudinem et in circuitu impressam hujusmodi circumscriptionem : *Agnus Dei qui tollis peccata mundi, dona nobis pacem*. Audientes autem principes, majores et minores cum universis populis hec que Domino operante[5] facta fuerant, in Assumptione beate Marie, sicut singulis annis solet fieri, apud Anicium convenerunt. Tunc episcopus illius civitatis[6] cum clero et populo et universa multitudine ad diem festum congregata, illum Durandum pauperem et humilem carpentarium in medio populi in edicto ponentes, aure intentissima audierunt. Qui mandatum Domini de pace inter eos reformanda audacissime referens et scedulam cum imagine beate vir-

---

1. Sur la lutte entre Alfonse II d'Arragon et Raimond V, comte de Toulouse, et sur le traité qui la termina en 1185, voy. Dom Vaissète, *Hist. de Languedoc*, éd. Privat, VI, 102-112.

2. Robert de Torigny (II, 126) et Gervais de Cantorbéry (I, 301) rapportent que c'est la Vierge elle-même qui apparut au charpentier Durand. L'anonyme de Laon (D. Brial, XVIII, 705) ne voit dans cette apparition qu'une supercherie d'un chanoine du Puy.

3. *imaginem* omis dans P.

4. *habens* V et P. — Nous proposons la correction *habentem* ou *habentis* ou sans laquelle cette phrase est inintelligible.

5. *cooperante* P.

6. Pierre IV, 1159-1189.

ginis Marie pro signo omnibus ostendens, elevantes vocem cum fletu, admirantes Dei pietatem et misericordiam, tactis sacrosanctis Evangeliis, mente promptissima se observaturos pacem omnibus modis quibus possent, firmissime jurantes, Domino promiserunt; et in signum servande pacis sigillum beate Virginis predictum in stanno impressum et pectori superpositum cum caputiis linteis [1] albis ad modum scapulare monachorum alborum factis, in signum federis initi semper secum portaverunt.[2] et quod mirabilius est, omnes hujusmodi caputium cum signo portantes in tantum securi[3] erant quod si aliquis fratrem alterius aliquo casu interfecisset et frater superstes fratricidam cum signo jam dicto accurrentem vidisset, statim morte fratris oblivioni data, in osculo pacis cum fletu et lacrymis illum recipiebat, et in propriam domum adducens victui necessaria ministrabat. Nonne in hoc loco prophetia Isaie quodammodo iterum potest dici fuisse impleta? « Habitabit lupus cum agno et pardus cum hedo accu- « babit; vitulus et leo, ovis et ursus pascentur simul « et puer parvulus minabit eos[4]. » Sane per bestias illas que rapina et carne vivunt, impios homines scilicet homicidas et raptores[5] intelligimus, per reliquas vero pecudes, mansuetos et simplices; et de illis propheta[6] dixit quod Christus eos simul habitare ac pacem

1. *lineis* P.
2. On peut voir des représentations de l'enseigne des chaperons blancs dans les *Chroniques de Estienne Médicis* publiées en 1869 par M. Chassaing (I, 85) et dans l'*Histoire du Velay* de F. Mandet (II, 193).
3. *secuti* P.
4. Isai., XI, 6.
5. *et raptores* ajouté après coup dans V.
6. *prophetias* P.

habere preciperet. Et quare hoc? « Quia repleta est terra
« scientia Domini[1]. » Hec pacis reconciliatio per virum
Dei facta per totam Gothiam firmissime per aliquod
tempus fuit observata.

Gesta quinti anni regni Philippi Francorum regis.

26. — Anno Dominice incarnationis MCLXXXIV,
regni Philippi Augusti anno V, etatis ipsius anno vice-
simo, orta est dissensio que in novis rebus accidere
solet, inter regem Francorum christianissimum Philippum, et Philippum Flandrensium comitem, pro quadam terra que usitato vocabulo Viromandia dicitur.
Asserebat enim rex totam Viromandiam cum castellis,
vicis et villis, titulo successorio ad reges Francorum
jure hereditario pertinere, et hoc totum per clericos et
laïcos videlicet archiepiscopos, episcopos, comites, vicecomites aliosque principes, se probaturum allegabat[2].
Comes autem Flandrie e contrario respondebat [se] terram predictam, vivente christianissimo beate memorie
rege Ludovico, diu tenuisse et per multa tempora
sine omni inquietudine in pace possedisse, et quamdiu
viveret se nunquam dimissurum firmissime propone-
bat. Videbatur enim comiti quod de facili animum

---

1. Isai., XI, 9.
2. Isabelle, femme du comte de Flandre et comtesse de Vermandois en son propre droit, étant morte le 26 mars 1183, son
fief, en l'absence d'héritiers directs, devait revenir au roi de France
son suzerain. Philippe-Auguste réclamait en même temps l'Artois
et l'Amiénois que le comte de Flandre avait promis à sa nièce
Isabelle de Hainaut lors de son mariage avec le roi de France. On
trouvera un récit très détaillé de tout ce démêlé et de la guerre
qui s'ensuivit dans *Gilbert de Mons* (M. G. *Script.* XXI, p. 535
et seq.).

regis quia puer erat multis promissionibus et blandis allocutionibus a tali incepto posset revocare. Manus equidem principum tunc[1], ut dicebatur, cum eo erat; sed ut dici solet in proverbio, *ventum conceperunt et telas aranee texuerunt*[2]. Tandem de consilio principum et baronum Philippus Augustus, apud Karnopolim, castrum pulcherrimum quod vulgo Compennium dicitur, omnes principes terre sue convocavit, et, communicato cum eis consilio, infinite multitudinis collegit exercitum versus civitatem que Ambianis vocatur[3]. Comes vero Flandrie adventum regis audiens, exaltatum est cor ejus, et, collecto adversus regem exercitu, contra ipsum regem dominum suum movit arma, et juravit in brachio fortitudinis sue quod defenderet se de omnibus.

1. *tunc* ajouté après coup dans V.
2. Isai., LIX, 5.
3. Les faits ne sont pas exactement rapportés par Rigord qui confond les événements de 1184 avec ceux de 1185. Il est vrai que Philippe-Aug. était à Compiègne, en février 1184 (*Cat.*, 97); mais l'assemblée des évêques et des barons eut lieu à Paris au commencement du carême de la même année, ainsi qu'il résulte d'une lettre importante du roi au pape Lucius III, lettre qui se place entre le 15 février et le 1er avril (*Cat.*, 99). Vers la fin de mai, le roi et le comte de Flandres eurent, entre Compiègne et Choisy, une entrevue dans laquelle ils signèrent une trêve (Gilbert de Mons, 540, l. 28) qui, lors des octaves de Noël, fut renouvelée jusqu'au 24 juin suivant, dans une seconde entrevue qui eut lieu au même endroit par l'entremise du roi d'Angleterre (Gilbert de Mons, 546, l. 19. — Benoit de Peterborough, I, 312. — Gerv. de Cantorbéry, 309). Quant à la réunion de l'armée royale à Compiègne à laquelle Rigord fait allusion ici, elle n'eut lieu ainsi que le siège de Boves qu'après le 21 avril 1185 (*Cat.*, 132. — Gilbert de Mons, 546-547). Il y a dans Giraud le Cambrien (D. Brial, XVIII, 154) une curieuse anecdote qui se rapporte à cette expédition.

De eodem.

27. — Igitur anno v regni Philippi Augusti, et etatis ipsius anno vigesimo egressus est rex cum exercitu ad omnem terram illam et *operuerunt faciem terre sicut locuste*[1]. Videns autem comes Flandrie exercitum regis magnum valde et fortem[2], *conterritus est spiritus ejus*[3] et liquefactum est cor populi sui, fuge presidium querentes. Tunc comes, habito consilio cum suis, per[4] internuncios principem militie regis Theobaldum[5] comitem Blesensium, Francie senescallum, vocavit et G[uillelmum] Remensem archiepiscopum, ipsius regis avunculos, quibus sicut regis fidelibus cura rerum gerendarum eo tempore commissa fuerat. Istis mediantibus, comes Flandrie in hunc modum regem allocutus est : « Desinat indignatio tua, domine, circa
« nos ; veni nobis pacificus, et utere servitio nostro
« sicut placuerit tibi. Terram quam queris, scilicet
« Viromandiam, cum omnibus castellis et villis ad
« eam pertinentibus, libere et sine omni procrastina-
« tione tibi, domine mi rex, in integrum restituo.
« Tamen, si vestre regie majestati placet, castrum
« Sancti Quintini et castrum quod Perona[6] vocatur,
« dono regio quamdiu vixero mihi dimitti postulo, et

1. Judith, II, 11.
2. Gilbert de Mons (p. 547) estime l'armée royale à 2,000 chevaliers et 140,000 (?) hommes de pied, et celle du comte de Flandre à 400 chevaliers et 40,000 fantassins.
3. Dan., II, 1.
4. *et per* V.
5. *Tibaldum* V.
6. *Peirona* P.

« post decessum meum ad vos vel ad heredes vestros,
« successores videlicet regni Francorum, sine aliqua
« contradictione devolvantur. »

De reformatione pacis inter regem et comitem.

28. — Quod audiens Philippus, christianissimus Francorum rex, convocavit omnes archiepiscopos, episcopos, abbates, comites, vicecomites et omnes barones qui ad domandam feritatem illius et superbiam frangendam unanimiter convenerant, et habito cum illis consilio, omnes quasi uno ore respondentes, hoc quod comes Flandrie regi offerebat, faciendum esse laudaverunt. His peractis, comes Flandrie introductus est, qui, coram omnibus principibus et universa multitudine ibidem collecta, terram predictam, scilicet Viromandiam, quam injuste longo tempore possederat, juste regi Philippo restituit et statim, coram omnibus terra reddita, in possessionem misit. Preterea juramentum regi prestitit quod omnia damna que Balduino[1] comiti Henuensi[2] et aliis amicis regis intulerat, secundum voluntatem regis et mandatum cuncta in integrum et sine mora restitueret ; et sic pax inter regem et comitem quasi per miraculum est reformata quia sine humani sanguinis effusione est finem consecuta. Quod videntes universi populi, nimio gaudio repleti, laudantes benedixerunt Deum qui salvat sperantes in se[3].

1. *Babeloino* P.
2. *Hencensi* P.
3. Sur cette paix conclue à Aumale le 7 novembre 1185 en présence du roi d'Angleterre et des archevêques de Rennes et de Cologne, voy. Raoul de Dicet, II, 38, et Gilbert de Mons, 547-548.

De miraculo a Domino facto pro Philippo Francorum rege.

29. — Inter cetera admiratione plena que Dominus pro servo suo Philippo rege in terris hominibus ostendere dignatus est, istud majori admiratione dignum scribere dignum duximus. Retulerunt nobis quidam boni viri Ambianenses canonici, quod dum christianissimus rex cum exercitu suo moram faceret juxta castrum quod Bovas[1] vocatur, trahentes equi bigas[2] passim per campos, tam homines quam equi totius exercitus conculcaverunt messes, et maximam partem cum falciculis pro pabulo colligentes, equis ad comedendum dederunt, ita quod eo anno[3] pene non remansit aliquid virens super terram. Erat enim tempus quando messis est in spica et flores producit videlicet circa festum S. Joannis Baptiste[4] sed, reformata pace, quidam canonici Ambianenses, qui fructus prebendarum suarum in loco ubi exercitus regis fuerat, colligere consueverant, videntes messem equorum pedibus confractam, et usque ad deletionem conculcatam, dolentes de amissione fructuum, ceperunt conqueri decano suo et capitulo, humiliter petentes et de jure hoc debere fieri asserentes, quod anno illo de omnibus aliis prebendis fructus prebendarum suarum amissos

---

1. Boves, Somme, arr. d'Amiens, canton de Sains. Philippe-Auguste et le comte de Flandre passèrent trois semaines à s'y observer vers le mois de mai 1185 (Gilb. de Mons, p. 547).
2. *gigas* P.
3. *eo anno* omis dans P.
4. 24 juin.

illis causa fraternitatis de communi restituere dignarentur. Tandem decanus, cum capitulo habito consilio, rogavit eos ut patienter sustinerent usque ad collectionem messium et granorum excussionem, et diligenter colligi facerent residuum messis conculcate ab exercitu regis Francorum, et si quid illis de consueta fructuum perceptione deficeret, capitulum illis plene restitueret. Mira res et nimis stupenda! Succedente itaque tempore, miraculose Domino operante, ita factum est quod, contra omnium opinionem, messis que ab exercitu regis fuerat conculcata ita plene et abundanter eo anno est restituta quod, post granorum excussionem et aree ventilationem, invenerunt centuplum estimatum, non tantum de spicis conculcatis, sed etiam de his que cum falciculis secte fuerant et equis totius exercitus ad comedendum date. In loco autem ubi exercitus comitis Flandrie collectus fuerat, ita omnia virentia sunt dessicata quod herba super terram eo anno ibi non est reperta. Hec et alia que fecit[1] pro servo suo Philippo rege christianissimo, nonne digna sunt scribi in libro gestorum ipsius? Videntes autem canonici Ambianenses tantum miraculum, cum universo populo timuerunt regem, *videntes sapientiam Dei esse in illo*[2] que instruit eum et docet ad faciendum quicquid vult, eo adjuvante[3] qui omnium princeps est et principium.

1. *operatur* V.
2. III Reg., III, 28.
3. *juvante* V.

De nuntiis Hierosolymitanis missis ad Philippum regem Francie.

30. — Eodem anno, VII° X° kalendas februarii, feria IIII, Heraclius patriarcha Hierosolymitanus cum priore Hospitalis transmarino et magistro magno Templi[1], ad Philippum Augustum christianissimum Francorum regem missi Parisius venerunt. Intraverant[2] enim eo tempore Sarraceni cum magno exercitu terras christianorum transmarinas et multos ex ipsis interfecerant, plures etiam captivos secum duxerant; Vadum Jacob, videlicet quamdam fortissimam munitionem christianorum, ceperant, ubi multos ex fratribus Hospitalis et Templi militibus miserabiliter occiderant aliosque captivos secum traxerant. Hac de causa omnes christiani transmarini, timentes ne sumpta audacia Sarraceni sanctam civitatem Hierusalem caperent et Templum cum Sepulcro Dominico profanarent, miserunt patriarcham cum duobus magistris predictis in Franciam, portantes claves civitatis Hierusalem et Sancti Sepulcri Domini ad christianissimum regem Francorum Philippum, rogantes et humi-

---

1. Arnauld de Torroge, grand maître du Temple, mourut en route à Vérone (Raoul de Dicet, II, p. 32). Les deux autres envoyés Héraclius et Roger de Moulins, après avoir parcouru l'Italie et la France, passèrent en Angleterre (Raoul de Dicet, *loc. cit.* — Benoit, I, 328. — Gervais de Cantorbéry, I, 325. — Roger de Hoveden, II, 299). Si les dates données par les chroniqueurs sont exactes, le séjour de Héraclius en France aurait été bien court, car, bien qu'il fût à Paris le mercredi 16 janvier 1185, le 26 janvier il se trouvait à Cantorbéry (Gervais de Cant., *loc. cit.*).

2. *intraverunt* V.

liter deprecantes quatinus, intuitu Dei et amore christiane religionis, terre Hierosolymitane oppido desolate succursum prestare dignaretur. Qui, per multa marina pericula et frequentes incursus piratarum et longo tractu terrarum, magistro militie Templi interim in fata collapso, duo superstites Domino ducente Parisius venerunt; ubi cum solemni processione a venerabili Mauricio episcopo Parisiensi et clero et universo totius civitatis populo, patriarcha receptus est quasi angelus Domini. Sequenti die in ecclesia Beate Marie missam celebravit et sermonem ad populum fecit.

De nuntiis a rege benigne susceptis.

31. — Quo audito Philippus Augustus Francorum rex, omnibus aliis negotiis omissis, nuntiis citissime occurrit et in osculo pacis honorifice recepit, diligentissime prepositis terre sue sive dispensatoribus precipiens quod, ubicumque per terram suam[1] irent, de redditibus regis[2] sufficientes expensas illis ministrarent; et cognita causa quare venerant, paterna pietate commotus, generale concilium omnium archiepiscoporum, episcoporum et principum terre sue Parisius convocari precepit. Celebrato autem cum illis communi concilio, archiepiscopis, episcopis et omnibus ecclesiarum prelatis regia auctoritate mandavit quod ipsi per frequentes predicationes et admonitiones populos sibi subditos admonerent quatenus, pro fide christianorum defendenda, contra inimicos crucis

1. *suam* omis dans P.
2. *suis* V.

pugnaturi, Hierosolymam peterent. Ipse enim Philippus rex tunc regni Francorum gubernacula solus strenue regebat; nondum enim ex Elisabeth venerabili regina, uxore sua sobolem desideratam susceperat, et ideo de consilio principum strenuos milites cum magna multitudine peditum armatorum, de propriis reditibus sumptus sufficientes, prout fama referente didicimus, ministrans, Hierosolymam devote transmisit[1].

De duce Burgundie.

32. — Interea dux Burgundie Hugo, collecto exercitu in extremis terre sue finibus, castrum quoddam quod dicitur Vergi potentissime obsederat et quatuor munitiones in circuitu firmaverat. Dicebat enim castrum illud ad jurisdictionem suam pertinere, et quasi sub juramento firmabat quod nulla pactione interveniente ab obsidione recederet, quousque castrum illud in suam potestatem et dominium transferret[2]. Videns autem Guido[3], dominus castri, firmum propositum ducis et quod castrum suum dux omnino ei auferre moliebatur, misit nuncios suos ad Philippum Augustum strenuissimum Francorum regem, voluntatem suam per litteras illi significans, quatenus cito veniret et castrum scilicet Vergi regi et successoribus suis haben-

1. Ph.-Aug. avait dès l'année précédente ordonné la levée de subsides pour la Terre Sainte. Cf. *Cat.*, 112.
2. *transferret* est ajouté après coup dans V.
3. Il y a ici une erreur de la part de Rigord : Gui de Vergy, bien qu'il vécût encore en 1204, avait cédé sa seigneurie à son fils Hugues qui la tint de 1179 jusque vers 1201. Cf. Duchesne, *Hist. de la maison de Vergy*, p. 100 et seq.

dum perpetuo traderet. Rex autem semper Augustus, visis litteris et auditis, collecto exercitu, suppetias illi venire festinavit ut liberaret inopem de manu fortiorum ejus, obsessum et inclusum a diripientibus eum. Qui quasi ex improviso superveniens obsidium dissolvit, et illas quatuor munitiones quas dux edificari fecerat funditus evertit et, recepto castro, positis ibi custodibus, ad dominium suum in perpetuum transtulit et regno Francorum adjecit. Et paulo post Guido de Vergiaco regi hominium fecit sub[1] attestatione jurisjurandi, et successoribus suis perpetuam fidelitatem firmavit; quo facto, statim rex castrum Vergiaci cum omnibus ad ipsum pertinentibus integerrime domino Guidoni et heredibus suis restituit, tamen sibi[2] et successoribus suis retento dominio[3].

Incidentia. Eodem anno fuit eclipsis solis particularis prima die maii, hora nona, sole existente in Tauro[4].

De exercitu regis Philippi contra ducem Burgundie pro defensione ecclesiarum.

33. — Post hec, brevi temporis elapso curriculo,

1. *et sub* P.
2. *sibi* omis dans V.
3. La délivrance du château de Vergy eut lieu en 1186. Suivant Rob. Abolant il y avait trois ans que le duc de Bourgogne le tenait assiégé (Bouq. XVIII, 251-252); d'après les *Annales Aquicinctini*, le comte de Flandre aurait, dans cette expédition, réuni son armée à celle du roi (ibid., 539).
4. Si cette éclipse eut lieu le 1er mai, il faut la placer en 1185. Il est curieux de noter que Gervais de Cantorbéry mentionne également cette éclipse au 1er mai 1186 (I, 335), tandis que Raoul de Dicet la rapporte à la date du 21 avril qui est en effet celle de l'unique éclipse de soleil de l'année 1186.

ab episcopis et abbatibus et aliis viris religiosis totius Burgundie missi sunt nuncii ad christianissimum Francorum regem Philippum Augustum, de jamdicto Hugone, duce Burgundie, in multis conquerentes et a rege justitiam exigentes. Antiquitus enim piissimi reges Francorum, zelo christiane fidei inflammati, ut Karolus et ejus successores, expulsis Sarracenis christiane fidei inimicis, et cum multo sudore et labore in pace regnantes, ecclesias seu monasteria plurima in honore Domini nostri Jesu Christi et beate Dei genitricis et virginis Marie et omnium sanctorum propriis manibus fundaverunt, eisdem ecclesiis de propriis reditibus suis pro dote sufficientes reditus assignantes, unde clerici ibidem perpetuo Deo servientes honeste victui necessaria percipere potuissent. Quidam autem ex ipsis in ecclesiis quas fundaverant sibi sepulturas viventes elegerunt, omnimode immunitati eas donantes, ut Clodoveus qui primus omnium regum Francorum fidem christianorum suscepit, cum venerabili regina Clotildi uxore sua in ecclesia Beati Petri Parisius, que modo, mutato nomine, Sancte Genovefe ecclesia dicitur, quam ipse fundaverat sepultus est; Childebertus in ecclesia que quondam fundata fuerat in honore sancti Vincentii martyris, que nunc abbatia Sancti Germani de Pratis vocatur, sepultus est. Clotarius primus in ecclesia Sancti Medardi Suessionis, sed iste Clotarius non fuit pater Dagoberti. Dagobertus in ecclesia beatissimi Dionysii quam ipse fundavit, ad dexteram partem majoris altaris est tumulatus. Ludovicus pie recordationis, pater Philippi Augusti regis nostri, in ecclesia Sancte Marie de Barbeel sepultus est quam ipse fundavit.

De libertate ecclesiarum a regibus concessa.

34. — Igitur cum reges Francorum predictas ecclesias in sua libertate semper custodire cupientes, quibuscumque principibus terras custodiendas tradidissent, tamen ecclesias sub potestate sua et protectione retinere decreverunt ne principes quibus terra custodienda a regibus delegabatur, ecclesias vel clericos ibidem Domino servientes aliquibus angariis, talliis vel aliis exactionibus gravare presumerent. Verumtamen, quia dux Burgundie ecclesias terre sibi commisse hujusmodi exactionibus frequentibus contra regias immunitates graviter oppresserat, ideo Philippus rex[1], audita religiosorum virorum conquestione, ipsum ducem bis vel ter coram omnibus amicis suis benignissime commonuit, quod, intuitu Dei et per fidem quam regno Francorum debebat, ablata predictis ecclesiis restitueret et de cetero talia non presumeret, et, si pecuniam illam ecclesiis restituere nollet, graviter in ipsum vindicaret.

De obsidione Castellionis.

35. — Videns autem dux Burgundie christianissimi regis voluntatem in[2] omnibus factis et dictis suis firmam in Domino constantiam, turbatus a curia recedens, in Burgundiam rediit. Preceperat enim illi regia majestas quod summam triginta millia librarum Pari-

1. *rex* omis dans V.
2. *et in* P.

siensium, quam violenter ecclesiis abstulerat, omni[1] occasione postposita, ecclesiis restitueret et de violentia illata regi satisfaceret. Quod cum dux frustratorias[2] dilationes petendo facere nollet, Philippus semper Augustus Francorum rex contra ipsum movit arma, et collecto exercitu Burgundiam miles Christi pugnaturus intravit, et pro defensione ecclesiarum et cleri libertate (conculcabatur enim tunc ut populus sic sacerdos), castrum quod Castellonem[3] vocant, obsedit; et evolutis quindecim diebus vel tribus hebdomadibus, erectis in circuitu machinis, castrum rex viriliter impugnari fecit. In quo conflictu tam de interioribus quam de exterioribus nonnulli ceciderunt, alii vulnerati beneficio medicine pristine sanitati sunt restituti. Tandem rex, potitus victoria, predictum castrum, scilicet Castellonem, cepit et positis custodibus suis muniri fecit.

De reformatione pacis.

36. — Dux autem Burgundie videns quod christianissimo regi resistere non posset, sumpto salubri consilio, veniens procidit ad pedes regis, impetrans ab eo veniam, promittens quod, secundum judicium curie regis, omnibus ecclesiis et clericis ibidem Deo famulantibus plenissime satisfaceret. Sed Philippus Augustus, satis acute prospiciens multam malitiam hominum esse in terra et quod cuncta cogitatio illius intenta esset ad malum omni tempore, voluit sibi et ecclesiis

1. *omni* omis dans P.
2. *frustratoriis* P.
3. Châtillon-sur-Seine.

precavere in futurum. Audierat enim rex a multis qui cum patre suo bone memorie Ludovico diutinam conversationem habuerant, quod iste dux Burgundie persepe ipsum regem offendebat, et frequenter citatus ad curiam veniebat, regi securitatem faciens quod omnibus modis quibus posset regalibus preceptis obediret et de cetero se ab hujusmodi obtemperaret; sed ex quo in Burgundiam revertebatur, iterum regem piissimum Ludovicum offendere non formidabat. Ex his et aliis hujusmodi Philippus rex sufficienter preinstructus, a duce Burgundie cautionem sufficientem, tria castra optima, nomine vadii recepit, tali tamen pactione, quod tamdiu rex[1] illa habeat et possideat quousque predictam pecunie summam, scilicet xxx millia librarum, ecclesiis integre restituat. Sed postea, brevi temporis elapso spatio, habito rex cum amicis suis saniori consilio, illa tria castra duci restituit, et insuper quia predictam pecunie summam ecclesiis de proprio reddere non poterat, feudum quod spectabat ad dominium Vergiaci dono regio duci concessit : et sic pace reformata, Philippus rex semper Augustus cum suis, Dominum laudans et magnificans, in palatium suum Parisius reversus est cum gloria.

Quod Philippus rex precepit ut omnes vici vel vie Parisius pavimentarentur.

37. — Factum est autem post aliquot dies quod Philippus rex semper Augustus Parisius aliquantulam moram faciens, dum sollicitus pro negotiis regni

---

1. *rex* omis dans P.

agendis in aulam regiam deambularet, veniens ad palatii fenestras, unde fluvium Sequane pro recreatione animi quandoque inspicere consueverat, rhede equis trahentibus per civitatem transeuntes fetores intolerabiles lutum revolvendo procreaverunt, quos rex in aula deambulans ferre non sustinens, arduum opus sed valde necessarium excogitavit, quod omnes predecessores sui ex nimia gravitate et operis impensa aggredi non presumpserant. Convocatis autem burgensibus cum preposito ipsius civitatis, regia auctoritate precepit quod omnes vici et vie totius civitatis Parisii duris et fortibus lapidibus sternerentur[1]. Ad hoc enim christianissimus rex conabatur quod nomen antiquum auferret civitati : lutea enim a luti fetore prius dicta fuerat; sed gentiles quondam, hujusmodi nomen propter fetorem abhorrentes, a Paride Alexandro, filio Priami regis Troje, Parisius vocaverunt. Legimus enim in Gestis Francorum quod primus omnium regum Francorum qui apud illos more regio regnavit, fuit Faramundus filius Marcomiri[2], filii Priami regis Austrie. Iste Priamus rex Austrie non fuit ille magnus Priamus rex Troje, sed ab Hectore filio suo per Francionem, filium Hectoris descendit, sicut subjecta docet figura[3] :

1. Ce pavage, dont on a retrouvé plusieurs fois des vestiges, se composait de blocs de grès de différentes tailles, mais d'une épaisseur moyenne de 35 à 40 centimètres; les plus grands avaient 1ᵐ50 carrés. Voy. *Revue archéol.*, année 1844, I, 188.
2. Voy. Aimoin, liv. I, ch. 4.
3. Le tableau suivant est omis, ainsi que les quatre derniers mots (*sicut-figura*), dans le ms. V; dans P, le tableau est tracé dans la marge inférieure.

Priamus rex Troje.

Hector	fratres	Troïlus
Francio, filius Hectoris		Turchus, filius Troïli.
Priamus, rex Austrie		
Marcomirus, filius ejus		
Faramundus, filius, primus rex in Gallia, regnavit		annis XI.
Clodius, filius ipsius,		annis XX.
Meroveus, de genere ipsius,		annis XVII.
Childericus, filius ejus,		annis XX.

Et quoniam multi solent dubitare de origine regni Francorum, quomodo et qualiter reges Francorum ab ipsis Trojanis descendisse dicantur; ideo sollicitius, prout potuimus colligere ex historia Gregorii Turonensis, ex chronicis Eusebii et Hidacii et ex aliorum multorum scriptis, in hac nostra historia satis lucide determinavimus.

38. — Post eversionem Troje, multitudo magna inde fugiens, ac deinde in duos populos se dividens, alia Francionem, quemdam Priami regis nepotem, videlicet Hectoris filium, super se regem levavit[1]; alia Turchum nomine, filium Troïli, filii Priami secuta est[2]; atque ex eo, ut quidam tradunt, duos populos sumpto nomine Francos et Turchos usque hodie vocantur[3]. Inde digressi, juxta Thraciam super ripas Danubii fluvii

1. *levaverit* V et P.
2. *secuta sit* V et P.
3. *vocari* V et P. — Ce qui précède est emprunté littéralement à Hugues de Saint-Victor (ms. lat. 4862, fol. 23, col. 2). Le résumé historique qui suit présente de grandes analogies avec le commencement des *Grandes Chroniques*; seulement les faits sont disposés dans un ordre différent. On reconnaîtra l'emploi d'Aimoin, de Geoffroy de Monmouth, des *Gesta regum Francorum* et surtout de Hugues de Saint-Victor.

consederunt; sed post paululum temporis, Turchus cum suis, a Francione consanguineo suo recedens, in Scythia[1] inferiore se transtulit et ibi regnavit; a quo descenderunt Ostrogoti, Ypogoti, Wandali et Normanni. Francio autem circa Danubium fluvium cum suis remansit et edificans ibi civitatem, Sicambriam vocavit. Regnavit autem ibi ipse et qui ab eo descenderunt annis MDVII usque ad tempora Valentiniani imperatoris, qui imperavit anno ab incarnatione Domini CCCLXXVI, a quo fuerunt inde expulsi pro eo quod tributa Romanis juxta morem ceterarum gentium solvere recusarent. Egressi inde, Marcomiro [filio Priami regis Austrie][2], Sonnone [Antenoris filio][3], et Genebaudo ducibus, venerunt et habitaverunt circa ripam Rheni in confinio Germanie et Alemannie, que terra Austria vocatur; quos cum multis postmodum idem Valentinianus preliis[4] attentasset nec vincere potuisset, proprio eos nomine [arctica lingua][5] Francos [quasi ferancos][6] id est feroces appellavit. Ab illo enim tempore in tantum virtus Francorum excrevit ut[7] totam tandem Germaniam et Galliam usque ad juga Pyrenei et ultra subjugarent. Sed postea, Sonnone et Genebaudo ducibus in Austria[8]

---

1. *Scichia* V et P.
2. Manque dans V; rajouté dans P en interligne, d'une écriture différente de celle du ms.
3. Même observation.
4. *pre aliis* V.
5. Ces mots manquent dans V et sont rajoutés en interligne dans P.
6. Même observation.
7. *et* P.
8. *Austriam (sic)* P V.

remanentibus, Marcomirus, filius Priami regis Austrie, qui a Francione, nepote Priami regis Troje, per multas successorum generationes quas hic longum esset enumerare, descenderat, in Galliam venit cum suis. Evaserunt autem et alii de excidio Trojano, ut Helenus vates, filius Priami, qui cum mille et ducentis viris in regno Pandrasi regis Grecorum se transtulit : sed postea Brutus cum suis in Angliam transduxit. Antenor vero circa Tyrrheni[1] equoris littora cum duobus millibus virorum et quingentis manere disposuit. Eneas cum tribus millibus virorum et cccc per mare navigans, cum summo labore trajectus est in Italiam. Isti et multi alii de consanguinitate Priami, post excidium Troje, disseminati sunt per diversas regiones. Eneas cum Ascanio filio suo navigio Italiam venit, ubi Ascanius Laviniam filiam Latini regis in uxorem duxit de qua filium nomine Silvium[2] suscepit. Hic, furtive veneri indulgens, de nepte matris sue Brutum suscepit, qui post, adjuncta sibi progenie Heleni filii Priami et Corinneo qui ab Antenore descenderat, Albion insulam applicuit, quam de nomine suo Britanniam vocavit. Et videns insule amenitatem, civitatem Londoniarum ad similitudinem Troje fundavit, et Trinovantum vocavit, id est, novam Trojam. Ab isto descendisse dicuntur omnes reges Anglie que ab ipso Bruto primo dicta fuit Britannia.

Nota. Et nota quod reges fuerunt in Austria[3] usque ad Childericum filium Clodovei, filii Dagoberti. Sed tunc deficientibus regibus, duces dominari ceperunt

1. *Cyrreni* V.
2. *Filinum* (sic) P V.
3. *Austriam* (sic) P.

qui Majores domus vocabantur ut Pipinus, Karolus Martellus et ceteri[1].

Marcomirus, Priami regis Austrie filius, Galliam cum suis adiit, ubi reperit homines simpliciter viventes, qui de excidio Trojano descenderant et apud Sicambriam circa fluvium Tanaïm, juxta Meotidas paludes, cum Francione venerant, habitaveruntque illic annis multis creveruntque in gentem magnam. Sed revolutis CCXXXV annis, viginti et tria millia ex Trojanis a Sicambria recesserunt habentes ducem nomine Ibor, querentes ubicumque commodum si reperire potuissent et transitum facientes per Alemanniam, Germaniam et Austriam, venerunt in Galliam et ibi remanentes sedem suam apud Lutetiam constituerunt, octingentesimo nonagesimo[2] quinto anno ante incarnationem Domini et a Paride Alexandro filio Priami, sibi nomen imponentes, Parisios se vocaverunt, satis simplicem vitam ibidem longo tempore ducentes; [vel secundum alios dicti sunt Parisii ab hoc Greco nomine *Parisia* quod, interpretatum sonat *audacia*][3]. Fuerunt autem ibi ex quo a Sicambria recesserunt, annis MCCLXX usque ad tempora Valentiniani jam dicti imperatoris. In diebus illis non erat rex in Gallia, sed unusquisque quod sibi rectum videbatur faciebat. Subditi tamen Romanis erant, et, secundum morem ipsorum, ad regendum populum consules singulis annis ex semetipsis creabant.

1. La matière de cette note est empruntée à Hugues de Saint-Victor, ms. cité fol. 24 r°.
2. *vigesimo* V.
3. Cette phrase qui manque dans V a été ajoutée en interligne dans P.

Eo tempore Marcomirus cum suis Gallias intravit, et audientes Parisii quod de Trojanis descenderat ab ipsis honorifice receptus est : quos quia ad exercitium[1] armorum docuit et civitates, propter frequentes incursus latronum, murari fecit, ab ipsis defensor totius Gallie constitutus est. Hic Faramundum filium suum militem strenuum, primum regem Francorum diademate insignivit, qui ob honorem Paridis, filii Priami regis Troje, a quo ipsi populi denominati fuerant, et ut magis ipsis placeret, civitatem Parisiorum que tunc Lutetia vocabatur, de nomine Paridis Parisius vocari voluit. Affectabant enim omnes Trojani qui de excidio Troje descenderant, quod nomen eorum per universum orbem longe lateque diffunderetur. Faramundus genuit Clodium : Clodius genuit Meroveum a quo rege utili[2] reges Francorum Merovingi sunt appellati. Meroveus genuit Childericum : Childericus genuit Clodoveum primum regem christianum, a quo nomina regum Francorum ab ipso descendentium, propter ordinem historie memoriter tenendum, hic posuimus.

Clodoveus genuit Clotarium ; Clotarius genuit Chilpericum, qui Clotarium, qui Dagobertum primum. Hic ecclesiam hieromartyris Dionysii fundavit et multa donaria eidem ecclesie contulit. Dagobertus genuit Clodoveum, qui Clotarium, Childericum et Theodericum. Isti tres fuerunt fratres, filii Clodovei, filii Dagoberti primi et sancte Baltildis. Childericus[3] genuit

1. *exercitum* P.
2. Telle est la leçon donnée par les deux mss. de Rigord ainsi que par les autres textes qui contiennent cette phrase (*Gesta reg. Francor.*, ap. Bouquet, II, 544, *Historia reg. Fr. mon. S. Dionysii*, M. G. IX, 405, l. 42 b). Il faut peut-être lire *et alii*.
3. *Childebertus* V.

Dagobertum, qui Theodericum, qui Clotarium. Deinde regnavit Ansbertus qui genuit Arnoldum, qui sanctum Arnulfum postea Metensem episcopum; qui Anchisen vel Ansegisilum vel Ansedunum, qui Pipinum majorem domus, qui Karolum Martellum, qui Pipinum regem, qui Karolum Magnum imperatorem, qui Ludovicum Pium imperatorem, qui Karolum Calvum imperatorem. Hic attulit ad ecclesiam ter beati Dionysii clavum et spineam coronam et brachium sancti senis Simeonis et cristam auream cum gemmis pretiosissimis impretiabilem[1], et crucem auream cum lapidibus pretiosis pondere LXXX marcarum et multa alia carissima dona jam dicte ecclesie contulit, que longum esset hic ponere. Karolus Calvus genuit Ludovicum regem, qui Karolum Simplicem.

Tempore istius, Dani de Scythia per Oceanum vecti ceperunt Rotomagum, habentes ducem nomine Rollonem, qui multa ecclesiis Dei intulit mala. Iste totam sibi Neustriam subjugavit et a nomine gentis sue Normanniam vocavit. Normanni vero lingua barbara homines septentrionales dicti sunt, eo quod primum ab illa mundi parte venerint. *Nort* enim septentrio, *Man* homo dicitur. Karolus vero Simplex, inito cum eis federe, filiam suam Rolloni uxorem dedit et Normanniam cum ipsa concessit. Qui scilicet Rollo, anno ab incarnatione Domini DCCCCXII baptizatus, Robertus nomen accepit, atque exinde gens Normannorum, Christo credens, fidei christiane subjecta est. Deinde multis revolutis annis, Guillelmus qui dictus est Nothus, dux Normannie, Angliam conquisivit, et tunc

1. *et pretiabilem* P.

defecerunt reges qui a Bruto descenderant[1]. Postea Humfredus, septimus ab eo, Apuliam subjugavit. Deinde Robertus Guiscardus filius ejus addidit et Calabriam; Boamundus Siciliam adjecit. Karolus Simplex genuit Ludovicum qui Lotharium, qui Ludovicum hujus regalis prosapie ultimum. Ludovico quoque defuncto, Francorum proceres regem super se statuerunt Hugonem ducem Burgundie[2], qui fuit filius Hugonis magni ducis, cognomento Chapet[3], qui genuit Robertum qui Hugonem, Henricum[4] et fratrem ejus Odonem.

39. — Iste Henricus rex, auditis rumoribus quod in Alemannia in civitate Ratispona, in abbatia Sancti Hermentranni martyris, inventum fuerat quoddam corpus quod dicebant esse Dionysii Areopagite, misit nuncios suos ad Henricum imperatorem cum litteris suis, ut diem elevationis illius corporis protelaret, quousque per certos nuncios utrum corpus hieromartyris Dionysii Areopagite, Athenarum archiepiscopi, discipuli apostoli Pauli, in Francia[5], in ecclesia quam Dagobertus rex fundaverat, esset vel non, plenissime certificaretur. Quo audito, imperator misit magnos viros et sapientes in Franciam, ut plene rei veritatem cognoscerent. Visis nunciis imperatoris, Henricus rex convocavit archiepiscopos, episcopos et barones totius regni, et cum Odone karissimo fratre suo ad ecclesiam beatissimi martyris Dionysii, misit. Facta autem ora-

---

1. *et tunc — descenderant* omis dans V.
2. *Burgundie* omis dans V.
3. *Capet* V.
4. *qui Henricum* V. — Dans P *qui* a été rayé.
5. *Franciam* (sic) P V.

tione, allata sunt tria vasa argentea Dionysii, Rustici et Eleutherii, coram omni populo diligentissime sigillata; et aperto vase beati martyris Dionysii, totum corpus ipsius cum capite inventum est, exceptis duobus ossibus de collo, que sunt in ecclesia Vergiacensi[1], et os quoddam de brachio quod Stephanus papa tertius secum ad Romanam portavit ecclesiam et posuit in ecclesia que hodie Schola Grecorum vocatur[2]. Hoc videntes universi populi cum lacrymis et suspiriis puras manus levantes ad Dominum, Deo et beate Marie virgini et sanctis martyribus se commendantes, cum gaudio recesserunt. Tunc nuncii qui missi fuerant ad imperatorem citissime revertentes, super his que viderant et audierant imperatorem plenissime certificaverunt. Hoc fuit factum tempore Leonis pape IX, anno Domini ML[3].

Post Henricum[4] regem regnavit Philippus qui genuit

---

1. L'église de Vergy était en effet sous le vocable de saint Denis. Cf. *Gallia christ.*, IV, instrum., col. 83.

2. Il ne s'agit pas ici, comme on pourrait le croire, de Sainte-Marie *in Schola græca* (Sainte-Marie in Cosmedin), mais de la basilique encore existante de Saint-Sylvestre appelée aujourd'hui *S. Silvestro in capite*, fondée par Étienne III pour y déposer la relique de saint Denis, et achevée par son frère Paul. Ce pape y fit transporter les restes d'un grand nombre de martyrs et y établit une congrégation de moines grecs dont le couvent fut appelé *Monasterium ad Sanctos Martyres in Schola Grecorum*. Voy. *Revelatio facta sancto Pape Stephano* dans Surius, V, 741, et *Liber pontificalis* dans Muratori, III, 173.

3. On trouvera un récit détaillé de la découverte du prétendu corps de saint Denis et de l'examen des reliques conservées en France, dans Haymon, *De detectione macharii areopagite Dionysii* (M. G. Script. XI, 371-375).

4. *Odonem* V. — Le ms. P contenait sans doute d'abord la même erreur, car *Henricum* est écrit à la place d'un autre mot gratté.

Ludovicum Grossum, qui Philippum a porco interfectum; cui successit frater ejus Ludovicus Pius rex qui genuit Philippum Augustum.

Verumtamen quia distinximus breviter generationem regum, supponamus tempus quo in Franciam christiani reges regnare ceperunt, probantes hoc secundum chronica Hidacii et Gregorii Turonensis, per annos Dominice incarnationis. Sciendum quod sanctus Martinus Turonensis episcopus ex hoc mundo migravit ad Dominum anno undecimo Arcadii imperatoris, qui est CCCCVII annus ab incarnatione Domini; et a transitu S. Martini usque ad transitum Clodovei primi Francorum regis christiani, fluxerunt anni CXII. Ergo ab incarnatione Domini usque ad transitum Clodovei fluxerunt anni DXIX; a transitu vero Clodovei usque ad septimum annum regni Philippi Augusti fluxerunt anni DCLXVII. Restat ergo quod septimus annus Philippi Augusti sit annus Dominice incarnationis MCLXXXVI.

Item alia probatio de eodem[1]. Tempore Aiot, judicis Israel quarti, edificata fuit Troja et stetit CLXXXV[2] annis, Tertio decimo anno Abdon, judicis Israel, qui duodecimus fuit a Josue, capta est Troja; et a captivitate Troje usque ad nativitatem Domini nostri Jesu Christi fluxerunt anni mille centum septuaginta sex[3], et ab incarnatione Domini usque ad transitum sancti Martini fluxerunt anni CCCCXLV[4]; et a transitu sancti Martini usque ad transitum Clodovei fluxerunt anni centum duodecim; et a captivitate Troje usque ad

---

1. Cette rubrique manque dans V.
2. *CLVI* V.
3. *mille centum* xxx *unus* V.
4. Corr. *CCCCVII* comme dans le paragraphe précédent.

initium regni Clodovei fluxerunt anni MDCLX[1]. Et nota quod Marcomirus cepit in Gallia[2] regnare anno Domini CCCLXXVI. Ergo ab eo tempore fluxerunt anni Dominice incarnationis octingenti et decem usque ad sextum annum regni Philippi Augusti Francorum regis. Hec sine aliorum prejudicio huic historie nostre inserenda censuimus, quia ab hac antiqua radice omnes reges Francorum credimus descendisse.

Gesta sexti anni regni Philippi Francorum regis.

40. — Anno Dominice incarnationis MCLXXXV, regni Philippi Augusti anno VI etatis ipsius XXI, media existente quadragesima, factus est terre motus in Gothia in civitate que Uceticum[3] dicitur. Et in sequenti mense Aprilis, nonis ejusdem mensis, fuit eclipsis lune particularis in vigilia Dominice Passionis[4]. Et in sequenti Pascha, Girardus, prepositus de Pixiaco, undecim millia marcas argenti de proprio suo in thesauris regis accrevit, et sic a curia recessit, loco cujus Galterus camerarius[5] est substitutus.

1. *MDCCVII* V.
2. *Galliam* (sic) P V.
3. *Ucericum* P.
4. Le tremblement de terre d'Uzès eut lieu le 20 mars 1186. Quant à l'éclipse de lune, elle se place bien le 5 avril ; mais, Pâques tombant le 13 de ce mois, il faut lire *in vigilia Dominice Palmarum* au lieu de *in vigilia Dominice Passionis*.
5. Bien que Guillaume Le Breton traite ce personnage de chambrier de France (voy. à l'année 1213), il est évident, ainsi que l'a dit M. Delisle, qu'il n'était que chambrier ou chambellan du roi. La meilleure preuve que l'on en puisse donner, est qu'il figure avec le titre de camerarius dans plusieurs actes datés d'années pendant lesquelles le chambrier de France était certainement Mathieu, comte de Beaumont (Cf. *Catal.*, p. lxxxiv, n°s 162, 278, etc.).

De abbate Beati Dionysii.

41. — Eo igitur tempore, Guillelmus natione Vapincensis ecclesiam Beati Dionysii tepide regebat; quod christianissimus rex graviter ferens alium rectorem illi ecclesie providere satagebat. Quadam autem die, dum, pro negotiis regni agendis, rex per villam Beati Dionysii transitum faceret, in abbatiam Beati Dionysii, sicut in propriam cameram suam descendit. Audiens enim predictus abbas regis adventum, nimio timore perculsus (petebat enim tunc rex ab eo mille marcas argenti), convocatis omnibus fratribus in capitulum, sexto idus maii, sabbato, post nonam, se ipsum deponens, abbatiam dimisit; quo facto, monachis cum Hugone venerabili priore ibi residentibus, quidam de fratribus, a communi capitulo delegati, nunciaverunt domino regi que facta fuerant, liberam ab eo petentes electionem. Rex vero, de consueta benignitate, sine mora liberam licentiam eligendi eis concessit, rogans illos et benignissime deprecans quatenus, intuitu Dei et honore ipsius regis, sine dissensione et discordia, utilem personam et honestam et bonis moribus approbatam, in tam celebri ecclesia, que corona regni Francorum est et regum seu imperatorum sepultura, eligant. Reversis autem in capitulo fratribus regis mandata reportantibus, statim, Domino procurante, ita factum est quod unanimiter ab omnibus fratribus Hugo[1] venerabilis prior ejusdem ecclesie

---

1. Hugues Foucaud mourut le 24 octobre 1197. D. Félibien (*Hist. de l'abbaye de Saint-Denis*, p. 206, note) prouve, par des actes et par le fait, que le 18 mai tombait en cette année un

in abbatem est electus, et statim a christianissimo rege in ipso capitulo, adstante clero et populo, electio illius est confirmata, tali tamen conditione, regiaque prohibitione adjecta, quod, in illa novitate seu promotione sua, alicui de parentela regis clerico seu laico, vel alicui de curia sua, munus aliquod nec daret nec promitteret.

De benedictione abbatis Beati Dionysii.

42. — Porro venerabilis Hugo ecclesie Beati Dionysii electus, considerans promotionem suam a solo Deo factam esse, et non ab homine, dignitatem antiquam ecclesie beatissimi Dionysii integerrime servare cupiens, ad benedictionem suam in ipsa ecclesia celebrandum venerabiles duos episcopos, Meldensem scilicet[1] et Silvanectensem, benignissime convocavit. Isti duo, de antiqua ecclesie Romane institutione tenentur ecclesie Beati Dionysii in consecratione altariorum seu in ordinatione monachorum vicissim subvenire, et precipue episcopus Meldensis. Celebrata est autem benedictio ista a predictis episcopis in ecclesia Beati Dionysii, adstantibus VII abbatibus cum maxima multitudine cleri et populi, XV kal. junii, die Dominica.

De nuntiis regis Ungarie ad regem missis.

43. — Sed dum hec in Francia[2] gerebantur, missi

dimanche (voy. § 42), que l'élection d'Hugues Foucaud eut lieu en 1186, et non en 1185 comme le dit ici Rigord, ou en 1187 comme on le trouve dans la chronique *Ad cyclos paschales*.

1. *scilicet* omis dans V.
2. *Franciam* V P.

sunt nuncii a Bele rege Ungarie, Pannonie, Croacie[1], Avarie, Dalmatie, Rame, ad Philippum Augustum christianissimum regem Francorum. Audierat enim rex Ungarie Henricum juniorem regem Anglie, filium regis Henrici sub quo gloriosus martyr Thomas Cantuariorum episcopus passus est, Domino vocante, de medio fuisse sublatum; uxorem cujus nomine Margaritam, videlicet sororem regis Francie Philippi, tum pro antiqua dignitate regum Francorum, tum pro sapientia et religione ipsius regine, que fama multorum referente didicerat, sibi in matrimonium conjungi affectuosissime cupiebat. Interea nuntii regis Ungarie, Parisius venientes, petitionem suam humiliter regi Philippo proposuerunt. Quorum petitiones benigne suscipiens, convocavit archiepiscopos, episcopos, et[2] principes regni majores, quorum consilio et sapientia in negotiis suis pertractandis frequentius uti consueverat; et, habito cum illis consilio, Margaritam dilectissimam sororem suam, quondam Anglie reginam, cum episcopis et abbatibus terre sue honorifice nuntiis tradens, Bele regi Ungarie in legitimam uxorem concessit, necnon ipsis nuntiis dona regalia sufficienter largitus est; et accepta a rege licentia, nuntii cum regina gaudentes in Ungariam redierunt[3].

1. *Cromacie* V P.
2. *et* omis dans V.
3. L'*Art de vérif. les dates*, trompé par Rigord, rapporte à l'année 1185 les négociations relatives au mariage de Marguerite avec Béla III. La date réelle en est 1186 (cf. Robert d'Auxerre et tous les chroniqueurs anglais). Marguerite partit pour la Hongrie le 25 août de la même année (R. de Dicet, II, 41). Gervais de Cantorbéry affirme que le roi d'Angleterre fut le promoteur de ce mariage « ut illa dotis sue castellis et villis cederet, dum in remotis

De obitu Gaufridi comitis Britannie.

44. — Factum est eodem tempore quo supra, quod Gaufridus illustris comes Britannie, filius Henrici regis Anglie, Parisius veniens incidit in lectum egritudinis. Quod audiens rex Philippus qui nimis tenere eum diligebat[1], convocavit omnes medicos qui eo tempore Parisius morabantur, precipiens illis quod curam et diligentiam quantamcunque possent circa ipsum comitem adhiberent. Sed postea paucis evolutis diebus, medicis incassum laborantibus, XIIII kalendas septembris[2] viam universe carnis ingressus est. Cives autem Parisienses et milites custodierunt corpus ejus cum honore et reverentia in ecclesia Beate Marie usque ad adventum regis, interim canonicis et clericis ipsius ecclesie devotissime exequias debiti funeris celebrantibus. Sequenti die, rex cum comite Tibaldo Francie senescallo Parisius veniens, corpus illius conditum aromatibus et in sarcophago plumbeo repositum in eadem ecclesia ante majus altare fecit sepeliri a reverendis-

---

partibus se viri alterius amplexibus sociaret » (I, 336-337). Ceci ne se concilie guère avec le témoignage de Benoît qui raconte que Henri II, à qui Béla avait demandé la main de Marguerite avant de la demander à Philippe-Auguste, différait sa réponse de jour en jour (I, 346).

1. Giraud le Cambrien (D. Brial, XVIII, 131 E) dit même que Geoffroi allait être nommé connétable de France.

2. Dans l'obituaire de N.-D. de Paris, cette mort est rapportée à la date du 21, et non du 19 août 1186 (Guérard, Cart. de N.-D. de Paris, IV, 133). Benoît de Peterborough (I, 350) attribue la mort de Geoffroi à des contusions reçues dans un tournoi au moment où il se préparait à faire hommage à Ph.-Aug. pour la Bretagne.

simo Mauricio Parisiensi episcopo, convocatis abbatibus et viris religiosis et clericis totius civitatis.

De institutione quatuor prebendarum.

45. — Peracto autem solemniter officio sepulture, christianissimus rex Philippus cum comite Tibaldo, et comite Henrico et matre ipsius comitissa Campanie, et regina quondam Anglie Margarita jam dicti regis sorore (nondum enim ab Ungaris fuerat traducta[1]), in palatium reversus est. Graviter enim rex casum tanti principis ferebat, et, ut consolarentur regem, principes jam dicti et quamplures alii eum secuti fuerant. Recepta vero amicorum consolatione, novissima sua sepius reducens ad memoriam, ad opera pietatis et misericordie, secundum consuetam patris sui benignitatem, animum reflectens, IIII sacerdotes in ecclesia Beate Marie predicta in qua comes sepultus fuerat, pro seipso et pro anima piissimi patris sui Ludovici, et pro anima dilecti sui comitis Britannie, perpetuo instituit; de propriis reditibus sufficientes reditus duobus assignans sacerdotibus, tertio comitissa Campanie, quarto capitulum Beate Marie reditus assignandos promisit[2].

1. Ceci prouve que les obsèques de Geoffroi eurent lieu avant le 25 août. Voy. plus haut, p. 67, n. 2.
2. Nous n'avons pas l'acte de fondation des deux premières chapellenies, mais seulement deux mentions postérieures : l'une dans une confirmation de plusieurs privilèges de l'église de Paris (*Cat.*, 291), l'autre dans l'obit de Phil.-Aug. (*Obituaire de N.-D.* Guérard, IV, p. 109). Cette dernière nous apprend que chacune de ces chapellenies était de 12 livres de rente. — On trouve l'acte de fondation de la troisième dans le *Cartul. de N.-D.* (I, 296). Quant à la quatrième, je n'en ai pas retrouvé la trace.

Incidentia.

46. — Anno Dominice incarnationis MCLXXXVII incepto, regni Philippi anno sexto, VIII kalendas aprilis, nocte sequenti hora XI, fuit eclipsis Lune pene universalis, Luna existente in undecimo gradu Libre, Sole vero in undecimo gradu Arietis, capite Draconis in quarto gradu Arietis. Pars vero Lune obscurata fuit aliquantulum rubei coloris et deformis; et duravit eclipsis illa per duas horas [1].

De ambitu muri circa cimiterium in Campellis.

47. — De multis bonis operibus christianissimi regis Philippi Augusti, hic quedam satis digna memorie scribere dignum duximus. Quadam autem die, dum Philippus rex Parisius moram faceret, perlatum est ad aures ejus verbum de cimiterio quod in Campellis est juxta ecclesiam Sancti Innocentii reparando. Cimiterium enim illud antiquitus fuerat platea grandis, omnibus transeuntibus pervia et vendendis mercibus exposita, ubi cives Parisienses mortuos suos sepelire consueverant [2]. Sed quia corpora defunctorum minus honeste poterant ibi sepeliri propter concursus pluviarum et luti fetentis nimiam abundantiam, ideo

---

1. Cette éclipse eut lieu le 26 mars 1187 à 4 h. du matin; ce qui donnerait à croire que Rigord faisait commencer cette année au 25 mars.
2. Ce cimetière, suivant l'abbé Lebeuf (Éd. Cocheris, I, p. 111 et 195), aurait existé avant même que l'église des Innocents fût fondée.

Philippus rex christianissimus bonis operibus semper intentus, considerans hoc opus esse honestum et valde necessarium, precepit ut totum cimiterium circumquaque muro lapideo clauderetur, et porte sufficientes ipsi muro aptarentur que in nocte propter insidias supervenientium semper clauderentur. Consideravit equidem celebri consideratione et pia, quod cimiterium in quo tot millia virorum sepulta jacebant, a posteris suis Deum timentibus mundissime custodiretur.

De vestibus regis pauperibus assignatis.

48. — Cum in curiis regum seu aliorum principum frequens turba histrionum convenire soleat, ut ab eis aurum, argentum, equos seu vestes, quas persepe mutare consueverunt principes, ab eis extorqueant, verba joculatoria variis adulationibus plena proferre nituntur; et, ut magis placeant, quicquid de ipsis principibus probabiliter fingi potest, videlicet omnes delicias et lepores et risu dignas urbanitates, et ceteras ineptias, trucinantibus buccis in medium eructuare non erubescunt. Vidimus quondam quosdam principes qui vestes diu excogitatas et variis florum picturationibus artificiosissime elaboratas, pro quibus forsan viginti vel triginta marcas argenti consumpserant, vix revolutis septem diebus, histrionibus, ministris scilicet diaboli, ad primam vocem dedisse. Proh pudor! certe de pretio illarum vestium viginti vel triginta pauperes per totum annum victui necessaria percipere potuissent. Sed christianissimus rex Philippus Augustus, videns omnia ista esse vana et saluti

anime contraria, instinctu Spiritus Sancti reducens ad memoriam quod a sanctis et religiosis viris quandoque didicerat, quod histrionibus dare demonibus est immolare, mente promptissima Domino Deo promisit quod omnes vestes suas, quamdiu viveret, intuitu Dei pauperibus erogaret; quoniam eleemosyna ab omni peccato liberat et magnam fiduciam prestat coram Deo omnibus facientibus eam[1]; et *nudus fui*, dicit Dominus, *et cooperuistis me*[2]. Melius est enim nudum Christum vestire, quam adulatoribus vestes dando peccatum incurrere. Si ista quotidie principes considerarent, non tot lecatores per mundum discurrerent. Videant ergo minores principes regem misericordem et pium, et opera ipsius contemplantes, discant ab eo pietatem et misericordiam, quoniam pro certo sciant quod judicium fiet illi sine misericordia qui non fecerit misericordiam.

De ventis falsa astrologorum prophetia.

49. — Eodem anno, astrologi Orientales et Occidentales, Judei et Sarraceni et etiam christiani, miserunt litteras per diversas mundi partes, predicentes et sine dubio asserentes in septembri futuram validorum ventorum tempestatem et terre motum et mortalitatem hominum et seditiones et discordias, regnorum mutationes et multa alia comminantes in hunc modum. Sed postea subsequens rerum eventus aliter quam

---

1. *eam* omis dans P.
2. Matth. XXV, 36.

divinando predixerant, satis manifeste probavit. Tenor litterarum illarum talis erat[1] :

Littere illorum.

« Novit Deus et ostendit ratio numeri, quod anno Domini MCLXXXVI, Arabum vero anno DLXXXII, planete tam superiores quam inferiores convenient in Libra, mense septembri. Precedet autem eodem anno conjunctionem illam eclipsis solis particularis igneique coloris, in prima videlicet hora vigesimi primi diei mensis aprilis; quam quidem precedet eclipsis lune totalis ejusdem mensis aprilis die quinta, prima videlicet hora noctis que precedet diem Mercurii. Anno igitur predicto, planetis in Libra concurrentibus, in signo scilicet aerio et ventoso[2] cum cauda Draconis ibidem existente, terre motus accidet mirabilis in

---

1. Il est difficile de savoir d'où provenait cette lettre. L'*Itinerarium Ricardi* (I, 6) y fait une simple allusion sans en indiquer le point de départ. Robert Abolant (Bouq., XVIII, 252) la déclare *incerto nuntio profecta*. Gervais de Cantorbéry (I, 335) et la *Sigeberti cont. Aquicinct* (M. G. Scr. VI, 424) l'attribuent à un astrologue de Tolède que l'auteur des *Annales Marbacenses* (M. G. Scr. XVII, 163) appelle Jean; mais il y a sans doute ici une confusion avec un autre document. Robert de Torigny (II, 85) donne, sans indiquer l'auteur, un texte abrégé que M. Delisle a comparé avec un autre exemplaire de cette même rédaction conservé dans un ms. de la Bibl. nat. (lat. 5132, fol. 105) qui semble venir de l'abbaye de Ripouil. Enfin Benoît (I, 324) et Roger de Hoveden (II, 290), qui contiennent un texte analogue à celui de Rigord et dont nous allons donner les variantes, la disent écrite par un astrologue nommé Corumfiza. Roger de Hoveden la fait suivre (II, 297) d'une prédiction rassurante envoyée par Pharamella de Cordoue à ce même Jean de Tolède que l'auteur des *Annales Marbacenses* désigne comme l'auteur de la lettre.

2. *venenoso* Ben.

regionibus precipue in quibus fieri consuevit, destruetque loca terre motibus assueta et erumnis perditionis obnoxia. Nam a partibus Occidentis orietur ventus vehemens et validus[1] denigrans aerem et fetore corrumpens venenoso. Inde mortalitas et infirmitas plures occupabunt et audientur[2] fragores et voces in aere, corda hominum terrificantes audientium[3]; et elevabit ventus arenam et pulverem a superficie terre, operietque civitates in planitie sitas et in arenosis maxime regionibus, in quinto scilicet climate. Destruetur quoque[4] penitus Mecha, Balsara[5], Baldach et Babylonia, nec aliqua relinquetur quin terra operiatur, et destruentur arenis et pulvere ut fere fiant inhabitabiles regiones Egypti et Ethiopie; et ab Occidente pertinget hec calamitas usque in partes Orientis. In partibus vero Occidentalibus orietur discordia, fientque seditiones in populo, et erit unus ex eis qui infinitos congregabit exercitus, facietque bellum secus ripas aquarum, in quo tanta strages efficietur quod impetus effusi sanguinis undis excrescentibus adequabitur. Pro certo autem sciatur[6] quod futura conjunctio mutationes regnorum, excellentiam Francorum, dubietatem et ignorantiam inter Judeos[7], Sarracenice gentis destructionem et Christi legis pietatem majorem et exaltationem maximam[8], et eorum qui postmodum

1. *validissimus* Ben. et Hov.
2. *audient* P.
3. *tristificantes audientium corda* Ben.
4. *quoque* omis dans Ben. et Hov.
5. *Balsara* omis dans Ben.
6. *habeatur a singulis.* Ben. et Hov.
7. *dubietatem — Judeos* omis dans Ben. et Hov.
8. *maximam* omis dans V.

nascentur prolixiorem vitam significat [1], si Deus voluerit. »

Alie littere illorum[2].

« Sapientes Egypti predixerunt signa que futura sunt tempore conventionis omnium planetarum et caude Draconis cum eis in signo Moranaim [3], mense Eilul; XXIX die ejusdem mensis, secundum Hebreos anno ab initio mundi [4] IIIIMDCCCCXLVI, die Dominica; nocte sequenti circa mediam noctem incipient signa sequentia et durabunt usque ad quartam feriam sequentem in meridie. Orietur enim de mari magno ventus validissimus, concutiens corda hominum, et elevabit arenam et pulverem a superficie terre, in tantum quod operiet arbores et turres; et hoc ideo quia conjunctio ista planetarum erit in Libra, in signo scilicet aerio et ventoso; et secundum quod ipsi sapientes judicant, conjunctio ista significat ventum fortissimum confringentem montes et rupes; et fragores et tonitrua et voces in aere audientur, terrorem in cordibus hominum incutientes, et operientur omnes civitates arenis et pulvere, in quinto scilicet climate. Nam ventus iste incipiet ab angulo Occidentis, et pertinget usque in angulum Orientis, occupans omnes civitates Egypti et Ethiopie, scilicet Mecham, Balsara, Raham [5] et Haleb [6],

---

1. *vitam, quicquid dicant alii, mihi* (*misi* Ben.) *significat,* Ben. et Hov.
2. Cette lettre ne se trouve que dans Rigord.
3. *Mazanaim.* V.
4. *Domini* P; *incarnatione Domini* V.
5. *Raham* omis dans P.
6. *Habeb* P.

et Sennaar, et terras Arabum et omnem terram Helam, Romam (*sic*), Carmen, Segestam, et Calla, et Norozasatan, et Chebil, et Tanbrasten, et Barach, quia omnes iste civitates sive regiones continentur sub signo Libre, et etiam terras Romanorum. Et post tantam concussionem subsequentur quinque miracula. Primo, surget ab Oriente quidam homo sapientissimus in sapientia forinseca, id est in sapientia que est supra hominem, et ambulabit in justitiis et docebit legem veritatis, et ad rectos mores revocabit plurimos de tenebris ignorantie, et de incredulitate ad viam veritatis, et docebit peccatores semitas justitie, et non extolletur ex eo quod inter prophetas connumerabitur. Secundo, exiet homo quidam de Helam et congregabit multos et fortes exercitus, et stragem faciet magnam in gentibus et non diu vivet. Tertio, surget quidam alius homo, dicens se esse prophetam, tenens librum in manu sua et dicens se esse missum a Deo; et per prophetias suas[1] et per predicationem multos de gentibus errare faciet et seducet plurimos, et quod gentibus prophetaverit super semetipsum convertetur; et ille idem diu non vivet. Quarto, videbitur in celo cometes, stella videlicet crinita sive caudata, et hec apparitio significabit consummationes et tumultus et prelia dura et retentiones pluviarum et siccitates terrarum et pugnas fortes et effusiones sanguinis in terra Orientis, et per transversum Heberi fluminis pertinget usque ad fines Occidentis; et in tantum opprimentur seu persecutiones patientur justi et veri religiosi, quod disturbabuntur domus orationis. Quinto, erit eclipsis solis ignei

---

1. *prophetas suos* P.

coloris tanta, quod totum corpus illius obscurabitur, et tanta erit obscuritas super terram, tempore eclipsis, quanta fieri solet circa mediam noctem, quando luna non lucet, tempore pluvioso. »

Et hec de hujusmodi litteris ad presens sufficiant que dicta sunt; nunc ad gesta sexti anni regni Philippi Augusti redeamus.

De bello inter Philippum regem Francie et Henricum regem Anglie.

50. — Porro, eodem anno quo supra, orta est dissensio inter christianissimum regem Philippum et regem Anglie Henricum. Petebat enim rex Philippus prima fronte a Richardo filio suo, comite Pictavensi, hominium pro toto comitatu[1]; et hoc Richardus a patre instructus de die in diem facere dissimulabat. Secundo idem rex Philippus petebat a rege Anglie castrum quod dicitur Gisortium, et alia castra adjacentia que tradita fuerant a patre suo rege Ludovico pro dote Margarite sue sorori, quando eam illustri Henrico regi, filio majoris Henrici, in matrimonio copulavit. Tali tamen conditione dos ista concessa fuit regi Henrico, quod, si prolem ex ea susciperet, quamdiu viveret possideret, et post mortem ejus ad ipsam prolem devolveretur; si vero sobolem ex predicta Margarita non susciperet, mortuo Henrico rege, ad regem Francie sine aliqua contradictione dos jam dicta reverteretur. Super his autem questionibus frequenter rex Anglie citatus fuerat a rege Philippo; sed semper

1. *Pictavensium* V.

fictas proponendo dilationes, stare judicio regis curie in dies protelabat[1]. Videns autem christianissimus rex Philippus astutias et calliditates Anglici regis, et satis acute prospiciens moram sibi et suis in futurum esse damnosam, terram regis Anglie cum multitudine armatorum intrare decrevit.

Gesta septimi anni regni Philippi Francie regis.

51. — Factum est autem in anno septimo regni Philippi et etatis ipsius anno XXII (ipse est annus Dominice incarnationis MCLXXXVII), Philippus rex infinitum collegit exercitum in pago Bituricensi, et in manu valida Aquitanie fines ingressus est, et depopulavit terram illam, et cepit castrum quod dicitur Eisoldunum[2] et Crazzacum, et alias quamplures munitiones et terras circumpositas vastavit usque ad Castellum Radulfi. Quo audito, rex Anglie Henricus et Richardus comes Pictavensis magnum collegerunt exercitum et ad Castellum Radulfi contra regem Francie dominum suum adducere presumpserunt. Volebant enim, si possent ipsum regem Philippum ab obsidione Castelli Radulfi et exercitum ejus omnem violenter

---

1. Le 10 mars 1186, suivant R. de Dicet (II, 40) et Benoît de Peterborough (I, 343), Henri II et Phil.-Aug. avaient eu, près de Gisors, une entrevue dans laquelle ils avaient, entre autres choses, réglé la question du douaire de Marguerite (Cf. *Cat.*, 124. L'acte, ainsi que le prouvent les témoignages des chroniqueurs, doit être daté suivant le style français, et non suivant le système anglo-normand). Ce sont les retards que le roi d'Angleterre apportait à l'exécution de cette convention qui nécessitèrent en partie la campagne de 1187 (Gerv. de Cantorbéry, I, 346).

2. *Exoldunum* V.

fugare; sed, videntes Francorum constantiam et magnanitatem, castra metati sunt contra eos. Indignatus autem rex Philippus, et omnes viri bellatores, acies pugnatorum contra eos ordinari fecit. Timentes autem illi magnanimitatem regis Philippi et Francorum solitam audaciam, miserunt viros industrios et religiosos cum legatis Romane ecclesie, qui eo tempore pro pace reformanda a latere summi pontificis ad partes Francie missi fuerant ad regem Philippum; qui ex parte regis Anglie et Richardi filii sui, prestita cautione firmaverunt quod ipsi de tota querela secundum judicium curie regis Francie in omnibus plene satisfacerent. Quo peracto, datis induciis, unusquisque ad propria remeavit[1].

De imagine beate Virginis quam coterellus percussit.

52. — Dum autem circa idem Castellum Radulfi rex in obsidione moram faceret, accidit quiddam satis dignum relatu. Quadam die Richardus comes Pictavensis multitudinem Cotarellorum ad Castellum Radulfi pro succursu transmiserat. Cum autem ibi moram facerent, congregati ante ecclesiam beate virginis Marie, in platea quadam ad aleam cum tesseris[2] ludere ceperunt. Inter quos, unus de filiis iniquitatis plenus demone quia denarios quos male acquisierat male perdebat, prorupit in verba blasphemie in beatam

---

1. Ph.-Aug. était à Châteauroux après le 17 mai 1187 (Benoît, II, 6; R. de Hoveden, II, 317). Quant à la trêve, elle fut conclue le 23 juin et devait durer deux ans (Gervais de Cantorbéry, 369-373, R. de Dicet, II, 49). On verra plus loin comment Richard Cœur de Lion rompit la trêve l'année suivante.

2. *tessaris* P V.

Virginem et Deum; deinde ira furibundus, elevatis sursum oculis, vidit in porticu ecclesie imaginem beatissime virginis Marie puerum Jesum in manibus tenentem, ut solet in ecclesiis fieri pro excitanda memoria seu devotione laicorum, in lapide sculptam. Quam oculis fulgurantibus torvisque respiciens et verba blasphemie in ipsam Dominam Nostram et Deum ausu temerario congeminans (proh dolor!), ille infelicior Juda lapidem coram omnibus in ipsam jecit imaginem et brachium imaginis pueri Jesu vilissime fregit et in terram dejecit. De qua fractura, ut a multis qui in obsidione fuerant audivimus, sanguis abundanter fluxit in terram, et multi de illo colligentes a variis morbis curari meruerunt. Bràchium autem illius imaginis ita sanguinolentum, Joannes qui dictus est *Sine terra*, filius regis Anglie junior, qui missus a patre forte ibi venerat, pro reliquiis cum honore et reverentia secum portavit. Infelix autem Cotarellus qui imaginem beate Virginis tam ignominiose percusserat, eodem die a demone quo prius agitabatur arreptus, miserrime vitam finivit. Alii autem cotarelli videntes que facta fuerant, timore perculsi, laudantes Deum qui nullum scelus impunitum relinquit, et beatissimam virginem Mariam Dei genitricem immensis laudibus extollentes, a Castello Radulfi recesserunt. Monachi autem illius loci, videntes miracula que, Domino operante, ibi de die in diem fiebant, imaginem jam dictam infra ipsam ecclesiam cum hymnis et laudibus transtulerunt, ubi ad honorem Domini nostri Jesu Christi et beate virginis Marie multa fiunt miracula usque in hodiernum diem[1].

1. Voy. Gervais de Cantorbéry, I, 369. Giraud le Cambrien

De nuntiis Hierosolymitanis ad regem Francie missis.

53. — Interim autem dum hec agerentur, supervenerunt nuncii de transmarinis partibus ad regem Philippum, qui cum gemitu et suspiriis nunciaverunt ei quod, peccatis christianorum exigentibus, Saladinus, rex Syrie et Egypti, terras[1] christianorum transmarinas invaserat, et multa millia christianorum miserabiliter trucidaverat, et multos de fratribus Templi et Hospitalis cum episcopis ipsius terre et baronibus crudeliter gladio peremerat, et sanctam crucem cum rege Jerusalem ceperat, et[2], paucis revolutis diebus, crescente iniquitate, sanctam civitatem Jerusalem[3] et omnem terram promissionis sibi subjugaverat, preter Tyrum, Tripolim et Antiochiam, et quedam castra fortissima que nunquam habere potuit.

De nativitate Ludovici filii Philippi Augusti.

54. — Anno Dominice incarnationis MCLXXXVII, quarta die septembris, hora tertia, fuit eclipsis solis particularis in XVIII gradu Virginis, et duravit per duas horas. Sequenti die videlicet quinta die septembris, natus fuit Ludovicus filius Philippi Augusti inclyti Francorum regis, feria secunda[4], hora XI diei usualis.

attribue à ce miracle une influence sur la conclusion subite de la trêve. (*De instr. princ.* dans D. Brial, XVIII, 143.)

1. *terram* P.
2. *et cum* P.
3. *Jerusalem* omis dans V.
4. En 1187, le 5 septembre tombe un samedi et non un lundi.

In cujus nativitate civitas Parisii in qua natus est, tanto gaudio fuit repleta, quod per septem dies, singulis noctibus cum faculis cereis accensis, populus totius civitatis, laudes debitas solventes creatori suo, ducendo choreas canere non cessavit. Eadem hora qua natus est, cursores missi sunt per universas provincias, gaudia tanti regis exteris nunciantes; qui nimio exhilarati gaudio, laudantes benedixerunt Deum, qui talem ac tantum heredem regno Francorum suscitare dignatus est.

De frequenti transitu summorum pontificum.

55. — Eodem anno, in festo Sancti Luce, mense Octobri, Urbanus papa tertius migravit ad Dominum, qui sedit anno et dimidio[1]; cui successit Gregorius octavus qui sedit mense et dimidio[2]; cui eodem anno[3] successit Clemens tertius, natione romanus. Et nota quod tam frequens mutatio summorum pontificum nulla ratione fieri potuit, nisi ex culpa ipsorum et inobedientia subditorum per gratiam Dei redire nolentium. De Babylone enim, id est, de confusione peccatorum, nemo suis viribus aut scientia revertitur, nisi exeundi gratia desuper ei largiatur. Senescit enim ipse mundus, senescit et omnis regiminis usus et declinat in senium, et tanquam iterato relabitur in puerum, ut effluat in omne voluntatis sue profluvium. [Et nota quod ab eodem anno Domini quando crux

1. Urbain III régna en réalité près de deux ans (25 nov. 1185-20 oct. 1187).
2. Grégoire VIII, élu le 21 oct., mourut le 17 déc. 1187.
3. Le 19 décembre.

Dominica in transmarinis partibus ab eodem Saladino capta fuit, infantes qui ab eo tempore nati sunt, non habent nisi xx duos dentes aut tantum xx, cum antea xxx aut xxx duos habere consueverant[1].]

Quod intuitu Dei Philippus rex et Henricus rex Anglie assumpserunt cruces.

56. — Superveniente autem Sancti Hilarii festivitate, que XIII die Januarii celebratur[2], factum est colloquium inter regem Francie Philippum et Henricum regem Anglie, inter Triam et Gisortium, ubi preter omnium hominum opinionem, Domino miraculose operante, factum est quod, per inspirationem Spiritus Sancti celitus missi, illi duo reges in eodem loco pro liberatione sancti sepulcri Domini et sancte civitatis Jherusalem, signum sancte crucis assumpserunt, et multi archiepiscopi, episcopi et comites, duces et barones cum eis : scilicet Galterus Rothomagensis archiepiscopus, Balduinus Cantuariensis archiepiscopus, episcopus Belvacensis[3], episcopus Carnotensis[4], dux Burgundie, Ricardus comes Pictavie[5], Philippus comes Flandrie, Tibaldus comes Blesensis, Rotroudus comes Perticensis, Guillelmus de Barris comes de Rupeforti[6], Henricus comes

1. Ce qui est entre crochets manque dans V.
2. Les chroniqueurs anglais placent cette entrevue le 21 janvier 1188.
3. Philippe de Dreux 1175-1217.
4. Renaud de Bar 1182-1217.
5. Richard Cœur-de-Lion assistait peut-être à cette assemblée ; il est pourtant certain que dès le mois de novembre 1187, il avait reçu la croix des mains de l'archevêque de Tours. (*Girald. Cambr.* dans D. Brial, XVIII, 144. — *Itin. Ric.*, 32.)
6. Guillaume des Barres n'est appelé nulle part ailleurs comte

Campanie. Robertus comes Drocarum, comes Clarimontis¹, comes Bellimontis, comes Suessionensis, comes Barrensis, Bernardus de Sancto Galerico, Jacobus de Avennis, comes Nivernensis, G[uillelmus] de Merloto, Drogo de Merloto et plures alii zelo Dei accensi, quorum nomina longum esset hic ponere. Et in eodem loco, in monumentum hujus facti, isti duo reges devote erexerunt crucem ligneam, fundantes ibi ecclesiam, et inter se fedus² perpetuo percutientes, et vocantes ipsum locum Sanctum Agrum, eo quod ibi sacris crucibus sunt insigniti; [duobus autem sacerdotibus ibidem Domino servientibus, prout fama multorum referente didicimus, sufficientes redditus assignaverunt et ipsam ecclesiam cum omnibus ad eam pertinentibus, monialibus de Fonte Ebrardi habendam perpetuo concesserunt³.]

Gesta octavi anni regni Philippi Francorum regis.

57. — Anno Domini MCLXXXVIII, mense martio, media quadragesima, Parisius celebratum est generale concilium a Philippo rege, convocatis omnibus archi-

---

de Rochefort. Cette dénomination provient sans doute d'une usurpation de titre. Guillaume avait épousé Amicie, comtesse de Leicester et veuve en premières noces de Simon de Montfort. Il est probable que Rochefort, petite localité de Seine-et-Oise, voisine de Montfort et de Saint-Léger en Yveline, faisait partie de son douaire; elle en aura peut-être porté le nom en y joignant son ancien titre qui aura fini par rejaillir sur son mari. Quelque compliquée que semble cette explication, on peut trouver à cette époque divers exemples d'usurpations analogues.

1. *Darimontis* V.
2. *feodus* P.
3. *Duobus — concesserunt* manque dans V.

episcopis, episcopis, abbatibus et totius regni baronibus, in quo innumerabilis militum multitudo seu peditum sacratissima cruce signati sunt ; et propter hanc instantem necessitatem (oppido enim iter Hierosolymitanum rex affectabat), cum assensu cleri et populi, quasdam decimas ab omnibus esse accipiendas eo tantum anno decrevit, que dicte sunt decime Salahadini, quas in presenti libro posuimus.

Institutio decimarum[1].

58. — « In nomine sancte et individue Trinitatis, amen. Constitutum est a domino Philippo Francorum rege, consilio archiepiscoporum, episcoporum[2] et baronum terre sue, quod episcopi et prelati et clerici conventualium ecclesiarum, et milites qui signum crucis assumpserunt, de debitis suis reddendis, que debebantur tam Judeis quam christianis antequam crucem rex assumpsisset, respectum habebunt a proximo festo Omnium Sanctorum post diem motionis domini regis in duos annos, ita videlicet quod primo festo Omnium Sanctorum creditores habebunt tertium debiti, et sequenti festo Omnium Sanctorum, alium tertium debiti, et tertio festo Omnium Sanctorum ultimum tertium debiti. Usura autem non currit super aliquem, a die qua ipse crucem assumpsit, de debitis prius contractis.

« Si miles crucem habens qui sit heres legitimus, filius vel gener militis crucem non habentis vel alicujus vidue, et sit de manupastu patris vel matris sue,

1. *Cat.*, 210.
2. *episcoporum* omis dans V.

pater ejus vel mater respectum de debito suo habebit juxta factam ordinationem.

« Si autem filius eorum vel gener crucem habens heres legitimus extra familiatus fuerit, vel etiam si miles non fuerit et crucem non habeat, pro eo respectum non habebit.

« Debitores autem qui terras et redditus habebunt, infra quindenam proximi festi Sancti Joannis Baptiste, creditoribus suis terras et redditus ex quibus creditores sua recipient debita, ad prefatos terminos, juxta formam predictam, assignabunt per dominos in quorum dominio fuerint terre debentium. Domini vero assignamenta illa contradicere non poterunt, nisi ipsi creditori de pecunia sua pacem fecerint.

« Qui terras seu redditus non habuerint unde facere possint sufficiens assignamentum debiti sui, faciant creditoribus, per fidejussores vel per vadia, creantum suum solvendi debita ad predictos terminos, et nisi infra quindenam proximi festi Sancti Joannis Baptiste, per assignamentum terre vel per fidejussores, vel per vadia, si terram non habuerint creantum[1] fecerint, sicut dispositum est, non habebunt respectum qui aliis concessus est.

« Si quis clericorum vel militum crucem habentium debet clerico vel militi crucem habenti, respectum habebit de debito illo usque ad proximum festum Omnium Sanctorum, prestita quidem bona securitate de pace inde tunc facienda.

« [2]Si quis illorum qui crucem assumpserunt octo

---

1. *craantum* P.
2. Dans V on trouve ici les mots *De eodem* en rubrique.

diebus ante Purificationem beate Marie vel deinceps, aurum vel argentum, vel bladum, vel aliud mobile vadium alicui assignaverit, creditor super hoc dare respectum non compelletur.

« Si quis emit ab aliquo crucem non habente fructus terre unius anni certo pretio, stabile est.

« Si quis miles vel clericus terram suam vel redditus alicui burgensi crucem etiam habenti, vel clerico vel militi crucem non habenti, invadiaverit, vel ad annos assignaverit, debitor hoc anno fructus terre vel redditus percipiet et creditor, post impletionem annorum per quos vadium vel assignamentum tenere debebat, per annum unum, pro recompensatione illius anni, illud tenebit : ita tamen quod creditor medietatem bladi habebit hoc anno pro cultura, si vel terras vel vineas invadiatas excoluit.

« Omnia mercata que facta fuerunt ab octo diebus ante Purificationem beate Marie vel que deinceps fient, rata erunt.

« De omnibus debitis unde datur respectus, oportebit ut debitor det eque bonam fidejussionem vel meliorem quam antea dedisset; et si de fidejussione oriretur discordia, ad consilium domini sub quo erit creditor, partietur eque bona vel melior fidejussio quam prius ; et si fidejussio per dominum non emendaretur, ad consilium principis terre oportebit emendari.

« Si quis dominorum vel principum in quorum jurisdictionibus dicti creditores vel debitores fuerint, quod ordinatum est de respectu debitorum dando vel assignamentis faciendis, tenere noluerit vel teneri non fecerit, et a metropolitano vel episcopo suo commonitus, id infra quadraginta dies non emendaverit, ab eodem excommunicationis sententie supponi poterit. Verumtamen, quamdiu dominus vel princeps monstrare voluerit in presentia metropolitani vel episcopi sui, se super hoc creditori vel etiam debitori non deesse, et paratum quod inde ordinatum est tenere, metropolitanus vel episcopus non poterit eum excommunicare.

« Nullus crucem habentium, sive clericus, sive miles, sive alius quilibet, alicui respondebit super hoc unde tenens erat ea die qua crucem assumpsit, donec ab itinere suscepto redierit, nisi super eo tantum unde in causam tractus erat antequam crucem assumpsisset. »

De eodem[1].

59. — « His imprimis constitutum est de decimis, quod omnes illi crucem non habentes, quicumque sint, decimam ad minus dabunt hoc anno de omnibus mobilibus suis et de omnibus redditibus, exceptis illis qui sunt Cisterciensis ordinis, et ordinis Carthusiensis, et ordinis Fontis Ebrardi, et exceptis leprosis, quantum ad suum pertinet proprium.

« In nullas communias mittet aliquis manum, nisi ille dominus cujus ipsa communia fuerit; quale tamen jus in aliqua communiarum habebat prius aliquis, tale habebit.

« Qui alicujus terre magnam justitiam habet, ejusdem terre decimam habebit. Et sciendum quod qui decimas

---

1. Cette rubrique ne se trouve que dans V. Je l'ai conservée parce qu'il semble que toute la seconde partie de cette notice soit le résumé d'un acte différent.

sunt daturi, de toto mobili suo et redditibus decimas dabunt, non exceptis inde prius debitis suis; immo post donationem decime, de residuo poterunt sua debita solvere.

« Universi laici tam milites quam alii, prestito juramento sub anathemate, clerici excommunicatione astricti, suas dabunt decimas.

« Miles crucem non habens domino suo crucem habenti, ei cujus erit homo ligius dabit decimam de suo proprio mobili et de feudo quem ab ipso tenebit. Si autem ab eo nullum tenebit feudum, de suo proprio mobili decimam domino suo ligio dabit; singulis vero a quibus tenebit, decimam de suis feudis dabit; et si nullum dominum ligium habebit, ei in cujus feudo manserit levans et cubans, dabit decimam de suo proprio mobili.

« Si quis terram suam decimans, res alterius quam illius quem debet decimare invenerit in terra sua, et ille cujus res fuerint, illas esse suas legitime monstrare poterit, decimans non poterit eas retinere.

« Miles crucem habens qui sit heres legitimus, filius vel gener militis crucem non habentis vel alicujus vidue, habebit decimam patris vel matris sue.

« In res archiepiscoporum seu episcoporum seu capitulorum seu ecclesiarum que ab eis movent in capite, non mittet aliquis manum, nisi archiepiscopi, episcopi, capitula et ecclesie que ab eis movent. Si episcopi, colligent inde decimas, et eas dabunt quibus dare debuerint.

« Quicumque crucem habens qui dare talliam vel decimam debeat et eas dare noluerit, ab illo capiatur cui suam debet talliam vel decimam, ut inde suam faciat voluntatem ; qui eum ceperit[1], propter hoc non poterit excommunicari. Qui devote et legitime et sine coactione decimam suam dederit a Deo remunerationem accipiet. »

De irruptione federis a Richardo, comite facta.

60. — Evolutis autem duobus vel tribus mensibus ex quo hec facta sunt, videlicet inter Pentecosten et festum Sancti Joannis[2], Richardus comes Pictavensis, collecto exercitu, intravit terram comitis Tolose, quam tenet a rege Francorum et cepit Moisacum et alia castella ad comitem Tolose pertinentia. Quo audito comes Tolose Raimundus misit nuncios suos ad christianissimum regem Philippum, significans ei omnia mala que contra jus et fedus que precesserant a comite Pictavensi ei illata fuerant. Fregerat[3] enim comes Richardus pactionem que facta fuerat et per jusjurandum confirmata anno precedenti[4] inter Calvum Montem et Gisortium, inter Philippum regem Francorum, et Henricum regem Anglie et ipsum Richardum, que talis erat : quod terra eorum in eo statu remaneret in quo erat, quando crucem assumpserunt, quousque, peracto servitio Domini ultra mare in Terra Sancta, unusquisque ad propria cum gaudio remearet. Audiens autem Philippus rex semper Augustus irruptionem federis quod duo jam dicti reges inter se percusserant, felle com-

1. *cepit* P.
2. Entre le 5 et le 24 juin 1188.
3. *fregebat* P.
4. Le mois de janvier 1188 faisait en effet encore partie de l'année 1187, suivant le style français.

motus, collecta multitudine armatorum, subito terras eorum intravit et nobile Castellum Radulfi cepit[1] et Busenzacum et Argentonium, et quartum obsedit quod vocatur Leurosium; ubi dum rex in obsidione brevem faceret morulam, accidit quiddam satis dignum memoria.

De incremento torrentis miraculose facto.

61. — Torrens quidam ante castrum predictum erat in quo inundantibus pluviis, aqua sufficienter solebat inveniri, sed ex nimio fervore estatis exsiccatus. Cum autem rex et totus exercitus ejus[2] penuria aquarum et siti nimia multum affligerentur (estas enim erat), subito de profundis visceribus terre aqua torrentis miraculose tantum excrevit, et sine pluvia, quod attigit usque ad cingulas equorum et refocillatus est totus exercitus et eorum animalia. Quod videntes populi, et gaudio tanti miraculi nimis exhilarati, laudaverunt Deum qui omnia que voluit fecit in mari et in omnibus abyssis; et tamdiu aqua duravit quamdiu ipse rex in obsidione fuit. Et revolutis paucis diebus, cepit castrum, scilicet Leurosium et Ludovico consanguineo suo, filio comitis Thibaldi, dono dedit. Eo autem recedente, reverse sunt aque ad priorem locum, nec postea apparuerunt.

De Monte Tricardo funditus everso.

62. — Egressi inde venerunt et Montem Tricardum

---

1. 16 juin 1188. (R. de Dicet, II, 55.)
2. *ipsius* V.

obsederunt, ubi rex aliquantam in obsidione faciens moram, erectis in circuitu machinis, cum summo labore cepit et totum vicum incendio flagravit et turrim fortissimam in quo L milites armati erant, funditus evertit. Deinde Paluellum et Montesorium et Castelletum cepit, et Rupem Guillebaldi et Cullencum et Montem Luzzonis et quicquid juris rex Anglie in tota Bituria et[1] Arvernia habebat, Philippus rex sibi subjugavit. Quo viso, rex Anglie nimis iratus reduxit exercitum suum per marchiam Normannie versus Gisortium; quo audito insecutus est eum rex Francie Philippus, et in ipso transitu cepit Vindocinum et persecutus est regem usque ad castrum quod dicitur Trou de quo turpiter regem Anglie cum filio suo Richardo ejecit et totum vicum incendio combussit. Transiens vero rex Anglie per marchiam predictam, castrum Drocarum incendit et in transitu suo multas villas campestres usque ad Gisortium destruxit. Tandem, superveniente hieme, datis induciis uterque a bello quievit[2].

Quod Richardus comes Pictavensis Philippo regi fecit hominium.

63. — Interim dum hec agebantur[3], Richardus comes Pictavensis petiit a patre suo uxorem que ei de jure debebatur, videlicet sororem Philippi regis Fran-

1. Ces mots *Bituria et* sont ajoutés en marge de P et sont d'une écriture différente.
2. Il y eut pendant cette campagne de 1188 plusieurs entrevues entre les belligérants.
3. *agerentur* V.

corum, que tradita ei fuerat a bone memorie Ludovico ad custodiendum et cum ipsa petiit et regnum. Ita enim fuerat in pactis quod quicumque de filiis regis Anglie eam haberet in uxorem, post mortem ipsius regis haberet et regnum ; hoc de jure dicebat sibi competere Richardus quia post Henricum fratrem suum primogenitus erat. Quo audito, rex Anglie, nimis sollicitus, nulla ratione facere decrevit. Qua de causa Richardus comes Pictavensis turbatus, a patre suo manifeste recessit, et ad christianissimum Francorum regem se transtulit, et coram patre suo hominium regi Philippo fecit, et fedus sub juramento firmavit[1].

Incidentia.

64. — Eodem anno MCLXXXVIII[2], secunda die februarii, feria quinta, fuit eclipsis Lune universalis hora noctis quarta et duravit per tres horas. Item IIII idus februarii, me existente apud Argentoillum[3], in plenilunio, paulo ante auroram, nocte serenissima, visa fuit Luna, per quam designatur ecclesia, in momento usque ad terras descendere, et facta morula, quasi resumptis viribus, iterum paulatim ascendere usque ad locum unde descenderat, a quibusdam fratribus religiosis R. de Gisortio ejusdem ecclesie priore, et J. Carnotensi ecclesie Beati Dionysii capicerio et ab aliis multis fratribus, qui nobis eadem retulerunt.

1. Ces faits se passèrent le 18 novembre 1188 dans une entrevue qui eut lieu entre Bonmoulins et Soligny. (Benoit, II, 50. — R. de Hoveden, II, 354. — R. de Dicet, II, 58.)
2. Cette éclipse eut lieu le 3 février 1189.
3. *Argentolium* P.

Versus cujusdam.

65. — Eodem anno versus de Philippo rege quasi prophetice dicti a quodam versificatore :

Parvulus iste leo   lustrabit lustra parentis
Serviet usque Deo   renovabit gaudia gentis.
Servat ei Brutus   Catulorum quatuor enses;
Anser erit mutus,   cum Romulus audiet enses.
Gaudebit Babylon   pinguescens chrismate cives,
Gaudebitque Silon   Gallorum munere dives.
Conteret iste leo   totius climata mundi,
Et gaudebit eo   quod viderit arma recondi.
Hic leo, corvus, ovis,   renovabit menia Jebus,
Augebitque novis   jejunia quinque diebus.

Gesta noni anni Philippi regis Francorum.

66. — Anno Domini MCLXXXIX, mense maio, Philippus rex semper Augustus duxit exercitum apud Nogentum et tunc cepit Firmitatem Bernardi cum aliis quatuor castellis fortissimis[1], et cum manu valida urbem fortissimam Cenomannis[2] cepit, de qua satis turpiter Henricum regem Anglie cum DCC militibus armatis fugavit[3], et cum electis bellatoribus persecutus est usque ad castrum quod dicitur Chinonium et Ceno-

---

1. Montfort, Malétable, Ballon et Beaumont (Benoit, II, 67; R. de Dicet, II, 63).
2. Les deux mss. portent *Scenomannis*.
3. L'évacuation du Mans par Henri II eut lieu le 12 juin 1189 (Benoit, II, 67; R. de Dicet, II, 63).

mannis[1] reversus, turrim fortissimam et bene munitam, adductis minariis quos semper secum ducebat, de sub terra murum suffodientes, cum multo labore cepit[2]. Deinde paucis revolutis diebus, versus civitatem Turonis exercitum duxit ; ubi super ripam Ligeris[3] fixis tentoriis, solus rex, fluvium circumspiciens tentando aquas cum lancea, quod a seculis non est auditum, vadum invenit, et positis a dextris et a sinistris in flumine signis, ut totus exercitus inter illa duo signa post eum transvaderet, primus Ligerim ante omnes alios transivit. Videns autem totus exercitus diminutionem aquarum, que miraculose in momento facta fuerat, statim evulsis paxillis et tentoriis collectis, omnes a minimo usque ad maximum per vadum secuti sunt regem. Omnibus cum tota supellectili sua et armamentis[4] insimul collectis, reverse sunt aque fluminis in priorem statum ; quod cives Turonenses videntes timuerunt regem. Et hoc factum accidit in vigilia sancti Johannis Baptiste[5]. Verumtamen, dum rex circumquaque immunita civitatis consideraret, ribaldi ipsius, qui primos impetus in expugnandis munitionibus facere consueverant, eo vidente, in ipsam civitatem impetum fecerunt, et, per muros cum scalis ascendentes, ex improviso ceperunt ; quo audito, rex et totus exercitus civitatem integram recepit, et positis

---

1. *Scenomannis* P V.
2. Suivant R. de Dicet (*loc. citat.*) cette tour n'aurait été prise que le 22 juin, dix jours après la fuite de Henri II ; suivant Benoit (II, 68), le 15.
3. *Ligerim* P.
4. *armentis* V.
5. 23 juin.

ibi custodibus, ibidem per aliquot dies Deo gratias solventes solemnizaverunt.

De obitu Henrici regis Anglie.

67. — Revolutis autem diebus XII, videlicet in octavis[1] apostolorum Petri et Pauli, obiit rex Anglie Henricus apud Chinonium[2], satis in omnibus prospere agens usque ad tempora Philippi Francorum regis, quem Dominus pro freno in ore ejus posuit[3], pro vindicando sanguine beati Thome Cantuariensis, ut per talem vexationem daret ei intellectum et ad sinum matris ecclesie reduceret. Sepultus est autem apud Fontem Ebrardi, in quadam abbatia monialium; cui

---

1. *octapis* V.
2. Ceci ferait remonter la prise de Tours au 25 juin, Henri II étant mort le 6 juillet. Il règne une certaine incertitude sur les dates des derniers événements de la vie de Henri II. Suivant Benoit (II, 69) Phil.-Aug. serait arrivé devant Tours le 30 juin et ne l'aurait prise que le 3 juillet. Quant au traité (*Cat.* 240) qui termina cette campagne et dont les conditions furent réglées dans une entrevue qu'eurent les deux rois entre Tours et Azai (Benoit, II, 70; R. de Hoveden, II, 365) ou plus exactement à Colombier (G. le Breton, *Chron.* à l'année 1189; *Philippide* II, v. 787), je serais porté à considérer, de même que M. Stubbs, la date du 28 juin donnée par Raoul de Dicet (II, 64) comme prématurée, et à reporter cette entrevue au 4 juillet, ainsi que le font Guillaume le Breton, dans la *Philippide* (*ib.* v. 7), et Matthieu Paris (*Chron. maj.* II, 344) qui la placent trois jours avant la mort du roi d'Angleterre. Les chroniqueurs anglais contiennent, comme toujours, beaucoup de détails sur la campagne de 1189.
3. Il n'est peut-être pas impossible que la tradition qui fait mourir Henri II étranglé de ses propres mains à l'aide d'un frein de cheval, ait son origine dans cette phrase de Rigord. (Cf. *Récits d'un ménestrel de Reims*, §§ 25-26.)

successit Richardus filius ejus, comes Pictavensium ad cujus primum ingressum eodem anno apud Gisortium totum castrum incendio flagravit, et in egressu ipsius castelli, sequenti die, pons ligneus sub pedibus ejus fractus est, omnibus sociis suis libere transeuntibus, ita quod ipse Richardus cum equo suo in fossato[1] cecidit. Paucis autem effluxis diebus pax que interlocuta fuerat inter regem Philippum et regem Anglie Henricum, eo sublato de medio, inter regem Richardum et regem Philippum est perfecta et consummata; et tunc Philippus rex, pro bono pacis, reddidit Richardo regi Anglie civitatem Turonis et Cenomannis[2] et etiam Castellum Radulfi cum toto feudo suo. Qua de causa Richardus rex Philippo Francorum regi totum feudum quod pertinet ad Crazzacum, et omnia feuda que pertinent ad Eisoldunum[3] et omnia feuda que[4] habebat in Arverniam sibi et successoribus suis perpetuo quitavit[5].

De obitu regine uxoris Philippi regis Francie.

68. — Eodem anno MCLXXXIX, regni Philippi X, id[ub]us martii[6], obiit Elisabeth regina uxor Philippi

---

1. *fassato* P.
2. *Scenomannis* V et P.
3. *Exsoldunum* V.
4. *totum feudum quod* P.
5. Cette confirmation de la paix déjà conclue le 4 juillet eut lieu près de Gisors le 22 du même mois (Benoit, II, 74; Gervais de Cant., I, 450).
6. 15 mars 1190. Une erreur de lecture a fait que le traducteur des *Grandes Chroniques* a placé cette mort à la 10e kalende de mars, c'est-à-dire au 20 février. Élisabeth mourut en donnant le jour à

Francorum regis que sepulta est in ecclesia beatissime virginis Marie Parisius. Pro cujus memoria venerabilis Mauricius Parisiorum episcopus in eadem ecclesia altare erexit, et christianissimus rex semper Augustus, intuitu pietatis, pro remedio anime illius et omnium predecessorum suorum, duos sacerdotes perpetuo ibidem instituit, unicuique xv libras Parisiensium singulis annis pro victualibus perpetuo assignans[1].

Quod Philippus rex in ecclesia Beati Dionysii baculum et sportam peregrinationis accepit.

69. — Anno Domini MCXC, in festo sancti Johannis Baptiste, Philippus rex ad ecclesiam beatissimi martyris Dionysii cum maximo comitatu venit, causa licentiam accipiendi. Consueverant enim antiquitus reges Francorum, quod, quandocumque contra hostes arma movebant, vexillum desuper altare beati Dionysii pro tutela seu custodia secum portabant, et in prima acie pugnatorum ponebant; quod videntes adversarii et cognoscentes, territi multotiens terga dederunt. Ideo christianissimus rex ante corpora sanctorum martyrum Dionysii, Rustici et Eleutherii, humiliter super pavimentum marmoreum in oratione prostratus, Deo et beate virgini Marie et sanctis martyribus et omnibus sanctis se commendavit. Tandem cum lacrymis ab oratione surgens, sportam et baculum peregrinationis de manu Guillelmi Remensis archiepiscopi, avunculi sui, apos-

---

deux jumeaux qui ne lui survécurent point (*Geneal. com. Flandriæ* dans D. Brial, XVIII, 562 B).

1. Cf. *Cat.*, 291. Sur la sépulture de la reine Élisabeth, cf. F. de Guilhermy, *Inscriptions de la France*, t. I, 10.

[1190] LIBER. 99

tolice sedis legati, devotissime ibidem accepit. Deinde desuper corpora sanctorum duo standalia serica optima et duo magna vexilla aurifrisiis crucibus decenter insignita, pro memoria sanctorum martyrum et tutela, contra inimicos crucis Christi pugnaturus, propriis manibus accepit. Demum orationibus fratrum se commendans, accepta benedictione clavi et spinee corone et sancti Simeonis brachii, recessit, et feria quarta post octavas sancti Joannis Baptiste[1] cum rege Anglie Richardo apud Vizeliacum venit; ubi, accepta licentia ab omnibus baronibus suis, Adele carissime matri sue et Guillelmo Remensi archiepiscopo, avunculo suo, pro tutela et custodia totum regnum Francorum cum filio suo dilectissimo Ludovico commendavit; et paucis evolutis diebus apud Januam venit, ubi naves et ea que erant victui necessaria cum armamentis[2] diligentissime parari fecit[3]. Richardus autem rex Anglie apud Massiliam cum omnibus suis mare intravit; et sic jam dicti catholici reges, pro sancta christianitate defendenda et propter amorem domini nostri Jesu Christi ventis et mari se committentes, cum multis et magnis periculis apud Messanam venerunt[4].

1. 4 juillet 1190. Philippe et Richard avaient eu au gué de Saint-Rémy, près Nonancourt, une conférence dans laquelle ils avaient signé, le 30 décembre 1189, un traité de paix et d'alliance (*Cat.*, 263) et décidé de se retrouver à Vézelai le 24 juin, pour se mettre en route (R. de Dicet, II, 73. Benoit, II, 104).

2. *armentis* V.

3. Voyez dans le *Cat.* (327 A) l'acte par lequel Ph.-Aug. promit aux Génois 5850 marcs d'argent pour les secours qu'ils s'étaient engagés à lui fournir dans son expédition de Terre Sainte. Le roi était malade le 13 août, lorsque Richard, qui avait longé la côte depuis Marseille, vint le voir à Gênes (Benoit, II, 113).

4. C'est ici que se termine le ms. du Vatican. — On trouvera

70. — Sed antequam rex Philippus de regno Francorum exiret, Parisius convocatis amicis et familiaribus, testamentum condidit et regni totius ordinationem fecit in hunc modum[1] :

« In nomine sancte et individue Trinitatis, amen. Philippus, Dei gratia, Francorum rex. Officium regium est subjectorum commodis modis omnibus providere, et sue utilitati private publicam anteferre. Quoniam igitur summo desiderio votum peregrinationis nostre ad Sancte Terre subventionem totis viribus amplectimur, idcirco consilio Altissimi ordinare decrevimus qualiter, in absentia nostra, regni negotia que agenda erunt, tractari debeant, et vite nostre, si quid in via humanitus accideret, extrema disponi.

« In primis igitur precipimus, ut baillivi nostri per singulos prepositos in potestatibus nostris ponant quatuor homines prudentes, legitimos et boni testimonii, sine quorum, vel duorum ex eis ad minus, consilio, negotia ville non tractentur, excepto quod Parisius sex homines probos et legitimos constituimus quorum nomina sunt hec, T. A. E. R. B. N.[2]

« Et in terris nostris que propriis nominibus distincte sunt baillivos nostros posuimus, qui in bailliviis suis

---

le détail de l'itinéraire de chacun des rois dans Benoit (II, 112 et seq.), ainsi que dans l'*Itinerar. Ric.* (150 et seq.). Ph.-Aug. arriva le 16 septembre à Messine, Richard le 23.

1. Ce n'est que par Rigord que le texte de ce testament politique nous est parvenu (*Cat.*, 311).

2. M. Delisle a prouvé que les quatre premières initiales désignaient Thibaud le Riche, Athon de la Grève, Ebrouin le Changeur et Robert de Chartres. Quant aux deux dernières, elles doivent peut-être s'interpréter Baudouin Bruneau et Nicolas Boisseau (*Cat.*, p. lxiij).

singulis mensibus ponent unum diem qui dicitur assisia, in quo omnes illi qui clamorem facient, recipient jus suum per eos et justitiam sine dilatione, et nos nostra jura et nostram justitiam; forefacta que proprie nostra sunt, ibi scribentur.

« Preterea volumus et precipimus ut carissima mater nostra A. regina statuat cum carissimo avunculo nostro et fideli Guillelmo Remensi archiepiscopo, singulis quatuor mensibus, unum diem Parisius, in quo audiant clamores hominum regni nostri, et ibi eos finiant ad honorem Dei et utilitatem regni.

« Precipimus insuper ut eo die sint ante ipsos[1] de singulis villis nostris et baillivi nostri qui assisias tenebunt, ut coram eis recitent negotia terre nostre.

« Si autem aliquis de baillivis nostris deliquerit, preterquam in murtro, vel raptu vel homicidio vel proditione, et hoc constabit archiepiscopo et regine, et aliis qui aderunt ut audiant forefacta baillivorum nostrorum, precipimus eis ut nobis singulis annis, et hoc ter in anno, litteris suis diebus[2] predictis significent quis baillivus deliquerit, et quid fecerit, et quid

---

1. D. Brial avait cru devoir intercaler *aliqui* avant les mots *de singulis villis nostris*. Cette addition, qui avait pour conséquence de faire croire à une sorte de représentation nationale auprès des régents, n'est nullement nécessaire, et ce passage doit être interprété ainsi qu'il est traduit dans les *Grandes Chroniques* : « Et commandons que li baillif qui tiennent les assises par les villes de nostre roiaume, soient tuit à ce jor devant eus et que il récitent les besoignes toutes en leur présence. »

2. Le ms. porte *nobis duobus*, ce qui n'a pas de sens ; mais il s'agit évidemment des jours auxquels les régents doivent entendre les réclamations contre les baillis, jours mentionnés dans l'avant-dernier paragraphe. Le traducteur des *Grandes Chroniques*, ne comprenant pas les mots *duobus predictis*, les a simplement omis.

acceperit, et a quo pecuniam vel munus vel servitium, propter quod homines nostri jus suum amitterent vel nos nostrum.

« Similiter de prepositis nostris significent nobis baillivi nostri.

« Baillivos autem nostros non poterunt amovere regina et archiepiscopus a bailliviis suis, nisi pro murtro vel raptu, vel homicidio, vel proditione; nec baillivi prepositos, nisi pro aliquo istorum. Nos autem consilio Dei talem faciemus de eo vindictam, postquam predicti viri nobis rei veritatem nunciaverint, per quam alii non immerito poterunt deterreri.

« Similiter regina et archiepiscopus de statu regni nostri et negotiis ter in anno significent.

« Si forte contigerit sedem episcopalem vel aliquam abbatiam regalem vacare, volumus ut canonici ecclesie vel monachi monasterii vacantis veniant ante reginam et archiepiscopum, sicut ante nos venirent, et liberam electionem ab eis petant; et nos volumus quod sine contradictione eis concedant. Nos vero tam canonicos quam monachos monemus ut talem pastorem eligant qui Deo placeat et utilis sit regno. Regina autem et archiepiscopus tamdiu regalia in manu sua teneant, donec electus consecratus sit vel benedictus et tunc regalia sine contradictione ei reddantur.

« Preterea precipimus quod, si prebenda vel beneficium aliquod ecclesiasticum vacaverit, quando regalia in manu nostra venient, secundum quod melius et honestius poterunt, regina et archiepiscopus viris honestis et litteratis, consilio fratris Bernardi[1], confe-

---

1. Il s'agit ici de Bernard Bré ou de Boschiac dont il a déjà été question plus haut (p. 20, n. 7 — p. 25, n. 1).

rant, salvis tamen donationibus nostris, quas per litteras nostras patentes quibusdam fecimus.

« Prohibemus etiam universis prelatis ecclesiarum et hominibus nostris, ne talliam vel toltam donent quamdiu in servitio Dei erimus. Si vero dominus Deus de nobis suam faceret voluntatem, et nos mori contingeret, prohibemus districtissime omnibus hominibus terre nostre, tam clericis quam laicis, ne talliam vel toltam donent, donec filius noster (quem Deus servitio suo sanum et incolumen conservare dignetur!) veniat ad etatem in qua gratia Sancti Spiritus possit regere regnum.

« Si autem aliquis filio nostro vellet movere guerram et redditus sui quos habet non sufficerent, tunc omnes homines nostri adjuvent eum de corporibus suis et averis, et ecclesie tale faciant ei auxilium quale solite sunt facere nobis.

« Prepositis insuper nostris et baillivis prohibemus ne aliquem hominem capiant, neque averum suum, quamdiu bonos fidejussores dare voluerit de justitia prosequenda in curia nostra, nisi pro homicidio, vel murtro, vel raptu, vel proditione.

« Preterea precipimus quod omnes redditus nostri et servitia et obventiones afferantur Parisius per tria tempora : primo ad festum sancti Remigii, secundo ad Purificationem beate Virginis, tertio ad Ascensionem; et tradatur burgensibus nostris predictis et P. marescallo. Si contingeret aliquem ex eis mori, G. de Garlandia alium in loco ejus substitueret.

« In receptionibus averi nostri Adam clericus noster presens erit et eas scribet; et singuli habeant singulas claves de singulis archis in quibus reponetur averum nostrum in Templo, et Templum unam. De isto avero tantum nobis mittetur quantum litteris nostris mandabimus.

« Si in via quam facimus nos mori contingeret, precipimus quod regina et archiepiscopus, et episcopus Parisiensis, et abbates Sancti Victoris[1] et de Sardenio[2] et frater B. thesaurum nostrum in duas partes dividant. Unam medietatem pro arbitrio suo distribuant ad ecclesias reparandas que per guerras nostras destructe[3] sunt, ita quod servitium Dei possit in eis fieri; de eadem medietate donabunt illis qui per tallias nostras aporiati sunt et de eadem dabunt residuum illis quibus voluerint et quos magis egere crediderint, ob remedium anime nostre et genitoris nostri regis Ludovici et antecessorum nostrorum. De altera medietate precipimus custodibus averi nostri et omnibus hominibus Parisiensibus, quod eam custodiant ad opus filii nostri, donec ad etatem veniat in qua consilio Dei et sensu suo possit regere regnum.

« Si autem tam nos quam filium nostrum mori contingeret, precipimus quod averum nostrum per manum septem[4] predictorum pro anima nostra et filii nostri, pro arbitrio suo distribuatur. Quam cito etiam certum esset de morte nostra, volumus quod averum nostrum ubicumque foret ad domum episcopi Parisiensis portaretur, et ibi custodiretur et postea de eodem fiet quod disposuimus.

1. Guérin, 1172-1192.
2. Gui, abbé des Vaux-de-Cernay de 1184 à 1211.
3. *districte* P.
4. S'il s'agit, comme il le semble, des personnages mentionnés dans l'alinéa précédent, il faudrait lire *sex*, à moins que le roi n'ait eu en vue les six bourgeois chargés avec Pierre le maréchal de recevoir ses revenus.

« Precipimus etiam regine et archiepiscopo, ut omnes honores qui, dum vacant, pertinent ad donationem nostram quos[1] honeste poterunt retinere, sicut abbatie nostre et decanatus et alie quedam dignitates, in manu sua teneant, donec a servitio Dei redierimus, et quos retinere non poterunt, donent secundum Deum et assignent consilio fratris B. et hoc faciant ad honorem Dei et utilitatem regni. Si autem in via moreremur, volumus ut honores et dignitates ecclesiarum donent illis quos magis dignos viderint.

« Quod ut firmum et stabile permaneat, presentem paginam sigilli nostri auctoritate et regii nominis karactere inferius annotato precipimus confirmari. Actum Parisius, anno Verbi incarnati, MCXC, regni nostri anno XI, adstantibus in palatio nostro quorum nomina subposita sunt et signa. S. comitis Thibaldi dapiferi nostri, S. Guidonis buticularii, S. Matthei camerarii, S. Radulfi constabularii. Data vacante cancellaria[2]. »

71. — Precepit etiam civibus Parisiensibus, quod civitas Parisii, quam rex multum diligebat, muro optimo cum tornellis decenter aptatis et portis diligentissime clauderetur ; quod brevi temporis elapso spatio completum vidimus. Et hoc idem in aliis civitatibus et castellis fieri mandavit per totum regnum[3].

---

1. *quod* P.
2. On trouve dans le ms. à la suite de la transcription de cette pièce un fac-simile du monogramme de Philippe-Auguste, que Rigord avait sans doute reproduit, afin de donner plus d'authenticité à sa copie.
3. Sur les travaux de fortification exécutés à Paris et dans les provinces sous Philippe-Auguste, voyez un curieux document

72. — Nunc ad ea que apud Messanam inter jam dictos reges gesta sunt et qualiter in transmarinis partibus se habuerunt, reditum faciamus.

Quando rex Philippus apud Messanam venit mense augusto[1], honorifice receptus est in palatio regis Tancredi, et de victualibus suis abundanter ei donavit, et infinitam auri summam ei dedisset, si unam de filiabus suis ei aut filio suo Ludovico desponsasset. Sed rex Philippus, propter amicitiam quam erga Henricum imperatorem habebat, utrilibet desponsationi supersedit. Postmodum contentio quedam, quam rex Anglie pro dotalitio sororis sue cum rege Tancredo habebat, interventu et labore regis Philippi, hoc modo terminata est : rex Anglie habuit a rege Tancredo XL millia uncias auri, de quibus rex Philippus habuit tertiam partem, cum medietatem habere deberet; sed pro bono pacis tertia fuit contentus[2]. Juraverunt etiam ex parte regis Anglie quidam viri nobiles unam de filiabus regis Tancredi Arturo futuro duci Britannie. Rex vero Francorum Philippus apud Messanam Natale Domini tunc celebravit, et militibus terre sue pauperibus, qui res suas orta tempestate[3] in mari perdiderant, multa dona dedit et magna : duci Burgundie mille marcas, comiti Nivernensi DC, Guillelmo de Barris CCCC marcas, G. de Merloto[4] CCCC uncias auri, epis-

publié par M. Tuetey dans les *Arch. des Missions,* 3e série, t. VI, p. 349.

1. Ce n'est pas en août, mais bien le 16 sept. que se place l'arrivée du roi de France à Messine. (R. de Dicet, II, 84. — Benoît, II, 124).

2. Sur cet accord entre Richard et Tancrède, voy. Benoît, II, 132, et seq. — *Itinerar. Ric.,* 165-169.

3. Voy. la mention de cette tempête dans les *Annales Aquicinct.* (D. Brial, XVIII, 541), et dans Robert Aholant (Ibid., 259).

4. Guillaume de Mello.

copo Carnotensi[1] ccc, M. de Montemorenciaco[2] ccc, Drogoni[3] cc et multis aliis cc, quorum nomina longum esset hic ponere. Quecumque eo tempore venalia ibi inveniebantur, carissima erant. Sextarius frumenti valebat xxiiii solidos Andegavensium, hordei xviii solidos, vini xv solidos, gallina xii denarios. Hac de causa Philippus rex misit ad regem et reginam Hungarie, ut sibi subvenirent in victualibus. Postmodum misit ad imperatorem Constantinopolitanum pro succursu[4] Terre Sancte faciendo, et si rex, Deo volente, per terram imperatoris rediret, quod imperator ei prestaret securum transitum et rex prestaret ei bonam securitatem de pacifico ingressu et egressu.

73. — Revolutis autem paucis diebus, rex Francorum regem Anglie compellavit ut ad passagium medii martii paratus inveniretur, mare cum eo transiturus. Ille vero respondit quod transire non poterat donec in augusto. Iterum autem rex Francorum mandavit et quasi hominem suum commonuit, ut sicut ei juraverat, mare cum eo transiret, et, si vellet, filiam regis Navarre, quam mater regis Anglie illuc adduxerat Accii desponsaret; si vero transire nollet, sororem suam duceret in uxorem, sicut de juramento tenebatur. Rex autem Anglie penitus negavit hoc vel illud facere[5]. Tunc vero rex Francorum illos qui super hoc juramento ei tenebantur, facere hoc quod juraverant com-

1. Renaud, 1182-1217.
2. Matthieu II.
3. Dreux de Mello.
4. *succursum* P.
5. Rigord n'a sur tout ceci que des notions bien vagues. Cf. Benoit (II, 160-161), R. de Dicet (II, 86), et le traité de paix conclu à Messine entre les deux rois, en mars 1191. (*Cat.* 336.)

pellavit. G. autem de Ranchonio et vicecomes de Castelloduno, pro omnibus respondentes, concesserunt quod juraverant se facturos, et cum eo quandocumque voluerit se ituros. Unde rex Anglie vehementer iratus, eos exheredare juravit; quod postea subsequens rerum eventus probavit. Et extunc ceperunt oriri discordie et invidie et inimicitie inter duos reges.

74. — Rex autem Francorum Philippus cum summo desiderio volens iter perficere quod inceperat, martio mense mare intravit, et revolutis paucis diebus, prosperis ventis, cum omnibus rebus suis, vigilia Pasche, Accon applicuit[1], et cum summo gaudio ab universo exercitu qui in obsidione Accii longo tempore sederat, cum hymnis et laudibus et effusione lacrymarum multa, receptus est quasi angelus Domini; et statim ita prope muros ipsius civitatis domum fecit fieri et fixit tentoria, quod inimici Christi et quarellos cum balistis, et sagittas cum arcubus, usque ad domum illam emitterent et sepe ultra. Postmodum vero, erectis petrariis suis et mangonellis et aliis ingeniis, tantum fregerat de muris civitatis ante adventum regis Anglie quod non deerat ad civitatem capiendam nisi assaltus. Nolebat enim Francorum rex civitatem assilire, absente rege Anglie. Sed quam cito rex venit[2], locutus est ei rex Francorum, quia omnium erat una voluntas de assaltu faciendo. Rex vero Anglie, in corde et corde

1. Ph.-Aug., parti de Messine le 30 mars 1191, arriva le 20 avril à Acre (Benoit, II, 161) et non le 13, comme le dit ici Rigord.
2. Richard quitta Messine le 10 avril (*Itinerar.*, 177), s'empara de Chypre en route, et ne débarqua que le 8 juin à Acre (Ibid., 211).

loquens, bene consuluit[1] ut assaltus fieret et mitteret omnes quos habere posset. Sequenti die mane, rex Philippus, cum suis voluit assilire; sed rex Anglie suos non permisit abire, et Pisanos, cum quibus juratus erat, prohibuit assilire, et sic defecit assaltus[2]. Postmodum vero, consilio utriusque partis, electi sunt dictatores ex utraque parte, viri sapientes et probi quorum arbitrio et consilio universus exercitus regeretur; in quibus promiserunt duo reges et, per fidem quam Deo debebant et peregrinationem suam, juraverunt [quod][3] quicquid dictatores dicerent, facerent. Postea dixerunt arbitri[4] quod rex Anglie ad assaltum mitteret suos et custodes poneret ad barras, et faceret mangonellos suos levari et alia ingenia, quia rex Francorum hec omnia faciebat; quod quia renuit, rex Philippus suos a juramento absolvit, quod fecerat de exercitu regendo.

75. — Rex Anglie et sui dum venirent per mare transitum facientes per insulam Cypri, ipsam cum imperatore suo et filiam imperatoris ceperunt, et omnes thesauros suos asportaverunt. Tandem vero insula de suis bene munita, committens carbasa ventis, habuit obviam navem Salahadini miro modo munitam, que veniebat in succursum civitati, in qua erant infinite fiale vitri plene igne greco, et baliste

1. *consulit* P.
2. Il est impossible que cette tentative ait eu lieu le lendemain de l'arrivée de Richard, puisque Richard avait eu le temps de prendre les Pisans à sa solde depuis son arrivée (Benoit, II, 170). Je crois que c'est de cette tentative qu'il est question dans l'*Itinerar.*, p. 214-217.
3. Le ms. porte *et* au lieu de *quod*.
4. *arbitrii* P.

ducente et L, et arcuum et armorum maxima abundantia, et fortissimi erant in ea bellatores qui omnes a rege Anglie et a suis interfecti fuerunt et navis confracta periit[1]. Aliam autem navem ejusdem Salahadini apud Tyrum nostri ceperunt, quia ventum habere non poterat, in qua erat copia armorum et homines pauci, que similiter veniebat ad succursum civitatis Accii.

76. — Eodem anno[2] Fridericus, Romanorum et Theutonicorum imperator christianissimus, cum filio suo duce Boemie et universo exercitu suo, veniens in transmarinis partibus inter Niceam Bithynie civitatem et Antiochiam, non minimam christianis relinquens mestitiam, viam universe carnis ingressus est, filio suo duci Boemie universum exercitum suum relinquens; qui cum paucis de terra Turcorum evasit, et cum illis apud Accium venit, ubi breviter lege naturali vitam finivit. Friderico imperatori successit filius ejus Henricus, strenuus in agendis et acer in hostes, omnibus ad eum accedentibus largus et munificus.

Anno Domini MCXCI, XV kalendas maii, obiit Clemens papa qui sedit duobus annis et quinque mensibus; cui successit Celestinus natione Romanus[3].

Eodem anno, mense augusto, junio et julio, tanta aeris intemperies ex nimietate pluviarum facta est, quod segetes in campis, priusquam colligi possent, in spicis et folliculis suis germinaverunt.

Eodem anno, XXIII die junii, vigilia sancti Joannis

---

1. Voy. Benoit, II, 168. — *Itinerar. Ric.*, 206.
2. Frédéric mourut le 10 juin 1191.
3. Ces dates sont inexactes; Clément III, élu le 19 décembre 1187, mourut en mars 1191, après avoir régné trois ans, deux mois et demi.

Baptiste, existentibus regibus in obsidione Accii, fuit eclipsis Solis in VII gradu Cancri, Luna existente in sexto gradu ejusdem signi et cauda Draconis in duodecimo, et duravit per quatuor horas.

77. — Sequenti mense, x kalendas augusti, Ludovicus filius Philippi regis cepit egrotare morbo gravissimo qui a physicis dissinteria vocatur, omnibusque de vita desperantibus, factum est de communi consilio, quod sacer conventus Beati Dionysii, jejuniis et orationibus devote premissis, portans secum clavum et spineam coronam Domini et brachium sancti senis Simeonis, cum processione cleri et populi nudis pedibus incedentes et preces cum lacrymis Domino fundentes, ad ecclesiam Sancti Lazari juxta Parisium venerunt; ubi facta oratione et populi subsequentis oblatione, universi conventus religiosorum Parisienses et venerabilis Mauricius Parisiensis episcopus cum canonicis suis et clericis et infinita scholarium et populi concurrente multitudine, corpora Sanctorum et reliquias secum portantes, nudis plantis, flentes et lacrymantes eis obviam venerunt, et conjungentes se illis, cantantes cum fletu multo et suspiriis, ad palatium regis, ubi puer egrotabat, venerunt; et facto ibi sermone ad populum et cum multa lacrymarum effusione, oratione populi fusa pro eo ad Dominum, ad tactum clavi et spinee corone et brachii[1] sancti Simeonis per totum ventrem pueri in modum crucis, eodem die ab imminenti periculo est liberatus; et pater suus Philippus rex in transmarinis partibus existens, eodem die et eadem hora, a consimili morbo curatus. Deinde

---

1. *brachium* P.

puer Ludovicus, osculatis reliquiis et benedictione accepta, omnes processiones ad ecclesiam Beate Marie venerunt, ubi laudes cum oblationibus Domino solventes processio Beate Marie, cum aliis multis processionibus, conventum Beati Dionysii cum hymnis et laudibus et multa Domino gratiarum actione usque ad exitum ville perduxerunt; et ibi sese mutuo cum reliquiis benedicentes, unusquisque ad propria remeavit. Canonici vero Beate Marie cum populo revertebantur gaudentes, quia tempore suo reliquie Beati Dionysii predicte Parisius fuerant deportate; non enim legitur in aliqua scriptura quod usque ad tempus illud pro aliquo imminenti periculo extra villam Beati Dionysii portarentur. Nec est silentio pretereundum quod eadem die, per orationes cleri et populi, serenitas aeris et temperies restituta est universis terris; pluerat enim Dominus, peccatis hominum exigentibus, multo tempore super terram.

78. — Eodem anno[1], episcopus Leodicensis, a facie Henrici imperatoris fugiens, Remis aliquantulam fecit moram, a Guillelmo reverendo Remensi archiepiscopo honorifice receptus et in propria domo, paratis sufficienter necessariis, collocatus. Sed revolutis paucis diebus, instigante diabolo, missi sunt ab imperatore quidam milites, imo condicti Sathane satellites, ad predictum Leodicensem episcopum. Episcopus autem, sicut vir mansuetus et pius, eos honorifice recepit et in mensa sua quasi amicos et domesticos collocavit. Dicebant

1. Le meurtre de l'évêque de Liège, Albert, eut lieu le 24 novembre 1192. On en trouvera un récit détaillé dans sa biographie (M. G. Scr., XXV, 160 et seq.). Cf. aussi Gilbert de Mons. (Ibid., XXI, 581).

enim sese ab imperatore injuste exheredatos, callide et dolose in corde et corde loquentes; *conceperant enim dolorem* et in proximo *perpetrati sunt iniquitatem*[1]. Nam effluxis aliquot diebus, causa spatiandi educentes episcopum extra civitatem, evaginatis gladiis christum Domini vilissime interfecerunt, quia canonice electus et consecratus fuerat contra voluntatem imperatoris; et fugam arripientes, cursu rapidissimo ad imperatorem reversi sunt.

79. — Eodem anno, comes Thibaldus pius et misericors regis Francorum senescallus, comes Clarimontis[2], comes Perticensis, dux Burgundie[3] et Philippus comes Flandrie in obsidione Accii, Domino vocante, viam universe carnis ingressi sunt[4]. Terra vero comitis Flandrie, quia alium non habebat heredem, ad Balduinum nepotem suum, filium comitis Henoensis, est devoluta, qui postea factus est imperator Constantinopolis.

80. — Eodem anno, viii kalendas septembris, consilio domini G. Remensis archiepiscopi et Adele regine et omnium episcoporum, corpora beatissimorum martyrum Dionysii, Rustici et Eleutherii, cum purissimis

1. Job, XV, 35.
2. Cf. *Cat.*, 341, un acte de juillet 1191, par lequel Ph.-Aug. fait connaître les dernières volontés de Raoul, comte de Clermont.
3. Le duc de Bourgogne ne mourut qu'en 1193.
4. La mort du comte de Flandre faisait rentrer Péronne dans le domaine de la couronne. Cf. *Cat.*, 340, une lettre de juin 1191 adressée à ce sujet par le roi aux nobles du district de Péronne. — Nous ne rappelons que pour mémoire une prétendue conjuration formée contre Philippe-Auguste et dans laquelle Richard aurait entraîné le comte de Blois (mort cinq mois avant son arrivée à Acre) et les comtes de Champagne et de Flandre (*Ménestrel de Reims*, 60 et seq. — Ph. Mouskés, v. 19624 et seq.).

vasis argenteis in quibus diligentissime sigillata continebantur, sunt extracta et super altare posita, adjunctis ibi aliis corporibus Sanctorum in eadem ecclesia quiescentium, ut ibi omnes fideles ad tam sanctum spectaculum convenientes, cum gemitu et suspiriis pro Sancta Terra liberanda, et pro rege Francorum et universo comitatu suo, puras manus cum Moyse levantes ad Dominum preces funderent, quia non in armorum potentia, sed in Christi virtute et miseratione christiani confidunt, nec in se, sed in Deo virtutem faciunt, superantes populos infideles et ad nihilum redigentes inimicos crucis Christi. Sequenti vero festo beati Dionysii, aperto vase argenteo in quo corpus sacratissimi martyris Dionysii continebatur, assistentibus venerabilibus episcopis Silvanectensi et Meldensi et Ala Francorum regina et multis abbatibus et viris religiosis, totum corpus ipsius cum capite, ut prediximus, est inventum, et universis Dei fidelibus qui de longinquis partibus orandi causa convenerant devotissime demonstratum; et, ad removendum errorem Parisiensium[1], retento capite hieromartyris Dionysii

---

1. *Qui dicebant se habere caput pretiosi martyris Dionysii* ajoute G. de Nangis (éd. Géraud, I, 101). Ce passage, qui fait allusion à la découverte du prétendu chef de saint Denis dans l'église de Saint-Étienne, prouve que cette découverte eut lieu non pas en 1218, comme le dit l'abbé Lebeuf (éd. Cocheris, I, 8), sans doute d'après le mémorial de Jean de Saint-Victor, mais avant le 25 août 1191, époque à laquelle furent exposées les reliques conservées à Saint-Denis. Les dernières lignes de la chronique de R. de Torigny placent cette découverte en 1186 (éd. Delisle, II, 136). Le passage de Rigord a servi de thème au passage correspondant des *Gesta alia Philippi Aug.* (Duchesne *Scr.*, V, 258), lesquels ne sont, comme l'a dit M. Delisle, qu'un fragment de la chronique latine composée par Yves, moine de Saint-Denis, et présentée à Philippe le Long, par l'abbé Gilles de Pontoise (*Notices et extr.*, XXI, 249).

et in vase argenteo decenter collocato, corpora Sanctorum cum vasis suis sub altare, in crypta marmorea unde extracta fuerant, sunt devotissime reposita. Caput vero pro excitanda devotione fidelium, per totum annum omnibus peregrinis est ostensum, et in sequenti festo beati Dionysii cum corpore in vase suo repositum.

84. — Cum hec autem in Francia gerebantur, Philippus rex Francie coadjuvantibus Dei fidelibus, in tantum civitatem Achon impugnavit, confractis muris ipsius civitatis cum petrariis et mangonellis[1] suis, quod inimicos crucis Christi, scilicet custodes Salahadini qui ibi erant, videlicet Limathosium et Carachosium satrapas ipsius, cum ingenti armatorum copia, sub certa pactione ad deditionem coegit. Promiserunt enim legis juramento astricti, tantum corporibus suis salvis dimissis, veram crucem Domini, quam Salahadinus habebat et omnes captivos christianos quos in tota terra sua invenire possent, regi Francorum et regi Anglie, antequam ab ipsis regibus dimitterentur, in integrum restituere. In quo conflictu Albericus, vir magnanimus, regis Francorum marescallus, in armis strenuus, infra portam ipsius civitatis interceptus, a paganis occisus est[2]. Turris autem que Maledicta dicebatur, que longo tempore nostris multa mala intulerat, a minariis regis fuerat suffossa et lignis ibi positis appodiata, ita quod ad ipsius ruinam non restabat nisi quod ignis supponeretur. Videntes vero pagani quod regibus et principibus et aliis

1. *manganellis* P.
2. Aubri Clément fut tué le 3 juillet 1191 (*Itinerar.*, 223. — Benoit, II, 173. — R. de Hoveden, III, 117).

christianis resistere non possent, habito cum regibus et principibus colloquio, salvis corporibus et pactione jam dicta apposita, civitatem Achon cum universis armis et munitionibus et copia sufficienti victualium, mense julio regibus nostris et principibus reddiderunt[1]. Intrantes populi christiani civitatem, flentes pre gaudio et lacrymantes et manus utrasque ad celum levantes, clara voce dicebant : « Benedictus sit Dominus Deus noster qui respexit labores et sudores nostros, et inimicos crucis sancte de sua virtute et viribus presumentes, sub pedibus nostris humiliavit. » Victualia vero que ibi inventa sunt, christiani inter se diviserunt, pluribus majorem, paucioribus minorem partem tradentes. Reges autem omnes captivos in sortem acceperunt, equa lance inter se dividentes. Sed rex Francorum partem suam duci Burgundie cum multa summa auri et argenti et infinita copia victualium, delegavit, commissis eidem omnibus exercitibus suis[2]. Gravabatur enim rex tunc morbo gravissimo[3], et ex alia parte regem Anglie valde suspectum habe-

1. 12 juillet 1191 (*Itinerar.*, 231. — Benoît, II, 179).
2. Cf. *Itinerar.*, 237. — Benoît, II, 182 et seq. Suivant ce dernier (*ib.*, 185), Philippe, tout en laissant le commandement au duc de Bourgogne, aurait donné ses prisonniers au marquis de Montferrat.
3. Il est à remarquer au sujet de cette maladie, qui fit perdre à Ph.-Aug. la peau, les cheveux et les ongles, qu'elle n'est pas attribuée par Rigord à un poison donné par Richard, et que cette accusation ne se trouve que dans les chroniqueurs postérieurs (*Guill. Brit.*, sub anno 1191. — *Philippide,* IV, 270. — *Ménestrel de Reims,* éd. de Wailly, 71. — Phil. Mouskés (d'après le précédent, v. 19755 et seq.). Suivant Benoît (II, 170) et l'*Itinerar.* (214), Richard aurait aussi été atteint de cette maladie qu'ils appellent *Arnoldia*.

bat, quia rege celato frequentes nuncios ad Salahadinum mittebat, et mutua dona ab eo accipiebat[1]. Qua de causa habito cum principibus suis familiari consilio, ordinato suo exercitu, acceptaque a suis licentia, cum fletu et lacrymis ventis et mari se committens; cum tribus tantum galeis quas Rufus de Volta Januensis[2] ei paraverat, ad partes Apulie, Deo volente, transvectus est. Ubi recuperata quantulacumque sanitate, satis debilis, cum paucis iter arripuit et transitum faciens per Romanam civitatem, visitatis Apostolorum liminibus et accepta benedictione a romano pontifice Celestino, in Franciam rediit circa Nativitatem Domini[3].

82. — Rex vero Anglie, in transmarinis partibus remanens, captivos quos habebat, scilicet Limathosium et Carachosium et alios quos alii principes habebant ad id quod promiserant compellavit, ut crucem Dominicam quam Salahadinus habebat, et omnes captivos christianos, sicut de proximo juramento legis sue tenebantur, sine dilatione sancte christianitati restituerent. Quod quia, sicut facere juraverant, ad effectum perducere non potuerunt, rex Anglie vehementer iratus, captivos paganos extra civitatem educens, v millia et

---

1. Cf. Benoit, II, 180.
2. Ruffo de Volta avait été envoyé par les Génois pour faire la paix avec Saladin en 1177 (*Caffari ann. Gen.* dans Muratori, VI, 354). Ph. Mouskés (v. 19795) prétend que le roi l'aurait emmené et établi en France, ainsi que Nicolas Doria. — Suivant l'*Itinerar.* (p. 237), c'est sur trois galères prêtées par Richard que Ph.-Aug. serait revenu.
3. Le roi de France qui avait quitté Acre le 31 juillet, débarqua le 10 octobre à Otrante après s'être arrêté plusieurs fois en route, entre autres à Tyr, à Rhodes et à Corfou. Benoît donne une espèce de journal du voyage de Philippe, depuis Acre jusqu'à la frontière de France (II, 192-230).

eo amplius decollari fecit, retentis majoribus et ditioribus, a quibus innumeram pecunie summam pro redemptione accepit, et sic liberos abire dimisit. Insulam vero Cypri, quam ipse in transitu suo ceperat, Templariis pro XXV millibus marcarum argenti vendidit. Postmodum vero ab ipsis ablatam, Guidoni quondam Hierosolymitano regi perpetuo habendam secundo vendidit; civitatem Ascalonem multo auri pretio paganis petentibus, funditus evertit; ducis Austrie vexillum circa Accon cuidam principi abstulit et in cloacam profundam, in opprobrium ducis et dedecus vilissime confractum dejecit. Sed, quia historiam regis Anglie seu gesta ipsius scribere non proposuimus, ad ea que de rege nostro Philippo intendimus, stylum vertamus.

83. — Reverso igitur in Franciam Philippo Francorum rege, Natale Domini apud Fontem Eblaudi celebravit, et, revolutis paucis diebus, ad ecclesiam beatissimi martyris Dionysii causa orationis quantocius properavit; ubi sacer conventus cum Hugone abbate suo, facta processione, cum hymnis et laudibus [eum] in ecclesiam inducunt. Finita oratione, prostratus ante corpora Sanctorum, Deo et beatis martyribus gratias referens, quia de tot et tantis periculis eum liberaverat, in pignus amoris et caritatis pallium sericum optimum super altare obtulit.

84. — Et revolutis aliquot mensibus ejusdem anni, XV kalendas aprilis[1], Philippus rex existens apud Sanctum Germanum de Laia, audita cujusdam christiani morte ignominiosa a Judeis perpetrata, fidei et

1. 18 mars 1192.

religioni christiane compatiens, subito, nescientibus suis familiaribus quo pergebat, iter arripuit, et gressu velocissimo ad castrum quod Braiam[1] vocant, velociter venit; positis in portis ipsius castri custodibus et comprehensis Judeis, LXXX et eo amplius fecit comburi. Comitissa enim ipsius castri, magnis muneribus Judeorum corrupta, tradiderat eis quemdam christianum, cui falso imponebant furtum et homicidium; quem Judei antiquo odio commoti, manibus a tergo ligatis, spinis coronatum, per totam villam fustigantes duxerunt, et postea patibulo suspenderunt, cum ipsi tempore Dominice passionis dicerent : « Nobis non licet interficere quemquam. »

85. — Eodem anno, pridie idus maii, in Pertico apud Nogentum, vise sunt acies militum de aere in terram descendentium, et ibi facta inter se mirabili pugna, subito evanuerunt. Quod videntes incole illius terre, nimio terrore perculsi, tundentes pectora sua revertebantur.

1. Les historiens ne sont pas d'accord sur l'identification de ce nom de lieu, bien qu'il soit très clairement désigné dans la *Philippide* (I, v. 745) :

Terra Briensis habet castellum nomine Braiam,
In qua Judeos plures comitissa Brenensis,
More suo nummos dantes ad fenus habebat.

Il s'agit donc évidemment de Brie-Comte-Robert, et la comtesse dont il est question plus bas est Agnès de Baudement, dame de Braisne, comtesse de Dreux, ainsi que le dit l'abbé Lebeuf (*Hist. du diocèse de Paris*, XIV, 101). D. Brial s'est trompé deux fois : d'abord lorsqu'il a cru que ce meurtre avait été commis à Bray-sur-Seine (XVII, 36 D); puis, en second lieu, lorsque, sur la foi d'une variante de l'un des mss. de Guillaume le Breton (*ibid.*, 769 E), il s'est figuré que ce fait avait eu lieu à Braisne même. Cette seconde erreur a été reproduite par M. d'Arbois de Jubainville (*Histoire des comtes de Champagne*, IV, 72).

86. — Anno Domini MCXCII, vicesima die mensis novembris, fuit eclipsis Lune particularis, post mediam noctem, in sexto gradu Geminorum, et duravit per duas horas. Maio vero sequenti, VI idus ipsius mensis[1], tempore Rogationum, apud Pontisaram, sacerdos quidam Anglicus natione, Guillelmus nomine, sanctitate vite et moribus pollens, migravit ad Dominum. Ad cujus sepulcrum, tempore mortis ipsius, Domino operante multa facta [sunt] miracula, ceci illuminati, claudi curati, alii vero a variis morbis pristine sospitati plene restituti. Fama autem tanti viri, per orbem diffusa, de diversis partibus causa peregrinationis ad locum sepulture ipsius multos venire fecit.

87 — Eodem anno, crescente inter christianos iniquitate, allate sunt Philippo regi apud Pontisaram littere de transmarinis partibus quod ad suggestionem et mandatum regis Anglie Richardi mittebantur Arsacide ad Philippum regem interficiendum[2]. Interfecerant enim eo tempore Marchisium regis consanguineum, in transmarinis partibus, virum in armis strenuum, qui viribus suis et potentia Terram Sanctam, antequam reges isti illuc venirent, mira strenuitate regebat[3]. Rex vero Philippus, auditis litteris ira inflammatus, statim ab eodem castro recessit, et plurimum sollicitus multis diebus permansit. Et quia animus ipsius regis pro hujusmodi rumoribus multum turbabatur, et sollicitudo magis ac magis crescebat in dies, habito cum familiaribus consilio, misit nuncios suos ad Vetulum Arsacidarum regem, ut per ipsum rei veri-

1. 10 mai 1193.
2. Cf. *Itinerar.*, 341. — Benoit, II, 181.
3. Conrad de Montferrat fut tué le 28 avril 1192.

tatem diligentius et plenius cognosceret. Interim tamen instituit rex ad majorem cautelam custodes corporis sui, clavas ereas semper in manibus portantes, et per totam noctem alternatim circa ipsum vigilantes. Reversis nunciis ad regem, per litteras Vetuli rumores falsos esse cognovit, et per relationem nunciorum suorum, ab ipsis diligentius inquisita veritate et cognita, animus ejus, abjecto falso rumore, a falsa suspicione quievit.

88. — Rex vero Anglie, ad terram suam redire disponens, comiti Henrico nepoti suo, excellentissimo juveni, totam terram transmarinam quam christiani eo tempore tenebant, dimisit, et exercitum suum eidem tradidit; et mare ingressus, orta tempestate [1], accidit ut ventus, rapta navi in qua ipse erat, duceret eam versus partes Histrie ad locum qui est inter Aquileiam et Venetias, ubi idem rex, Dei permissione, passus naufragium, cum paucis evasit. Quidam autem comes Mainardus de Guorze [2] et populus regionis illius, audito quod in terra erat, et considerato diligentius qualem nominatus rex in Terra Promissionis seditionem in perditionis sue cumulum exercuerat, insecuti sunt eum, intendentes ipsum captivare contra morem omnium peregrinorum per quascumque terras christianorum secure transeuntium. Ipso autem rege in fugam verso, ceperunt de suis VIII milites. Postmodum rex fecit transitum ad burgum qui est in archiepiscopatu Salesburgensi, qui vocatur Frisacum, ubi Frede-

1. Ce qui va suivre est un extrait presque littéral de la lettre par laquelle Henri VI fit part à Phil.-Aug. de la capture de Richard (R. de Hoveden, III, 195).
2. Mainard de Goritz.

ricus de Sancta Sowe[1], rege cum tribus tantum versus Austriam noctu properante, sex milites de suis cepit. Limpoldus autem dux Austrie, imperatoris consanguineus, observata strata et positis ubique custodibus, sepedictum regem juxta Viennam in villa viciniori in domo despecta inventum captivavit[2], et omnibus bonis suis exspoliavit; sequenti vero mense decembri, Henrico imperatori tradidit; a quo injuste fere per annum et dimidium carcere detentus, et multis expensis et variis exactionibus gravatus, tandem datis cc millibus marcarum argenti pro redemptione imperatori, per mare trajectus est in Angliam[3]. Timebat enim ne iterum a rege Francorum caperetur, quem valde offensum habebat, si per terram suam transitum faceret.

Videns autem Henricus bone indolis juvenis comes Campanie, vir illustris, utriusque regis ex parte sororis nepos, terram transmarinam pro reditu duorum regum nimis desolatam, intuitu Dei et paterna pietate commotus, precibusque multorum in servitio Dei remanentium devictus, maluit ibi cum suis remanere, et cum multo labore et sudore et summa rerum inopia onus Jesu Christi portare, et animam suam, si locus se obtulerit, pro ipso ponere, quam ad terram suam sine visitatione Dominici sepulcri cum rubore redire. Hoc autem videntes milites sacri Templi et Hospitalis

1. *Betesowe* est le nom de ce personnage dans la lettre de Henri VI.
2. C'est ici que se termine l'emprunt fait par Rigord à la lettre en question.
3. La rançon de Richard n'était que de 100,000 marcs. Voy. le traité dans R. de Hoveden, III, 215. — Le roi d'Angleterre ne débarqua que le 23 mars 1194 à Sandwich (Ibid., 235).

Hierosolymitani, et alii peregrini quamplures qui illuc pro liberanda Terra Sancta convenerant, considerantes ipsius comitis magnanimitatem et firmam in Domino constantiam, ipsum in regem civitatis Dei summi unanimiter elegerunt et filiam regis Hierosolymitani in uxorem dederunt, laudantes et Deum benedicentes, quod de sanguine regum Francorum salvatorem et liberatorem Sancte Terre suscitaverat[1].

89. — Anno Domini MCXCIII, pridie idus aprilis, Philippus rex collecto exercitu cepit Gisortium[2], et, brevi temporis elapso spatio, totum Vulcassinum Normannicum quod rex Anglie injuste possidebat, in suam redegit potestatem. Subacto Gisortio et tota marchia Normannie in suam potestatem reducta[3], Philippus rex restituit Beato Dionysio Novum Castellum quod rex Anglie Henricus injuste per violentiam longo tempore detinuerat, deinde Richardus filius ejus.

90. — Eo tempore Salahadinus rex Syrie et Egypti apud Damascum obiit; cui successerunt duo filii ejus, unus nomine Zafadinus super Syriam, alius vero nomine Meralitius super Egyptum[4].

1. L'élection du comte Henri de Champagne et son mariage avaient eu lieu en mai 1192 et non après le départ de Richard, ainsi que Rigord le donne à entendre (*Itinerar.*, 348. — R. de Dicet, II, 104).

2. Les châteaux de Gisors et de Neaufle-Saint-Martin furent livrés à Ph.-Aug. le 12 avril 1193 par Gilbert de *Wascoil* qui en avait la garde (R. de Hoveden, III, 206. — R. de Coggeshall, 61. — *Annales Waverleienses*, éd. Luard, p. 249).

3. *totam marchiam N. i. s. p. reductam* P.

4. Saladin mourut le 27 safar 589 (4 mars 1193). *Meralitius* désigne Malek-el-Aziz-Othman. Quant à Saphadin (Malek-el-Adel-Seifeddin-Aboubekr), il était non pas le fils, mais le frère de Sala-

91. — Eodem anno, in festo Beati Dionysii, quidam puerulus subito mortuus a parentibus suis ad ecclesiam beatissimi martyris Dionysii devotissime deportatus est; quem super altare ante corpora Sanctorum ponentes, et cum lacrymis et suspiriis, « *Sancte Dionysi adjuva nos* » clamantes, meritis sanctorum martyrum et intercessionibus a Domino coram universo populo resuscitatus est.

92. — Iisdem[1] temporibus Philippus rex misit Stephanum Noviomensem episcopum, virum venerabilem, ad Kanutum regem Danorum, rogans eum et deprecans quod unam de sororibus suis, quam ipse legitimam haberet uxorem, ei mittere dignaretur. Quo audito, rex Danorum Kanutus gratanter accepit, et Ingeburgem sororem suam pulcherrimam, puellam sanctam et bonis moribus ornatam, nunciis regis Francorum tradidit et muneribus suis honoravit; et accepta licentia, ventis et mari se committentes, apud Atrebatum[2] venerunt, ubi rex Francorum Philippus cum episcopis et regni proceribus cum maximo accurrens gaudio, Ingeburgem diu desideratam in legitimam duxit uxorem et in reginam Francorum coronari fecit. Sed mirum! eodem die, instigante diabolo, ipse rex, quibusdam, ut dicitur, maleficiis per sorciarias impeditus, uxorem tam longo tempore cupitam, exosam

---

diu. Comme ce n'est qu'en 1196 qu'il détrôna son neveu Malek-el-Afdhal qui avait hérité de la Syrie, nous avons ici une indication de la date à laquelle écrivait Rigord.

1. *Hisdem* P.

2. Ce n'est pas à Arras, mais à Amiens que Philippe épousa Ingeburge, le 14 août 1193. Pour tout ce qui touche à l'histoire de cette malheureuse princesse, voy. le mémoire de H. Géraud inséré dans la *Bibl. de l'Éc. des chartes*, année 1844, p. 3.

habere cepit; et, paucis revolutis diebus, linea consanguinitatis per Carolum comitem Flandrensium ab episcopis et baronibus computata, per censuram ecclesiasticam hujusmodi matrimonium est separatum[1]. Regina tamen Ingeburgis, ad Danos redire nolens, in partibus Galliarum in locis religiosis manere decrevit, malens continentiam conjugalem cum orationibus toto tempore vite sue servare, quam, alteri juncta, prima matrimonii federa maculare. Sed quia hujusmodi matrimonium injuste dicebatur fuisse dissolutum, Romanus pontifex Celestinus ad conquestionem Danorum misit legatos suos in Franciam, Meliorem scilicet presbyterum cardinalem et Cencium subdiaconum; qui Parisius venientes, convocaverunt concilium omnium archiepiscoporum et episcoporum, necnon abbatum totius regni, in quo tractaverunt de reformando matrimonio inter Philippum regem et uxorem ejus Ingeburgem[2]. Sed quia facti sunt canes muti non valentes latrare, timentes etiam pelli sue, nihil ad perfectum deduxerunt.

93. — Eodem anno quarto idus novembris, fuit eclipsis Lune universalis prima hora noctis et duravit per duas horas.

Eodem anno quidam arreptitius in ecclesia beatissimi martyris Dionysii miraculose curatus est.

94. — Superveniente vero mense februario, Philippus rex, collecto exercitu, iterum intravit Norman-

---

1. Cette séparation fut prononcée à Compiègne, le 5 novembre 1193. (Géraud, loc. citat., 11.)

2. Ce concile se réunit le 7 mai 1196 (Géraud, loc. cit., 18). C'est encore une nouvelle indication de l'époque où ces lignes furent écrites.

niam et civitatem Ebroïcum cepit et Novum Burgum et Vallem Ruolii, et multas munitiones alias fortissimas sibi subjecit, et quamplures destruxit, et multos milites cepit, et Rotomagum obsedit[1]. Sed, considerata loci munitione et damno suorum, videns quod nihil ibi proficeret, nimio furore succensus, combustis petrariis et mangonellis[2] suis et aliis ingeniis, recessit. Tandem sacro tempore quadragesime superveniente, a bello quievit; et tunc Joannes frater regis Anglie qui Sine-Terra cognominatur, regi Francorum Philippo confederatus est in dolo; quod rei exitus manifestius postea declaravit[3].

95. — Anno Domini MCXCIV, Michael decanus Parisiensis electus est in patriarcham Hierosolymitanum; sed Domino aliter ordinante revolutis XV diebus, iterum a clero Senonensi electus est in archiepiscopum, assensu regis Philippi et totius populi ejusdem civitatis, VIII kalendas maii sequentis in archiepiscopum consecratus[4]. Qualis et quantus in regendis scholis Parisius, et in largiendis eleemosynis et aliis pluribus bonis ante archiepiscopatum floruerit, non est nostre facultatis evolvere.

1. La démonstration de Ph.-Aug. devant Rouen eut lieu en mai 1193. Cette ville était défendue par Robert, comte de Leicester, qui fut fait prisonnier l'année suivante. Cf. *Chron. Rotomag.*, ap. Brial, XVII, 358. *Ann. Aquicinct.*, ib., 546. Gilbert de Mons. M. G. XXI, 583. R. de Coggeshall, 62. Gerv. de Cantorbéry, I, 515. R. de Hoveden, III, 207.

2. *manganellis* P.

3. Le traité d'alliance entre Jean sans Terre et Phil.-Aug. fut conclu à Paris en janvier 1194 (*Cat.*, 411). Le carême ne commençait cette année que le 23 février.

4. Michel de Corbeil, consacré le 24 avril 1194, mourut le 28 décembre 1199.

Eodem anno, puerulus trium annorum de Curtenova, forte in aquis extinctus, per preces et merita beatissimi martyris Dionysii resuscitatus est.

96. — Revolutis autem tribus mensibus, VI idus maii, Philippus rex iterum collecto exercitu Normanniam intravit et Vernolium obsedit; et revolutis tribus hebdomadibus, parte murorum destructa, supervenit nuncius dicens quod civitas Ebroïca, quam ipse rex munitam tenebat, a Normannis capta fuerat, et milites regis ibidem capti, et plures quam turpiter decapitati; quo audito, turbatus rex, nimioque furore succensus, ab obsidione recessit; et fugatis Normannis ipsam funditus evertit, necnon et ipsas ecclesias Dei in spiritu vehementi contrivit. Videns autem exercitus qui in obsidio remanserat, regis absentiam et inimicorum instantiam, subito collectis papilionibus et tentoriis, relictis ibidem in maxima parte victualibus, recesserunt et secuti sunt regem. Obsessi autem exeuntes, de victualibus Francorum et spoliis ex festinantia dimissis ditati sunt[1].

97. — Eodem anno, XVII kalendas julii, Guillelmus comes Lecestrie, vir fortis et magnanimus, a rege Philippo captus est[2] et Stampis in carcere positus. Interim rex Anglie cum exercitu suo Lochas cepit[3], et canonicos Sancti Martini Turonensis ejecit, et res eorum violenter abstulit[4] et multa mala in partibus illis ecclesiis Dei intulit.

1. C'est le 28 mai 1194 que Philippe leva le siège de Verneuil (R. de Hoveden, III, 252. — R. de Dicet, II, 115).
2. 15 juin 1194 (R. de Hoveden, III, 254). — Le comte de Leicester s'appelait Robert et non Guillaume. Cf. ib., 278.
3. 13 juin (R. de Hoveden, III, 253. — R. de Dicet, II, 117).
4. 11 juin (*Chron. Turonense*, ap. D. Brial, XVIII, 293). —

98. — Eodem anno in pago Belvacensi, inter Clarummontem et Compennium, tante pluvie cum tonitruis et fulminibus et tempestatibus facte sunt, quantas nulla hominum antiquitas memorat. Lapides enim ad quantitatem ovorum quadranguli vel trianguli, mixtim cum pluvia de celo cadentes, arbores fructiferas, vineas et segetes penitus destruxerunt. Ville etiam in plerisque locis destructe sunt a fulminibus et combuste. Corvi etiam quamplures cum hujusmodi tempestate visi sunt in aere, de loco ad locum volantes, et cum rostris suis vivos carbones portantes et domos incendentes. Utriusque sexus homines ictu fulminum interierunt, quod ingens miraculum cernentibus prebuit, et multa alia horrenda ea die monstrata sunt. Prodigiosa equidem res multum terrere debet et homines a vitiis coercere.

Eodem die in episcopatu Laudunensi, castrum scilicet Calvum Montem a fulminibus destructum audivimus.

Eodem anno, ecclesia beate Marie Carnotensis incendio conflagravit.

Eodem anno, quidam homo Virsionensis, per preces beati Dionysii, de carcere liberatus est apud Rothomagum.

99. — Rex autem Francorum Philippus, audito quod rex Anglie clericos de ecclesia Sancti Martini Turonensis ejecerat et rebus exspoliaverat, versa vice cepit omnes ecclesias que erant in terra sua, pertinentes ad episcopatus vel ad abbatias que erant sub

Richard avait levé à Tours une contribution de 2000 marcs « exeniorum nomine suscepit, nulla coactione premissa » (R. de Dicet, II, 117).

potestate regis Anglie, et instinctu quorumdam pravorum hominum, monachos vel clericos ibidem Deo famulantes ejecit, et reditus eorum ad usus proprios transtulit, necnon proprias ecclesias in regno suo existentes gravibus exactionibus vehementer oppressit et insolitis. Thesauros etiam multos in diversis locis congessit, expensa modica contentus, dicens quod predecessores sui Francorum reges pauperes existentes, tempore necessitatis stipendiariis militibus nihil ministrantes, ingruentibus bellis regni diminutionem passi fuerant non modicam. Principalis tamen intentio ipsius regis erat, in thesaurorum congregatione, sancte terre Hierosolymitane a paganis liberatio, et christianorum restitutio, et regni Francorum ab inimicis strenua defensio; licet quidam minus discreti, regis ignorantes propositum et voluntatem, ambitionem et nimiam ei avaritiam objicerent. Sed quia tempus colligendi et tempus spargendi quod collectum est a sapientibus didicerat, nacta opportunitate multum collegit, ut tempore necessitatis pluribus plurimum spargeret; quod in munitionibus civitatum et murorum reparationibus, et castellorum edificationibus inumeris manifestissime declaratur.

100. — Postmodum rex Philippus transitum cum exercitu faciens per terram comitis Ludovici, rex Anglie ex improviso de nemoribus egressus, militum caterva armatorum stipatus non modica, sagmarios regis Philippi cum denariis et argento multo et varia supellectile[1] potenter abduxit[2]. Sed dum hec ageban-

---

1. *supellectili* P.
2. On voit en quels termes vagues Rigord raconte la déroute de

tur in terra comitis Blesensis Ludovici, Johannes Sine-Terra et comes de Arundello cum exercitu suo et civibus Rothomagensibus obsederunt Vallem-Ruolii quam rex Philippus munitam tenebat. Sed revolutis VII diebus, Philippus rex cum paucis balistariis nocte superveniens, illucescente aurora diei, castra eorum irrupit. Normanni vero, festinatam arripientes fugam, in nemoribus se receperunt, relictis petrariis suis et mangonellis[1] et aliis belli apparamentis, cum sufficienti victualium copia. Nonnulli de Normannis fugientes in bello interfecti sunt et plures capti et redempti.

101. — Eodem anno Henricus imperator totam Apuliam et Calabriam et Siciliam, que jure hereditario ex parte uxoris eum contingebant, suo subjugavit imperio.

Eodem anno Raimundus comes Tolose[2] obiit cui successit filius ejus Raimundus, regis Francorum consanguineus ex Constantia sorore Ludovici regis.

Aeris insolita commotio, turbines, tempestates, grandines, vineas et messes destruxerunt; unde in sequenti anno fames valida secuta est.

102. — Anno Domini MCXCV, mense julio, reddite sunt treuge a rege Anglie[3], et guerra denuo incepta; et tunc Philippus rex Vallem-Ruolii quam munitam

---

Fréteval. On trouvera des détails dans R. de Hoveden (III, 255, 256). D'après R. de Dicet (II, 118) qui compte trente-sept jours entre la retraite de Verneuil et la fuite de Philippe à Fréteval, cette surprise aurait eu lieu le 3 juillet 1194.

1. *mangonellis* P.
2. *Tolese* P.
3. Cette trêve avait été conclue le 23 juillet de l'année précédente, entre Verneuil et Tillières (*Cat.*, 424).

tenebat, funditus evertit[1]. Et paucis revolutis diebus, scilicet XIII kalendas septembris, sororem suam A. quam rex Anglie Richardus remiserat, comiti de Pontivo in uxorem dedit[2].

103. — Eo tempore rex Moabitarum Hemir-Momelin, id est *rex credentium*[3], cum innumerabili Moabitarum multitudine armatorum Hispanias intravit, et terras christianorum vastavit. Cui Hildefonsus rex Castelle cum multitudine armatorum occurrit, et pugna commissa victus ab eis, cum paucis christianis evasit; in quo bello plus quam L millia christianorum cesa fuisse dicuntur. Hoc infortunium christianis accidit, quia rex Hildefonsus milites suos graviter opprimebat et rusticos potenter sublimabat. Hac de causa militibus aporiatis, equos et arma non habentibus, rustici, usum armorum non habentes, terga dederunt in fugam celerem conversi, Moabitis a tergo insistentibus et miserabili cede cedentibus.

104. — Dum hec autem in Hispania gerebantur, Richardus rex Anglie, collecto undecumque exercitu, castrum quod Archas vocant, quod rex Francorum munitum tenebat, obsedit. Sed, paucis diebus effluxis, rex Francorum cum sexcentis electis militibus Francigenis superveniens, omnes Normannos fugavit, et villam que Deppa vocatur, destruxit, et homines abduxit, et naves eorum combussit[4]. Revertente vero rege Philippo cum suis, et transitum juxta nemora

---

1. Cf. sur la destruction du Vaudreuil et les événements qui l'ont précédée, R. de Hoveden, III, 301.
2. Ibid., 303. — *Cat.*, 453 et 501.
3. Ces quatre derniers mots sont ajoutés en interligne.
4. 10 novembre 1195 (R. de Hoveden, III, 304).

faciente, que vulgus forestas vocat, rex Anglie, ex improviso de forestis illis cum suis egressus, quosdam extremi agminis interfecit.

Merchaderius, tunc dux Cotarellorum existens, cum suis in pago Bituricensi suburbium Eisolduni destruxit, et ipsam munitionem cepit, et de suis ad opus regis Anglie munivit; et post paululum, datis induciis, uterque rex a bello quievit.

105. — Eo anno, tanta intemperies aeris facta est inundantibus pluviis, quod segetes, antequam temporibus suis colligi possent, in ipsis spicis et folliculis germinaverunt. Unde cum ex precedentis anni aeris insolita commotione, tum ex subsequentis immoderata imbrium effusione tanta temporis avaritia secuta est, quod sextarius frumenti Parisius pro XVI solidis vendebatur, hordei pro X solidis, mixture pro XIII solidis aut XIIII, sextarius salis pro XL solidis. Hac igitur de causa rex Philippus motus pietate, largiores elemosynas de suo pauperibus erogandas precepit, et episcopos et abbates et universum populum ad idem faciendum per litteras suas affectuose commonuit. Conventus vero Beati Dionysii omne argentum quod pre manibus habere potuit pauperibus erogavit.

106. — Eodem anno etiam[1] sacerdos quidam Fulco nomine[2] in Galliis predicare cepit; per cujus predicationem et frequentem populis admonitionem, multi ab usuris sunt revocati, pauperibus christianis usuras restituentes.

107. — Sequenti mense novembri, termino transacto, reddite sunt treuge, et guerra inter duos reges

---

1. *et* P.
2. Foulques, curé de Neuilly.

iterum incepta. Philippus vero rex collegit exercitum in pago Bituricensi juxta Eisoldunum, rege Anglie cum exercitu suo existente ex opposita parte. Dum autem uterque exercitus ad pugnandum promptius armis accingeretur, contra omnium hominum ibi existentium opinionem, Domino miraculose operante qui mutat quando vult consilia regum et cogitationes populorum dissipat, factum est quod rex Anglie, armis depositis, cum paucis de suis ad regem Francorum quantocius pervenit. Ubi coram omnibus, pro ducatu Normannie et comitatu Pictavensium et Andegavensium, hominium regi Philippo fecit et deinceps de pace servanda uterque rex in eodem loco juramentum prestitit, et de reliquo in octavas[1] Epiphanie inter Vallem-Ruolii et castrum Gaallonii, ab ipsis regibus de pace consummanda et confirmanda colloquium fuit institutum; et sic utriusque exercitus ad propria cum gaudio remeavit[2]. Rex vero Philippus, non immemor patroni et defensoris beati Dionysii, quam citius potuit ad ecclesiam beatissimi martyris properavit, ubi, pro gratiarum actione Deo et beatis martyribus, pallium sericum pretiosum in pignus caritatis humiliter super altare obtulit.

108. — Superveniente vero mense januario, xv die ejusdem mensis, convocatis utrinque archiepiscopis, episcopis et baronibus in loco jam dicto, pax inter duos reges firmissime reformata est, et juramentis et

---

1. *Octabas* P.
2. Cette trêve fut conclue le 5 décembre 1195. Telle est la date que donnent les traités définitifs conclus le 15 janvier suivant et auxquels nous renvoyons dans la note suivante. Voy. aussi R. de Hoveden (III, 305) et *Cat.*, 462.

obsidibus ab utraque parte prestitis confirmata, sicut in authentico utriusque continetur instrumento[1].

109. — Anno Domini MCXCVI, mense martio, subita et nimia aquarum et fluminum inundatio facta est, quod pluribus in locis villas destruxit, et homines in eisdem habitantes extinxit et pontes fluvii Sequane confregit[2]. Videntes autem clerus et populus Domini comminantis prodigia in celo sursum, et signa in terra deorsum, timentes denuo cataclysmum, plebs fidelis Deo devota cum gemitibus et lacrymosis suspiriis, et jugi jejuniorum et precum instantia, clamaverunt ad Dominum, processiones nudis pedibus facientes, ut correctis parceret et ab eis iracundie sue flagella clementer averteret, et ipsos per penitentiam et congruam satisfactionem misericorditer exaudire dignaretur. Processiones autem istas Philippus rex quasi unus e populo cum lacrymis et suspiriis humiliter sequebatur. Sacer vero conventus Beati Dionysii portans secum clavum Domini et spineam coronam et sancti senis Simeonis brachium, cum lacrymis et suspiriis clamantes ad Dominum benedicebant aquis in modum crucis, dicentes : « Per hec signa sue sancte passionis reducat Dominus aquas istas ad locum suum, » et paucis revolutis diebus, Domino placato, reverse sunt aque ad alveum suum.

110. — Eodem anno, mense maio, Johannes, prior ecclesie Beati Dionysii factus est abbas Corbeie.

---

1. Voy. *Cat.*, 463 et 464, R. de Hoveden (IV, 2), et la très curieuse lettre de l'archevêque de Rouen à Raoul de Dicet, insérée par celui-ci dans sa chronique (II, 135).

2. Suivant R. de Dicet, cette inondation aurait contraint Phil.-Aug. à se réfugier à Sainte-Geneviève (II, 142).

111. — Eodem anno, mense junio, Baldoinus comes Flandrie fecit hominium regi Philippo apud Compenium, adstantibus Guillelmo Remensi archiepiscopo et M. Campanie comitissa et multis aliis[1].

112. — Eodem anno et eodem mense, Philippus rex duxit uxorem nomine Mariam[2], filiam ducis Meranie et Bohemie, marchionisque Hystrie.

113. — Posthec brevi temporis elapso spatio[3], Richardus rex Anglie, postpositis juramentis et pactionibus jamdictis, Philippum regem Francorum bello aggressus est; qui in agro Bituricensi castrum Virsonis in dolo cepit et funditus evertit[4]. Juraverat enim domino Virsonis quod non ei noceret; qua de causa rex, collecto exercitu, castrum quod dicitur Aubamala potenter obsedit. Dum autem rex Philippus ibi moram faceret, rex Anglie in dolo et sub proditione castellum quod Nonencort[5] vocant, data pecunia militibus ipsum custodientibus, recepit; et positis ibi militibus et balistariis cum sufficienti copia victualium et armorum, contra regem cum suis Normannis et Cotarellis reversus est. Rex autem Francorum, erectis in circuitu castri predicti petrariis suis et mangonellis[6], per vii hebdomadas et eo amplius viriliter impugnavit. Viri

---

1. Cf. *Cat.*, 497, 498.
2. On sait que le véritable nom de cette princesse était Agnès. Voy. *Layettes du Trésor des chartes,* t. I, n° 625 et seq.
3. Les hostilités commencèrent quelques jours après la Pentecôte (9 juin) de 1196. — Guill. de Newburgh. ap. D. Brial, XVIII, 53. Gerv. de Cantorbéry, I, 532.
4. R. de Hoveden (IV, 4-5) ne parle pas de la prise de Vierzon et met la rupture de la trêve sur le compte de Ph.-Aug.
5. *Norencort* P.
6. *manganellis* P.

autem interiores, strenui defensores, versa vice Francos potenter repellebant, et stragem aliquando de ipsis non modicam faciebant. Quadam die rex Anglie cum suis impetum faciens in hostes, supervenientibus Francis terga dedit. Fugiente vero rege Anglie, captus est Guido de Toarz, vir in armis strenuus et acer in hostes, cum quibusdam aliis militibus. Reversi vero Franci ad obsidium, predictum castrum die ac nocte acrius ceperunt impugnare. Tandem fracta turre cum petrariis et mangonellis, et muris confractis, viri bellatores interiores[1] dederunt regi Philippo summam argenti, taxata pactione quod salvis corporibus suis et averis et equis et armis, cum pace recederent; quod factum quidam de Francis, ignorantes regis propositum et voluntatem, perperam esse dicebant. Ipsis egressis et usque ad suos cum rebus suis secure conductis, Philippus rex prenominatum castrum solo tenus destruxit. Tandem Gisortium veniens, revolutis paucis diebus, Nonencort[2] obsedit; et erectis in circuitu machinis die ac nocte viriliter impugnans, satis brevi mora transacta, sepe nominatum castellum mirabili pugna cum xv militibus et xviii balistariis et multis aliis ibidem captis, et sufficienti victualium copia, cepit et comiti Roberto[3] custodiendum tradidit.

114. — Eodem anno, iii idus septembris, Mauricius venerande memorie Parisiorum episcopus, pater pauperum et orphanorum, feliciter migravit ad Dominum. Hic inter innumera bona que fecit, quatuor abbatias fundavit et propriis sumptibus devotissime

1. *interioriores* P.
2. *Norencort* P.
3. Robert II, comte de Dreux.

dotavit, videlicet Herivallem, Hermerias, Hederam, Gif et alia quamplura que longum esset hic ponere. In fine tandem quicquid in re mancipi habuit, pauperibus erogavit; et quia resurrectionem corporum, de qua multos peritos tempore suo hesitantes audierat, firmissime credebat, cupiens illos ab incredulitate sua etiam moriens revocare, rotulum scribi mandavit, hujusmodi scripturam continentem : *Credo quod Redemptor meus vivit, et in novissimo die de terra surrecturus sum, et in carne mea videbo Salvatorem meum, quem visurus sum ego ipse, et non alius, et oculi mei conspecturi sunt. Reposita est hec spes mea in sinu meo*[1]. Hunc rotulum in extremis agens super suum pectus extensum a fidelibus suis et familiaribus poni precepit, ut omnes viri litterati ad ejus sepulturam in die obitus sui convenientes, et hanc sanctam scripturam legentes, firmissime communem omnium corporum resurrectionem crederent, et deinceps nullatenus dubitarent. Huic successit Odo natione Soliacensis, frater Henrici Bituricensis archiepiscopi, longe a predecessore moribus et vita dissimilis[2].

115. — Anno Domini MCXCVII, Baldoinus comes Flandrensis, a fidelitate regis Francorum manifeste recedens, regi Anglie Richardo confederatus est, et regem etiam Francorum et terram ipsius graviter persecutus est[3]. Similiter et Rainaldus filius comitis

---

1. Job., XIX, 25.
2. On ne s'explique pas la sévérité de Rigord pour Eudes de Sully. Cf. Robert Abolant ap. D. Brial, XVIII, 262 et 275.
3. On peut voir dans Rymer (*Fœdera*, I, 67, 68) le texte du traité conclu entre Richard et le comte de Flandre. — R. de Hoveden raconte (IV, 20-21) que Ph.-Aug., s'étant porté au secours d'Arras,

Domni-Martini regi Anglie confederatus est, cui ex maximo amore et familiaritate comitissam Bolonie cum suo comitatu in uxorem dederat rex Francorum[1]; sed instigante diabolo, spreto hominio, ruptis pactionibus et juramentis, dominum suum regem Francorum bello aggressus est; et, adjunctis sibi Cotarellis et aliis regni Francorum inimicis, terras vastavit et predas duxit et multa mala regno Francorum intulit.

116. — Eodem anno, nono kalendas novembris, feria VI, obiit Hugo Fulqualdi abbas beati Dionysii, hora diei tertia; cui successit Hugo Mediolanensis, prior Sancte Marie de Argentolio.

117. — Eodem anno, Henricus Romanorum imperator obiit, qui eo tempore per tyrannidem suam Siciliam sibi subjugaverat, et multos viros magnos et nobiles ibidem peremerat, et contra religionem christianam archiepiscopos et episcopos trucidaverat. Contra ecclesiam Romanam, sicut et predecessores sui, semper tyrannidem exercuerat; qua de causa Innocentius papa III in promotione Philippi fratris sui adversarius fuit, et omnes fautores ejus excommunicavit, et Othoni filio ducis Saxonie viriliter adhesit, et Aquisgrani in regem Germanie coronari fecit.

---

aurait, serré de près par Baudouin, accepté une entrevue avec le roi d'Angleterre pour le 17 septembre et fait de grandes promesses au comte, promesses qu'il aurait oubliées une fois en sûreté. Ce qui est certain, c'est qu'on conclut une trêve d'un an à partir de la Saint-Hilaire avec l'intention de s'entendre pendant ce délai pour une paix définitive (*Ibid.*, 24). — Richard s'était encore gagné l'alliance de Raymond VI, comte de Toulouse, et de beaucoup de seigneurs champenois et bretons (*Ibid.*, 19).

1. Cf. *Cat.*, 352, 353. — Renaud s'était engagé en juin 1196 à aider Ph.-Aug. envers et contre tous (*Cat.*, 499).

118. — Temporibus istis Henricus comes Trecensis, qui in terra transmarina, post reditum duorum regum, rex Hierosolymitanus constitutus fuerat apud Achon obiit; cui in comitatu Trecensi successit Theobaldus frater ejus.

119. — Eodem anno, VI idus januarii, Celestinus papa III migravit ad Dominum; cui successit natione Romanus, Innocentius III, qui prius Lotharius vocabatur.

Eodem anno, obiit Maria illustris Trecensis comitissa, soror Philippi regis Francorum ex parte patris et soror Richardi regis Anglorum ex parte matris, mense martio, mater duorum predictorum, videlicet Henrici regis Hierosolymitani et Theobaldi comitis Trecensis.

120. — Eodem anno, scilicet a principio predicationis Fulconis sacerdotis anno tertio, dominus Jesus Christus multa miracula per predictum sacerdotem operari cepit; cecis visum, surdis auditum, mutis loquelam, claudis gressum, per orationem et manus ipsius sacerdotis impositionem restituit, et alia multa que longum esset hic ponere, que pretermittimus propter hominum nimiam incredulitatem.

Anno Domini MCXCVIII, sepedictus Fulco alium sibi sacerdotem nomine Petrum de Rossiaco, de eodem episcopatu Parisiensi, ad officium predicationis associavit, virum scilicet litteratum, et, ut nobis videbatur, spiritu Dei plenum. Qui singulis diebus predicationi insistens divine, multos a peccato usurarum retraxit, et a furore libidinis infinitos revocavit. Mulieres etiam in prostibulis manentes, et omnibus transeuntibus, sine delectu persone, pro vili pretio et sine rubore se exponentes, ad continentiam conjugalem procreavit. Alie vero conjugium respuentes, et soli Deo devote servire cupientes, sumpto regulari habitu in nova abbatia Sancti Antonii Parisius, que causa illarum eo tempore fundata fuit, collocate sunt; alie vero diversis peregrinationibus et laboribus, nudis pedibus incedentes, se exposuerunt. Sed qui scire desiderat qua intentione quisque predicaverit, finem attendat; quia finis intentiones hominum manifestissime declarat; affectus tuus operi tuo finem imponit. Preter hos duos, Herloinus monachus Beati Dionysii Parisiensis, vir in sacris litteris eruditus, vicis marinam Britanniam predicavit; per cujus ministerium et predicationis officium, Britonum innumera multitudo cruces de manu ejus assumpserunt, et subito [pre] aliis peregrinis mari transito, apud Achon ductore monacho jam dicto pervenerunt; sed ibi in multis partibus divisi, rectorem non habentes, nihil ad perfectum duxerunt.

121. — Hoc anno infinite novitates apparuerunt. Apud Roseum in Bria, in sacrificio altaris, vinum visibiliter mutatum est in sanguinem, et panis in carnem. In Vermendesio, miles quidam qui mortuus fuerat, revixit et multa futura multis postmodum predixit, et postea sine cibo et potu longo tempore vixit. In Gallia, circa festum Sancti Johannis Baptiste, in nocte, ros de celo cadens mellitus spicas segetum infecit, ita quod multi spicas in ore ponentes, saporem mellis manifestissime percipiebant. Orta tempestate, fulmen Parisius quemdam hominem interfecit et grando subita quibusdam in locis segetes lesit et vineas. Et paucis revolutis diebus, mense julio, iterum facta est tempestas valida, ita quod a Tremblaco usque ad Kalam monasterium

et circa loca adjacentia, segetes, vineas et nemora penitus destruxit. Lapides enim visi sunt de celo cadere ad quantitatem nucum majorum, et in quibusdam locis ad quantitatem ovorum, et etiam, fama referente, majores. Rumor popularis Antichristum in Babylonia natum esse dicebat, et finem mundi imminere. His tribus precedentibus annis, egra seges victum hominibus negavit, ex nimia pluviarum inundatione, et ad temporis avaritiam Franciam subduxit.

122. — Eodem anno, mense julio, Philippus rex, contra omnium hominum opinionem ipsiusque regis edictum, Judeos Parisius reduxit[1], et ecclesias Dei graviter [est][2] persecutus; qua de causa, sequenti mense septembri, vigilia scilicet sancti Michaelis, pena secuta est. Rex enim Anglie ex improviso, rege Francorum imparato, cum mille quingentis militibus armatis, et Cotarellis multis, et infinita peditum armatorum multitudine, Vulcassinum circa Gisortium vastavit, et munitionem quamdam quam Corcellas vocant, destruxit, et plures villas campestres igne combussit et predas earum abduxit. Rex vero Philippus, nimia inflammatus ira, cum quingentis militibus tantum ad castrum Gisortium transire cupiebat; sed, hostibus impedientibus, facilis ei transitus non patebat. Quo viso, magnanimitatem animi audacia superans, per medias acies hostium furibundus irruptionem faciens, et cum paucis militibus contra hostes viriliter pugnans, per Dei misericordiam sanus evasit, et usque Gisortium pervenit, multis de militibus suis captis, aliisque

---

1. Cf. Robert Abolant ap. D. Brial, XVIII, 263.
2. Ce mot manque dans le ms.

fugatis. In illa vero confectura capti fuerunt viri nominati Alanus de Ruciaco, Matheus[1] de Marli, Guillelmus de Merloto juvenis, Philippus de Nantolio et alii plures quorum nomina ex nimia animi turbatione scribere noluimus[2]; et sic rex Anglie hac vice cum triumpho recessit et predas divisit.

123. — Rex vero Francorum nimis sollicitus circa ea que facta fuerant, non reducens ad memoriam Dei offensam, exercitum collegit; et Normanniam ingressus, eam vastavit usque ad Novum Burgum et usque ad Pulchrum-Montem-Rogerii, et magnas predas duxit; et statim exercitum dimisit[3], ita quod unusquisque ad propria remeavit; quod minus caute actum plurimi judicaverunt. Quo audito, rex Anglie, paucis diebus secutis, cum suis Cotarellis quibus preerat Marchaderius, de pago Belvacensi et de Vulcassino magnas predas duxit; episcopum vero ipsius civitatis, virum in armis strenuum et Guillelmum de Merloto, ut predas ab eo excuterent acriter insequentes, positis insidiis

---

1. *Mathias* P. — Matthieu de Montmorency, seigneur de Marly, de qui il a été fait mention plus haut. Ce seigneur avait été, ainsi qu'Alain de Roucy, désarçonné de la main de Richard Cœur-de-Lion (R. de Hoveden, IV, 56, 58).

2. Cette phrase, qu'on s'explique difficilement sous la plume de Rigord, semble indiquer que le chroniqueur fait ici un emprunt à quelque lettre écrite par un témoin. — Cette bataille eut lieu le 28 septembre 1198. Dans la déroute, Ph.-Aug. faillit se noyer en se réfugiant à Gisors. Voy. R. de Hoveden (IV, 56) qui donne la liste des captifs ainsi que beaucoup de détails empruntés à une lettre de Richard à l'évêque de Durham, lettre qu'il reproduit (p. 58). On trouve une lettre identique adressée à l'évêque d'Ely, chancelier d'Angleterre, dans R. de Coggeshall (83). Voy. aussi R. de Dicet (II, 164) et Geoffroi de Cantorbéry (II, 574).

3. *divisit* P.

cepit et longo tempore carceri mancipavit. Comes autem Flandrie eo tempore Sanctum Hotmarum cepit[1].

124. — Philippus dux Suevie, frater imperatoris Henrici, maximam partem imperii obtinuit. Contra quem Otto ducis Saxonie filius, habens coadjutorem regem Anglie Richardum avunculum suum, comitemque Flandrensem et archiepiscopum Coloniensem, Aquisgrani in regem Germanie fuit coronatus[2]. Rex autem Francorum Philippus jam dicto Philippo regi Alemannie ducique Suevie confederatus est, sperans per eum comitem Flandrie sibi subjicere et regi Anglie facilius posse resistere[3].

125. — Dum hec agerentur, Innocentius papa III misit in Franciam legatum Petrum Capuensem, Sancte Marie in Via Lata[4] diaconum cardinalem, ad reformandam pacem inter Philippum regem Francorum et regem Anglie Richardum. Veniens autem in Franciam vir

1. Le récit de ces événements devrait être reporté plus haut. En effet, la prise de l'évêque de Beauvais par Mercadier eut lieu le lundi 19 mai 1197. Cf. R. de Dicet (II, 152) et Gervais de Cantorbéry (I, 574); R. de Hoveden (IV, 16) se trompe en la plaçant en 1196. On peut voir aussi dans cet auteur la lettre adressée par l'évêque à Célestin III (p. 21). Quant à la réponse du pape, elle est fausse (Jaffé, CCCCXXI). Enfin M. Wattenbach a publié dans le *Neues Archiv* (VI, 183) trois curieuses lettres relatives à ces événements, d'après un épistolaire de Hildesheim. — Quant au siège de Saint-Omer, il dura du 6 septembre au 4 octobre 1198. Cf. *Chron. Andrensis mon.* ap. D. Brial, XVIII, 572. *Ann. Aquicinct.*, ibid., 559. R. de Hoveden, IV, 55. R. de Dicet, II, 163. R. de Coggeshall, 83.

2. *coronaverunt* P.

3. Le traité d'alliance entre le roi de France et Philippe de Souabe fut conclu le 29 juin 1198 (*Cat.*, 535).

4. *Vialam* P. — Voy. les lettres d'Innocent III relatives à la mission de Pierre de Capoue dans Potthast, *Regesta*, 348, 351, 360.

venerandus circa Nativitatem Domini, pacem que nimis deformata videbatur, reformare non potuit ; sed fide duorum regum interposita, quinquennes treugas ab ipsis accepit, quas nunquam per obsides, dolis regis Anglie intervenientibus, confirmare potuit[1].

Gesta decimi noni[2] *anni.*

126. — Anno Domini MCXCIX, VI idus aprilis[3], Richardus rex Anglie juxta Lemovicam civitatem graviter vulneratus occubuit. Obsederat enim castrum quoddam quod Castrum Lucii[4] de Capreolo Lemovicenses vocant, hebdomada Passionis Dominice, occasione cujusdam thesauri a quodam milite ibidem inventi, quod ex nimia ambitione a vicecomite Lemovicensi instantissime sibi reddi petebat. Miles enim qui thesaurum invenerat, ad ipsum vicecomitem confugerat. Dum vero rex in obsidione castri moram faceret, et per singulos dies ipsum castrum viriliter impugnaret, balistarius quidam ex improviso, quarello transmisso, regi Anglie lethale vulnus intulit, et, paucis revolutis diebus, viam universe carnis ingressus est. Sepultus vero quiescit apud Fontem Ebrardi, in qua-

1. Le ms. porte *confirmare non potuit*, ce qui n'a pas de sens. — Une première trêve, qui devait durer jusqu'à la Saint-Hilaire, fut conclue en novembre 1198. C'est à l'expiration de celle-ci (14 janvier 1199) qu'une trêve de cinq ans fut de nouveau conclue par l'intermédiaire du légat, entre les Andelys et Vernon (R. de Hoveden, IV, 68, 80. — Lettres d'Innocent III dans Potthast, 645, 651, 653).

2. Corr. *vigesimi*.

3. Il faudrait *VIII idus*, car Richard mourut le 6 et non le 8 avril 1199. Pâques tombant le 18 avril en 1199, on voit que Rigord ne suit pas le *mos Gallicanus*.

4. *Calidum Lucium* corrigé en *Castrum Lucii* P.

dam abbatia monialium, juxta patrem suum. Thesaurus enim predictus, ut ferebatur, fuerat imperator quidam de auro purissimo, cum uxore et filiis et filiabus ad mensam auream residentibus, qui posteris, quo tempore fuerant, certam dabant memoriam. Successit vero regi Richardo frater ejus Johannes, qui Sine Terra dicebatur, coronatus apud Cantuariam sequenti Ascensione Domini.

127. — Eo tempore, rex Francorum, statu rerum sibi in melius mutato, civitatem Ebroicum cepit cum circumpositis munitionibus, scilicet Apriliacum et Aquiniacum et suis munivit hominibus et totam Normanniam usque Cenomannis[1] vastavit. Arturius vero, adhuc puer, comes Britannici littoris, nepos regis Anglie, cum manu valida fines Andegavensium ingressus, comitatum Andegavensium cepit et apud Cenomannis regi Francorum occurrens, hominium fecit et omnimodam fidelitatem cum matre sua sub juramento firmavit[2].

128. — Dum hec et alia ibidem agerentur, Philippus comes Namurii, frater comitis Flandrensis, captus est a Roberto de Belesio et ab Eustachio de Novavilla cum XII militibus, mense maio juxta castrum quod Lentium vocant et regi Philippo traditus cum Petro de Doaio clerico[3] qui multa mala regi machinatus fuerat. Electus

---

1. *Scenomannis* P.
2. Arthur, trop jeune pour agir de lui-même, était soutenu par les barons angevins, manceaux et tourangeaux. C'est à Tours et non au Mans, ainsi que le dit Rigord, qu'il fut remis par sa mère entre les mains de Ph.-Aug. qui l'envoya à Paris auprès du jeune prince Louis. (R. de Hoveden, IV, 87. — R. de Dicet, II, 167.)
3. Ainsi que le fait remarquer D. Brial dans une note sur le passage correspondant de R. de Hoveden (XVII, 598, note a), le

vero Cameracensis captus fuerat ab Hugone d'Amelencort; pro quo Petrus jam dictus, sancte Romane ecclesie legatus, totam Franciam sub interdicto posuit. Sed revolutis tribus mensibus, habito rex saniori consilio, ecclesie sancte Petrum predictum liberum reddidit.

129. — Alienordis, quondam Anglie regina, apud Turonis Philippo regi fecit hominium pro comitatu Pictavensium, qui jure hereditario eam contingebat. Et tunc rex adduxit Arturium secum Parisius, v kalendas augusti. Tertia vero die sequenti, videlicet III kalendas augusti, ecclesiam Beati Dionysii humiliter causa peregrinationis adiit, ubi in pignus[1] caritatis et devotionis pallium sericum Deo et beatis martyribus humiliter super altare obtulit.

Mense autem octobri treuge sub juramento firmate sunt inter duos reges usque ad sequens festum sancti Johannis[2], similiter inter comitem Flandrie Balduinum et regem Francorum Philippum.

130. — Eodem anno Henricus Bituricensis archiepiscopus obiit[3]; cui successit Guillermus abbas Karoliloci. Sequenti vero mense novembri, Michael Senonensis archiepiscopus, vir theologus et Deo plenus, migravit ad Dominum; cui successit Petrus de Corbo-

---

texte de Rigord doit être tronqué; Pierre de Douai n'était pas clerc, mais chevalier; l'épithète de *clericus* s'applique évidemment à l'évêque élu de Cambrai, Hugues, frère du même Pierre. (R. de Hoveden, IV, 94.)

1. *impignus* P.

2. Jusqu'à la Saint-Hilaire (13 janvier 1200), dit R. de Hoveden, IV, 97.

3. Henri de Sully ne mourut qu'un an plus tard, en septembre 1200. Son successeur Guillaume de Donjeon fut élu le 23 novembre de la même année. Voy. Gams, *Series episc.*, 523 b.

lio quondam Innocentii pape didascalus, per cujus manum et auctoritatem primo Cameracensem episcopatum, secundo Senonensem, meruit obtinere[1].

131. — Eodem anno, mense decembri, in festo sancti Nicolai[2], convocatum est concilium apud Divionem a Petro predicto cardinali, omnium episcoporum, abbatum et priorum totius regni. Sed quia contra regem Francie regnum ipsius sub interdicto ponere moliebatur, a nunciis regis ad Romanam sedem est appellatum. Tamen ipse cardinalis, appellationi non deferens, in eodem loco adstantibus episcopis universis, sententiam protulit, sed usque ad xx dies post Nativitatem Domini non esse publicandam precepit. Transactis vero xx diebus a Nativitate, tota terra regis Francorum interdicto subjacuit[3]. Quo audito rex vehementer iratus, quia episcopi sui interdicto faciendo consenserant, ipsos episcopos a propriis sedibus perturbavit, et canonicos ipsorum seu clericos omnibus rebus suis exspoliatos de terra sua ejici precepit et bona eorum confiscavit. Presbyteros etiam qui in parochiis manebant, omnes ejecit, et bona eorum diripuit[4]. Ad cumulum vero totius mali, Ingeburgem uxorem suam legitimam, reginam sanctam, omnibus bonis moribus et virtutibus ornatam, omniumque suorum solatio destitutam, apud Stampas in castro

1. Michel, dit de Corbeil, comme son successeur, mourut le 28 novembre 1199. Pierre le remplaça en 1200.
2. 6 décembre 1199. Raoul de Dicet (II, 167) place la réunion de ce concile à la veille, 5 décembre.
3. Pierre de Capoue prononça la sentence d'interdit à Vienne, le 15 janvier 1200. (Géraud, *loc. cit.*, 25.)
4. On peut voir le détail de ces exactions dans Géraud, *loc. cit.*, 27.

suo reclusit[1]. Aliud etiam addidit, quod totam Franciam turbavit; milites qui olim sua libertate gaudere consueverant, et homines ipsorum tertiavit, id est, tertiam partem omnium bonorum suorum eis violenter abstulit. A burgensibus suis intollerabiles tallias et exactiones inauditas extorsit.

Gesta vigesimi anni.

132. — Anno Domini MCC, mense maio, in Ascensione Domini, pax reformata est inter regem Francorum Philippum et Johannem Anglie regem, inter Vernonem et insulam Andeliaci. Qualiter aut quomodo inter eos sit illa pax confirmata, vel terra inter eosdem fuerit divisa, in authenticis instrumentis ab ipsis confectis et sigillatis plenius continetur[2]. Porro, sequenti feria secunda, Ludovicus regis Francorum unigenitus duxit uxorem, in eodem loco, Blanchiam filiam Hildefonsi regis Castelle, neptem Joannis regis Anglie; et pro illo matrimonio Johannes rex Anglie quitavit omnes munitiones et civitates et castella et totam terram quam rex Francorum ceperat, Ludovico predicto et heredibus suis in perpetuum; et post decessum suum totam terram cismarinam, si sine herede legitimo ipsum mori contingeret, omni contradictione postposita, eidem Ludovico concessit.

1. Il y a ici une anticipation qui prouve que Rigord n'écrivait ce passage qu'un certain temps après les événements qu'il y rapporte. En effet, Géraud a démontré qu'Ingeburge ne fut enfermée dans la tour d'Étampes qu'après l'assemblée de Soissons, en 1201. En septembre 1200, la malheureuse reine était dans un lieu que l'on n'a pas déterminé, mais qui se trouvait à plus de trois journées de Paris. (Géraud, *loc. cit.*, 95 et 103.)
2. La paix fut conclue au Goulet (*Cat.*, 604 et seq.).

133. — Anno Domini MCCI, in Nativitate beate Virginis, Octavianus[1] Ostiensis et Velletrensis episcopus venit in Franciam legatus ; per cujus admonitionem dominus rex Ingeburgem uxorem suam in qualemcumque gratiam recepit et superinductam ad tempus a se separavit.

Tunc vero convocatum est concilium Suessionis ab Octaviano[2] et Johanne de Sancto Paulo presbytero cardinali, apostolice sedis legatis, cui interfuit Philippus rex cum archiepiscopis, episcopis et totius regni principibus, mense aprili ; ubi tractatum fuit per XV dies de matrimonio Ingeburgis regine confirmando vel separando. Post multas et varias disputationes jurisperitorum, rex longa mora tedio affectus, relictis ibi cardinalibus et episcopis, cum Ingeburge uxore sua, summo mane, ipsis insalutatis, recessit, mandans illis per nuncios suos quod uxorem suam secum ducebat sicut suam, nec separari tunc ab ea volebat. Quo audito, solutum est concilium, stupefactis cardinalibus et episcopis qui ad divortium faciendum convenerant. Et tunc Johannes de Sancto Paulo cum nimia erubescentia penitus recessit ; Octavianus[3] autem in Francia remansit, et sic Philippus rex hac vice manus Romanorum evasit.

134. — Eodem anno, IX kalendas junii, obiit Theobaldus comes Trecensis etate XXV annorum[4] ; et quia

---

1. *Octovianus* P. — Octavien était venu dès le mois de septembre 1200. Géraud, *loc. cit.*, 95.

2. *Octoviano* P.

3. *Octovianus* P.

4. Thibaut III, mort le 24 mai 1201, n'avait que 22 ans et 11 jours. Cf. d'Arbois de Jubainville, *Hist. des ducs et des comtes de Champagne*, IV, 88.

heredem masculum non habebat, rex Francorum terram ipsius recepit sub tutela et custodia, cum uxore et filia unica quam habebat[1]. Sed postea natus est ei filius posthumus, uxor enim ejus pregnans remanserat.

135. — Eodem anno, pridie kalendas junii, Johannes rex Anglie venit in Franciam, a rege Philippo honorifice receptus, et in ecclesia Beati Dionysii cum hymnis et laudibus et processione solemni gloriosissime collocatus. Postea rex Francorum duxit eum Parisius cum mirabili reverentia et honore a civibus receptum, et in palatio regis cum omnibus rebus suis devotissime procuratum. Vina domini regis omnibus modis fuerunt ei exposita et ad bibendum sibi et suis liberaliter[2] concessa; preterea munera pretiosa, aurum, argentum, vestesque varias, dextrarios Hispanicos, palafridos, et alia carissima dona, Philippus rex Johanni regi Anglie liberaliter dedit; et ita cum bona pace et dilectione, accepta a rege licentia, vale dicto recessit[3].

136. — Eodem anno, antequam Octavianus[4] legatus Romam rediret, Maria superinducta, Domino vocante, viam universe carnis ingressa est; de qua rex Francorum susceperat filium nomine Philippum et filiam nomine Johannam[5]. Quinque enim annis contra legem

1. Cf. *Cat.*, 670 et 671.
2. *liberabiliter* P.
3. R. de Hoveden, IV, 819.
4. *Octovianus* P.
5. *Johannam* est écrit après coup et d'une autre encre sur une place laissée en blanc. — Agnès de Méranie mourut au château de Poissy et fut enterrée près de Mantes dans l'église de Saint-Corentin où Ph.-Aug. fonda une abbaye bénédictine de femmes. Géraud, *loc. cit.*, 103.

et Dei decretum eam habuit et tenuit. Post mortem vero ipsius Marie, ad petitionem regis Francorum, Innocentius papa III infantes predictos legitimos heredes esse mandavit, et postmodum litteris suis confirmavit; quod factum eo tempore pluribus displicuit[1].

137. — Eodem anno, Philippus rex, collecto exercitu, apud Suessionum venit. Proposuerat enim vastare terram comitis de Retest, et terram Rogeri de Roseio, qui, per tyrannidem suam ecclesias Dei et res earum rapientes, ad mandatum Domini regis, nec per litteras, nec per nuncium ad eos destinatum, redire volebant; sed, audito regis adventu, festinanter ei occurrerunt; et, datis securitatibus cum juramentis et obsidibus, quod ablata ecclesiis pro voluntate regis in integrum restituerent, et domino regi pro offensa satisfacerent[2], reversus est rex apud Vernonem, ubi inter Vernonem et insulam Andeliaci habuit cum rege Anglie colloquium in hunc modum[3].

138 — Rex Francorum Johannem regem Anglie submonuit sicut hominem suum ligium, quod pro comitatu Pictavensi et Andegavensi, et pro ducatu Aquitanie, xv diebus ab Pascha instanti revolutis, Parisius veniret, super his que rex Francorum adversus eum proponeret, sufficienter responsurus. Sed quoniam rex Anglie ad diem prefixum nec in propria persona venit, nec responsalem sufficientem mittere

1. *desplicuit* P. — Les lettres de légitimation sont du 2 novembre 1201. (Potthast, 1499 et 1500.)

2. Les actes de soumission de Hugues, comte de Rethel, et de Roger de Rozoi sont datés de décembre 1201, *Cat.*, 691, 692, 694.

3. Cette entrevue eut lieu au Goulet, le 25 mars 1202. (R. de Dicet, II, 174. Matthieu Paris, II, 477.)

voluit, habito rex Francorum cum principibus et baronibus suis consilio, collecto exercitu Normanniam ingressus, munitiunculam quamdam quam Botavant vocabant funditus evertit, deinde Arguellum cepit et Mortamer, et tandem Gornacum et totam terram quam Hugo de Gornaco tenebat, potenter sibi subjecit[1]. Et in eodem loco Arturium militem fecit, tradens ei Britannie comitatum, qui jure hereditario eum contingebat, adjiciens comitatum Pictavensium et Andegavensium, quos jure armorum sibi adquireret; et in auxilium CC milites ei tradidit cum maxima pecunie summa. Qua de causa rex Arturium perpetuo in hominem ligium accepit; et, accepta a rege licentia, mense julio recessit[2]. Et paucis revolutis diebus, quia terram regis Anglie nimis audacter cum paucis intraverit, rex Anglie, cum infinita multitudine armatorum ex insperato superveniens, Arturium cum suis confecit, ipsumque cum Hugone Bruno et Gaufrido de Ladinnano et quampluribus aliis militibus cepit[3]. Rex vero Philippus, auditis hujusmodi rumoribus, castrum Archarum, quod obsessum tenebat dimisit, et cum exercitu suo Turonis veniens, ipsam civitatem cepit et igne combussit. Iterum superveniens rex Anglie cum suis, post regis Francorum recessum, eamdem civitatem cum toto castro penitus destruxit. Effluxis deinde aliquot diebus, rex Anglie vicecomitem Lemovicarum cepit, et secum abduxit. Verumtamen Hugo Brunus, vicecomes Toar-

1. Cf. R. de Coggeshall, 136. Matth. Paris, II, 478.
2. L'acte d'hommage fut en effet accompli à Gournay, en juillet 1202 (Cat., 731, 732).
3. Sur la prise d'Arthur qui eut lieu le 1er août 1202 à Mirebeau en Poitou, voy. R. de Coggeshall, 137, et Matthieu Paris, II, 478.

censis, Gaufridus de Ladinnano et vicecomes Lemovicensis homines erant ligii regis Anglie; sed quia uxorem suam Hugoni Bruno in dolo abstulerat, filiam scilicet comitis Engolismensis, et multa alia mala eisdem Pictavensibus intulerat, a fidelitate ejus recesserant, et regi Francorum sub juramento, necnon datis obsidibus, confederati fuerant. Superveniente vero hyeme uterque sine pace et treuga, marchiis munitis, a bello cessavit[1].

139. — In hoc loco dignum duximus inserendum facta memorabilia[2] que barones Francorum, videlicet Balduinus comes Flandrie, Ludovicus comes Blesensis, Stephanus Perticensis, Marchisius de Monteferrato, et alii quamplures magni viri et strenui bellatores, qui mortuo inclyte recordationis rege Anglie Richardo, pro liberatione Sancte Terre cruces assumpserant, apud Constantinopolim egerunt, ascito sibi duce Venetiarum sub juramento cum suis Venetianis et stolio. Ut autem rei geste series vobis plenius intimetur, presenti scripto plenius referre curavimus.

Temporibus nostris, Emmanuel imperator sanctissimus et omnimoda munificentia clarus apud Constantinopolim imperabat, habens filium nomine Alexium cui data fuit Agnes in uxorem, filia Ludovici regis Francorum christianissimi. Quem Alexium, post mortem imperatoris Emmanuelis, Andronius patruus suus, regnandi cupiditate illectus, in mari projectum extinxit. Agnes uxor sua in sancta viduitate remansit.

---

1. On trouvera des détails sur toute cette campagne dans R. de Coggeshall (138), Matthieu Paris (II, 179). *Chron. Turonense,* ap. Brial, XVIII, 296.

2. *memorialia* P.

Andronius vero, adepto per tyrannidem imperio, septem annis vel paulo minus imperavit. Tandem Conrezac, ex insperato superveniens, ipsum Andronium in compitis viarum apud Constantinopolim ad stipitem ligatum, quasi signum ad sagittam, propter immensa sui flagitia sagittari fecit[1]; et post, Conrezac imperavit, habens A[lexium] fratrem in armis strenuum, sed iniquum, cui totam potestatem imperii tanquam fratri carissimo tradiderat, preter coronam et imperii dignitatem. Tandem instigante diabolo, ambitionis imperandi invidia permotus, et potentioribus[2] imperii per multa et magna donaria sibi ascitis, Conrezac imperatorem fratrem ac dominum suum crudeliter excecavit et nomen imperatoris sibi usurpare presumpsit. Excecati filium excecari precepit; sed, per Dei misericordiam de squalore carceris liberatus, elapsus a Grecie finibus, ad sororem suam et Philippum regem Germanie, sororium suum, in Alemanniam proficiscens, cuidam de Francis in Italiam veniens decentissimus adolescens occurrit. Tandem cum Venetias Franci venissent, competentes nuncios predictus puer destinavit, qui patris causam et filii lacrymabiliter proponentes, multis precibus suggerebant quod, si patri et

---

1. A partir d'ici, Rigord raconte les événements de la IVe croisade d'après une source dont Robert Abolant (D. Brial, XVIII, 267) et l'auteur de la chronique connue sous le nom d'Andrea Dandolo (Muratori, XII, 318 D) ont également fait usage. A partir même des mots : *Greci autem qui erant deforis*..... Rigord présente la plus grande analogie avec ce dernier auteur, tandis que Robert continue son récit d'après la circulaire des barons croisés publiée par D. Brial (XVIII, 515) et la lettre de Baudouin publiée dans le même volume (p. 520).

2. *potentioribus et* P.

filio imperium restituerent, liberarent eos a debitis xxx[1] trium millium marcarum argenti quibus Venetianis tenebantur, necnon et pecuniam quam pro naulo dederant, et ipse puer cum virtute imperii sui ad liberationem Sancte Terre cum illis veniret, et de fisco suo exercitui victualia sufficienter ministraret; ecclesiam quoque Constantinopolitanam ecclesie Romane et domino Pape, tanquam membrum capiti, subderet et uniret. Vocato ergo puero, et ab eodem juramento recepto quod missa nunciorum suorum inviolabiliter observaret, statim viri strenui et fideles, committentes se ventis et mari, cum predicto puero per medios fluctus maris securissime navigantes apud Constantinopolim applicuerunt.

Greci autem qui erant deforis, Francorum audaciam intuentes et firmam in Domino constantiam considerantes, sine congressu aliquo fugientes, sese intra urbis menia receperunt. Cum autem per vii dies terra marique urbem districte et fortiter obsedissent, et frequenti et vario interveniente conflictu Franci victoriam obtinerent, tandem die octavo imperator qui diu latuerat interius, foras egrediens cum lx millibus equitum et infinita multitudine peditum armatorum, ad dimicandum contra Francos acies ordinavit. Franci autem, respectu Grecorum paucissimi, cum letitia tamen prestolabantur congressum, quia securissime de victoria confidebant. Quorum attendens constantiam et audaciam ille proditor et tyrannus statim cum suis fugiens intra muros illico se recepit, quod pugnaret in crastino multis comminationibus asseve-

1. Il faudrait *LXXX*; voy. le traité conclu entre les croisés et les Vénitiens dans D. Brial, XVIII, 437, note, col. 1.

rans; sed, nocte sequenti, cum[1] uxore et liberis clam aufugit. Sequenti die, Franci civitatem viriliter impugnaverunt, et per muros cum scalis ascendentes, vera laude dignissimi, intra muros inter Grecos audacissime se precipitaverunt et de Grecis stragem non minimam fecerunt.

Audiens autem dux Venetiarum, quod Francos concluserat[2] Grecorum multitudo, et morti et exitio dabat illos, statim cum suis Veneticis viriliter et potenter cum suo stolio ad succurrendum Francis venit ad pugnam paratissimus; inter quos ipse dux, licet senex et debilis corpore, fortis tamen et fervens animo, intrepide[3] primus galeatus Francis pugnantibus sese adjunxit. Quod videntes Franci, resumptis viribus et renovatis, ad pugnam acerrime recalescentes, fugato impio proditore et tyranno cum suis fermentariis hereticis et parvulos nostros rebaptizantibus, civitas Constantinopolitana a Francis et Veneticis strenue capitur; pater adolescentis e carcere liberatur, statim in palatio dominatur; puer autem potenter introducitur, et tam a clero quam populo dignis sibi et debitis laudibus exsolutis, tam in ecclesia majori quam in palatio imperiali diademate pretiosissimo solemniter coronatur.

Adepto puer imperio, filius Conrezac excecati, Francos sine mora a debitis Venetiorum liberat, pretium vero navium integerrime solvit, exercitui Francorum de fisco imperiali liberaliter victualia ministravit. Dux Venetiarum cum suis Venetianis juraverunt

1. *sine* dit Robert Abolant, p. 268.
2. *conclauserat* P.
3. *in strepide* ms.

Francis se exhibituros navigium et stolium servaturos, promittentes, si Francis Deus benefecerit (quod et ipsi indubitanter sperabant), nunquam ab ipsis recessuros, nisi ad plenum confusis et subjugatis hostibus Jesu Christi; ad quam ipsi promissionem imperiali munificentia sunt inducti, quibus centum millia marcarum argenti exsolvit pro obsequiis Francis hactenus exhibitis et postmodum exhibendis[1].

Mortuo puero imperatore in bello, a Francis de consilio ducis Venetie aliorumque principum, cum assensu cleri et populi, Baldoinus comes Flandrensis in imperatorem electus est et postmodum coronatus, ecclesia quoque Orientalis tunc ab isto imperatore annuentibus principibus suis et concedentibus, sancte Romane ecclesie et domino pape tanquam membrum capiti suo, subdita est et unita.

Hec in litteris eorum scripta vidimus et legimus, majora et meliora, Deo volente[2], in Terra Sancta in posterum ab ipsis sperantes, quando unus persequetur mille, et duo fugabunt decem millia.

Gesta XXII anni Philippi Francorum regis.

140. — Anno Domini MCCII[3], infra quindecim dies

---

1. La source de Rigord s'arrêtait probablement ici; car, ainsi qu'on va le voir, notre chroniqueur ne dit rien de l'usurpation de Murtzuphle, ni de la seconde prise de CP. Cette source devait donc être, ainsi que le chroniqueur le dit plus bas, une lettre rendant compte de la première prise, lettre qui aura été insérée dans l'*Historia Francorum* mentionnée par Dandolo (322), laquelle, comme le suppose avec beaucoup de vraisemblance M. le comte Riant (*Exuviæ*, I, xxx), devait être l'œuvre de Jean Faicéte, chancelier de Baudouin Ier.
2. *volante* P.
3. Corr. 1203.

post Pascha, rex Francorum collecto exercitu Aquitaniam intravit, et, adjunctis sibi in auxilium Pictavensibus et Britonibus, multas munitiones cepit; et tunc Philippo regi comes de Alancione[1] confederatus est et totam terram suam regi tradidit custodiendam. Reversus vero in Normanniam cum exercitu suo Conchas cepit, et insulam Andeliaci, et Vallem Ruolii[2]. Sed dum hec in Francia[3] agebantur, Innocentius papa III misit abbatem de Casamarii ad regem Francorum et regem Anglie pro pace inter eos reformanda; qui, de mandato domini Pape, adjuncto sibi abbate Trium-Fontium, mandatum apostolicum utrique regi proposuerunt, precipientes quod convocatis archiepiscopis, episcopis, totiusque regni principibus, salva utriusque regis justitia, pacem facerent, et abbatias monachorum seu monialium, et alias ecclesias propter guerras eorum destructas, ad pristinum reformarent statum[4]. Audito apud Medontam hujusmodi mandato, in octavis Assumptionis beate virginis Marie, a domino rege appellatione interposita, convenientibus episcopis, abbatibus et baronibus, ad examen summi pontificis hujusmodi causam revocaverunt.

141. — Ultima die ejusdem mensis[5], rex Francie,

1. Robert.
2. R. de Coggeshall, 143. Matthieu Paris, II, 482.
3. *Franciam* P.
4. Les lettres d'Innocent III, par lesquelles il annonce aux rois de France et d'Angleterre qu'il leur envoie ses négociateurs, sont du 26 mai 1203. (Potthast, 1921, 1922.)
5. 31 août 1203. On trouvera des détails sur cette campagne et sur la conquête de la Normandie dans l'*Histoire des ducs de Normandie,* publiée par M. F. Michel pour la *Soc. de l'Hist. de Fr.* (p. 96 et seq.).

collecto exercitu, obsedit Radipontem; revolutis vero xv diebus, erectis in circuitu turribus ligneis ambulatoriis aliisque tormentis quamplurimis, viriliter impugnavit et cepit; in quo castro cepit xx milites strenuos defensores et c servientes et xxx balistarios. Resumptis autem viribus et exercitu reparato, sequenti mense septembri obsedit Guallardum. Erat autem castrum fortissimum in rupe excelsa a rege Richardo super fluvium Sequane edificatum juxta insulam Andeliaci, in qua obsidione rex Francorum cum exercitu suo per quinque menses et eo amplius moram fecit. Nolebat enim castrum impugnare, tum propter hominum suorum interfectionem, tum propter murorum et ipsius turris destructionem; per famem enim et penuriam victualium interiores ad deditionem cogere volebat. Sed, quia fugam ipsorum suspicabatur, circa ipsum castrum fossata fieri fecit optima, ita quod infra fossatum illud totus exercitus fixit tentoria, et decem turres ligneas in circuitu erexit. Tandem superveniente Cathedra sancti Petri[1], rex Francorum, erectis petrariis et mangonellis[2] et turre ambulatoria sueque lignea acerrime castrum impugnari cepit. Interiores vero e contra se defendebant, et Francos acriter repellebant. Effluxis autem quindecim diebus, pridie nonas martii[3], ruptis muris et confractis, cum maxima pugna predictum castrum Franci ceperunt, ubi capti fuerunt xxx et vi milites viri illustres et strenui defensores; quatuor vero milites in ipsa obsidione mortui fuerant[4].

1. 18 janvier 1204.
2. *mangunellis* P.
3. 6 mars 1204.
4. Nous renvoyons au récit de Guillaume le Breton pour de plus amples commentaires sur le siège du Château-Gaillard.

142. — Anno Domini MCCIII[1], Philippus rex Francorum collecto exercitu Normanniam intravit, VI nonas maii[2], et Falesiam, castrum scilicet fortissimum[3] et Domnofrontem et vicum opulentissimum quem vulgus Cadumium vocat, cepit cum omni terra circumposita usque ad Montem-Sancti-Michaelis-in-periculo-maris, quem suo subjecit dominatui. Postea Normanni a rege veniam petentes, tradiderunt ei civitates quas ipsi custodiebant, videlicet Constancias, Bajocas, Luxovium, Abrincas, cum castellis et suburbiis; nam Sagium et Ebroicum jam ceperat. Nihil enim de tota Normannia remanebat, preter Rothomagum, civitatem opulentissimam, viris nobilibus refertam, caput scilicet Normannie totius, Vernolium et Archas, oppida munitissima et situ loci fortissima, strenuis bellatoribus munita. Reversus autem rex a Cadumio, prius civitatibus et castellis munitis, obsedit Rothomagum. Videntes autem Normanni quod defendere se non poterant, nec a rege Anglie succursum prestolabantur; tamen, habito saniori consilio, ad cautelam et fidelitatem regi Anglie conservandam, inducias impugnandi civitatem Vernolium et Archas, castra scilicet que cum Rothomagensibus fuerant conjurata, triginta dierum a rege Francorum humiliter petierunt, videlicet usque ad sequens festum sancti Joannis Baptiste[4], ut interim

1. Corr. 1204.
2. 2 mai 1204.
3. Cf. *Cat.*, 814, 815.
4. Cette capitulation fut rédigée le 1er juin 1204 (*Cat.*, 828, 828 a). D'après l'*Histoire des ducs de Normandie,* le gouverneur de Rouen, Pierre de Préaux, se serait laissé gagner par Phil.-Aug. qui lui aurait promis 2000 livrées de terre (p. 98 et 99). Des actes signalés par M. Delisle (*Cat.*, Introd., p. cxiij) semblent confirmer cette accusation.

nuncios suos ad regem Anglie mittere possent, rogantes quod succursum eis in tam arcto positis dignaretur prestare ; sin autem, se et sua, civitatem etiam et castra predicta, victoriosissimo Philippo Francorum regi, datis obsidibus LX filiis burgensium Rothomagensium, ex condicto tradere tenebantur. Superveniente vero Sancti Johannis festivitate, nullum a rege Anglie succursum accipientes, Rothomagum civitatem opulentissimam, totius Normannie caput et principatum, cum duobus castellis predictis regi Francorum, sicut promiserant, sine contradictione tradiderunt[1]. Hanc autem civitatem cum tota Normannia per CCC et XVI annos predecessores sui, scilicet reges Francorum, non habuerant, a tempore Caroli Simplicis, cui Rollo Danus, cum suis paganis superveniens, jure armorum abstulerat.

143. — Sequenti vero tempore, in festo sancti Laurentii[2], Philippus rex collecto exercitu Aquitaniam ingressus, civitatem Pictavis cum omni terra circumposita, castellis scilicet, vicis et villis, recepit, et barones illius terre ei fidelitatem fecerunt, sicut domino suo ligio facere consueverant; Rupellam vero, et Chinonium, et Lochas, tunc superveniente hyeme, dimisit, et, circa Lochas et Chinonium posita obsidione in Franciam reversus est[3].

144. — Superveniente vero Pascali solemnitate anno domini MCCIV[4], Philippus rex vocavit comites, duces et magistratus virtutis Francorum, et convocavit

---

1. Voy. R. de Coggeshall, 145.
2. 10 août 1204.
3. On trouvera quelques détails dans R. de Coggeshall, 146.
4. Corr. 1205.

multa millia peditum pugnatorum, et equites sagittarios dinumeravit, et omnem expeditionem militum preire fecit cum his que exercitibus victui sufficerent copiose. Et profectus venit apud Lochas cum quadrigis et equitibus et sagittariis et innumerabili tormentorum apparatu, et erectis in circuitu machinis, viriliter castrum impugnavit et cepit, in quo viros pugnatores, milites et servientes circiter CXX cepit; castrum vero Drogoni de Merloto[1] dedit, prestita fidelitate et castro munito. Deinde totum exercitum apud Chinonium direxit, et fixis ibi tentoriis cum maximo apparatu tormentorum, paucis elapsis diebus, castrum potenter impugnavit et cepit. Milites autem, balistarios et pedites non paucos, fortissimos defensores in eodem presidio captos, apud Compendium carceri mancipavit. Predictum vero castrum fortius reedificari fecit, et, positis ibi custodibus, Philippus rex Augustus reversus est in Franciam circa festum sancti Joannis Baptiste[2].

145. — Anno Domini MCCV, Philippus rex Francorum in pignus caritatis et dilectionis ecclesie Beati Dionysii Areopagite contulit pretiosissimas reliquias, quas Balduinus imperator Constantinopolitanus de sancta capella imperatorum, quam *Os Leonis* vocant, cum timore et reverentia premissis jejuniis et orationibus acceperat, scilicet de sancta cruce, in qua salvator mundi pependit, ad quantitatem unius pedis in lon-

---

1. Il s'agit ici de Dreu de Mello, fils du connétable du même nom. L'acte de donation se place entre le 10 et le 30 avril 1205. (*Cat.*, 929 et 930.)

2. La date mentionnée ici n'est pas exacte, car Ph.-Aug. était encore à Chinon en juillet 1205. (*Cat.*, 946 A à 951.)

gum, in grossum quantum aliquis claudere manu potest, juncto pollici indice; de capillis domini nostri Jesu Christi pueri; de spinea corona Domini spinam unam; costam unam sancti Philippi apostoli cum uno dente ipsius; de panno lineo albo in quo involutus fuit Salvator in presepio; de purpureo indumento ipsius. Crux, in vase aureo cum gemmis pretiosis ornato[1] posita est, ad quantitatem ejus facto; alie reliquie predicte posite habentur in alio vase aureo. Omnes reliquias predictas christianissimus rex Francorum Henrico abbati Beati Dionysii propria manu Parisius tradidit, VII idus junii. Quas predictus abbas cum gaudio lacrymarum pleno accipiens, regali munificentia exhilaratus, psalmos cum orationibus psallendo usque Indictum venit, ubi processio monachorum Beati Dionysii, albis et cappis sericis induti, nudis pedibus cum universo clero et populo obviam occurrit, et data in eodem loco cum reliquiis benedictione, cum hymnis et laudibus, pulsantibus campanis universis, in ecclesia ter beati Dionysii, super corpora sanctorum martyrum, in vasis majoribus auro puro et lapidibus pretiosis tectis, cum capite ipsius pretiosissimi martyris Dionysii et scapula sancti Joannis Baptiste habentur recondite. Per omnia benedictus Deus qui mihi servo suo, licet indigno et fragili peccatori fere in senio jam existenti, divina pietate[2] videre concessit!

146. — Anno Domini MCCVI, pridie kalendas martii fuit eclipsis solis particularis[3], hora VI diei, in decimo

1. *ornamento* P.
2. *pietas* P.
3. Cette éclipse n'eut lieu qu'en 1207. La mort de la reine Adèle se place néanmoins en 1206.

sexto gradu Piscium. Sequenti vero mense junio, pridie nonas ejusdem, obiit Ala regina, mater sepe nominati Philippi Francorum regis apud Parisium, postea vero sepulta apud Pontiniacum in Burgundia, juxta patrem suum Theobaldum comitem Trecensem et Blesensem, qui predictam abbatiam fundaverat, ut relatu multorum didicimus.

147. — Eodem anno, mense junio, iterum Philippus rex collecto exercitu Pictaviam intravit, audito quod Joannes rex Anglie apud Rupellam cum exercitu valido applicuerat[1]. Quo tempore Ludovicus regis Philippi unigenitus Aurelianis aliquantulum temporis egrotavit, sed per Dei misericordiam cito convaluit. Rex vero Philippus exercitum suum apud Chinonium duxit, et civitatem Pictavis munivit, Laudunum et Mirabellum et alia que ibi habebat, positis sufficienter militibus et servientibus, Parisius rediit. Joannes vero rex Anglie civitatem Andegavis cepit et totam destruxit. Vicecomes Thoarcensis, a fidelitate regis Francorum recedens, regi Anglie confederatus est. Quo audito, rex Francorum cum exercitu valido in Pictaviam reversus est, et ordinatis aciebus quasi ad pugnandum, rege Anglie apud Thoarcium existente, terram illius vicecomitis Thoarcensis destruxit. Tandem a festo Omnium Sanctorum usque ad duos annos datis treugis[2], Philippus rex in Franciam, Joannes vero reversus est in Angliam.

148. — Eodem anno, mense decembri, peccatis

1. Matthieu Paris (II, 494) ne fait débarquer Jean sans Terre que le 9 juillet 1206.

2. D'après le texte même de la convention conclue à Thouars le 26 octobre, la trêve était commencée depuis le 13 octobre « a die veneris proxima ante festum sancti Luce. » (Cat., 1006.)

hominum exigentibus, tanta aquarum et fluminum inundatio facta est, quanta ab hominibus illius temporis nunquam visa vel audita a predecessoribus fuerat Parisius; tres arcus Parvi pontis fregit et quamplures domos ibidem evertit, et infinita damna multis in locis intulit. Qua de causa conventus Beati Dionysii cum abbate suo Henrico et universo clero et populo processionem nudis pedibus faciens, cum clavo et spinea corona Domini et sacratissimo ligno crucis Dominice aquis benedixit. Peracta vero benedictione cum multiplici lacrymarum effusione, statim aque ceperunt diminui. Per omnia benedictus Deus qui salvat sperantes in se [1].

149. — Anno Domini MCCVII, Philippus rex, collecto exercitu, Aquitaniam intravit et terram vicecomitis Thoarcensis vastavit, Partenacum cepit et alias quamplures circumpositas munitiones evertit et quasdam munitas sub custodia marescalli sui [2] et Guillelmi de Rupibus reliquit. Rex vero Parisius reversus est.

150. — Sequenti anno, videlicet MCCVIII, Odo Parisiensis episcopus obiit III idus julii, cui successit Petrus [3] thesaurarius Turonensis.

151. — Eo anno, marescallus predictus et Guillelmus de Rupibus [4], collectis fere trecentis militibus,

---

1. La décroissance de l'inondation que Rigord, en sa qualité de moine de Saint-Denis, dit être le résultat des prières de son couvent, est attribuée, par un chanoine de Sainte-Geneviève, à l'intervention de la patronne des Parisiens (D. Brial, XVIII, 797).

2. Henri Clément.

3. Pierre de Nemours, 1208-1219.

4. Suivant une prétendue continuation de Robert de Torigny (D. Brial, XVIII, 347 D), continuation qui n'est qu'une chronique de Normandie de 1169 à 1272 (cf. Delisle, *Robert de Torigny*, II,

vicecomitem Thoarcensem et Savaricum de Maloleone, qui cum manu valida terras regis intraverant et magnas predas ducebant, ex improviso supervenientes confecerunt ; in qua confectura capti sunt XL milites Pictavenses et eo amplius, videlicet Hugo de Thoarcio, frater vicecomitis, Haimericus de Lisinnano, filius vicecomitis, Portaclea et quamplures alii strenui bellatores, quorum nomina scribere noluimus. Hos omnes domino regi Francorum Parisius sub diligenti custodia captos miserunt. Demum datis treugis a bello quieverunt.

152. — Eodem anno, quidam comes palatinus qui lingua eorum *Landagrava* vocabatur, id est comes palatii, Philippum Romanorum imperatorem interfecit [1] ; quo mortuo, Otho filius ducis Saxonie per industriam et auctoritatem Innocentii pape imperium obtinere nitebatur.

153. — Eodem anno, Innocentius papa III misit legatum in Franciam Gualonem, tituli Sancte Marie in Porticu diaconum cardinalem [2], jurisperitum, bonis moribus ornatum, omnium ecclesiarum visitatorem diligentissimum, ecclesie Beati Dionysii benivolum et devotum.

145-146), Philippe-Auguste serait entré lui-même en Guyenne cette année, mais une maladie l'aurait bientôt forcé de rentrer en France. C'est ce qui nous est confirmé par l'itinéraire du roi qui nous le montre à Mauléon (aujourd'hui Châtillon-sur-Sèvre) en mai 1208 (*Cat.* 1088). Cf. aussi Robert Abolant (D. Brial, XVIII, 275 D).

1. Philippe de Souabe fut assassiné à Bamberg, le 21 juin 1208, par Othon de Wittelsbach.

2. L'objet de la mission de ce cardinal était, entre autres choses, d'exciter à la Croisade et de faire une enquête sur le maléfice dont le roi se prétendait la victime depuis son mariage avec Ingeburge. C'est ce qui ressort des lettres d'Innocent III, données le 29 mai 1208 (Potth., 3424-25).

154. — His[1] temporibus Innocentius papa scripsit regi Francorum Philippo et omnibus principibus regni sui, mandans et precipiens quod cum magno exercitu terram Tolosanam et Albigensem, et Cadurcium, et partes Narbonnensium et Biterrensium, et alias multas adjacentes, sicut viri catholici et fideles Jesu Christi invaderent, et omnes hereticos qui terras illas occupaverant, delerent[2]; et si in via illa vel bellando contra illos morte intercipiuntur, idem papa, ex parte Dei et auctoritate apostolorum Petri et Pauli et sua, ab omnibus peccatis a die nativitatis sue contractis de quibus confessi fuerint et penitentiam non egerint, absolvit[3].

1. *Hiis,* P.
2. Entre *occupaverant* et *delerent* on lit dans le ms. ces mots rayés : *interficerent aut in perpetuum.*
3. Potth., 3352, etc.

GESTA PHILIPPI AUGUSTI

GUILLELMI ARMORICI LIBER.

1. — Gesta Francorum regis Philippi magnanimi que ipse preclare gessit a primo anno inunctionis sue usque ad vigesimum octavum annum regni sui, in archivis ecclesie Beati Dionysii hieromartyris habentur, a magistro Riguoto ejusdem ecclesie clerico, satis luculente elegantis styli officio, perenni memorie commendata. Quoniam autem sequentia ejusdem regis opera [1] non minori laude, immo multo excellentiori preconio digna sunt, ego Guillelmus natione Armoricus, officio [2] presbyter, qui pro maxima parte non solum his, sed et precedentibus ejusdem regis operibus interfui, et ea propriis oculis aspexi, cadem gesta plano quidem et usuali eloquio litteris commendavi, non ut inde [3] laudis aliquid videar mendicare [4] aut chronographus sive historiographus vocari merear, sed ne tanti viri tam [5] preclara gesta aliter quam veritas se habet, a magnis et sapientibus doctoribus describi contingat. Et quo-

---

1. *ejus opera.* Brux.
2. *Amorricus nunc officio.* Cott.
3. *non ut mihi.* Cott.
4. *mendare* changé en *mendicare* par le correcteur de Chr. 619. — *vendicare,* Brux. et Cott.
5. *tam* omis dans Cott.

niam libellus ille magistri Riguoti a paucis habetur, et adhuc multitudini non communicatur, omnia que in eo plenarie continentur summatim tetigi, et prout oculis[1] vidi et intellexi, huic libello meo preposui, quedam adjiciens breviter pretermissa ab ipso, et ita precedentia et subsequentia virtuosi regis opera sub uno breviloquo libello[2] conclusi. Legant ergo viri litterati quibus est fecundior ingenii vena et intelligant historie veritatem et, sine falsitatis admixtione[3], stylo altiori et veridico carmine regis christianissimi et strenuissimi viri preconia extollant. Actus enim magnifici sibi sufficiunt, si fuerint veraciter et simpliciter enarrati, et stylum tantum veridicum sibi volunt, cum ad sui extollentiam nullo indigeant adminiculo falsitatis[4]. Sepe enim fit ut scriptor, dum placere querit, gestorum seriem partim[5] mendacio decoloret; quod in enarrandis tam preclari viri gestis modis omnibus censui devitandum. Et quia de Francorum regno sermo habetur, de eorum origine narratio nostra sumat exordium, ut, cognita eorum origine, historiam gestorum competentius ordiamur[6]; prius enim[7] de quolibet quis sit quam quid ipse fecerit[8], inquirendum.

2[9]. — Sicut igitur ex chronicis Eusebii, Hidacii, Gregorii

1. *oculis propriis*. Cott.
2. *sub uno compendio*. Cott.
3. *sine admixtione alicujus falsitatis*. Cott.
4. Les dernières lignes (*stylo altiori — falsitatis*) manquent dans Cott.
5. *partis*. Cott.
6. *ordinemur*. Cott.
7. *enim est*. Cott.
8. *quis sit quam quid ipse fecerit* omis dans Cott.
9. A partir de ce point on a imprimé en petit caractère toute la partie de la chronique de Guillaume le Breton dans laquelle il

Turonici et aliorum plurimorum et cuncta[1] antiquorum relatione didicimus, Hector filius Priami quemdam habuit filium nomine Francionem. Troilus, filius ejusdem Priami regis Asie, similiter habuisse dicitur[2] filium Turcum nomine. Post eversionem itaque Troje multitudo maxima inde evadens in duos populos se divisit quorum alter sibi Francionem regem prefecit a quo Franci vocati sunt; alteri Turcum sibi ducem elegerunt, a quo et Turci nomen adepti sunt, qui cum eodem populo qui cum de excidio Trojano secuti sunt, in Scythiam inferiorem versus septentrionem descendit et ibi regnavit. Ab eo descenderunt Ostrogothi, Ypogothi, et Normanni, et Gothi, et Wandali. Francio vero cum suo populo usque Danubium venit et edificavit civitatem quam Sicambriam nominavit, et regnavit ibi, et occupavit ipse et qui cum eo venerant totam terram circa[3] Danubium et Tanaim, et circa Meotides paludes, qui creverunt[4] in gentem magnam[5].

3. — Revolutis autem ducentis et triginta annis, recesserunt ab eis viginti tria millia sub duce Hybor, locum regnandi commodiorem[6] querentes, et transeuntes per Alemanniam, Germaniam et Austriam venerunt in Galliam, et edificaverunt ibi civitatem, [nacti locum[7] amenissimum et commodissimum[8] super fluvium Sequanam, quam] Lutetiam [a lutositate loci vocaverunt;] sibi autem a Paride, filio Priami, nomen Parisios imposuerunt, DCCCXCV anno ante incarnationem Domini, vel [potius ἀπὸ τῶ[9]] *Parisia* greco, quod sonat *audacia*, vocati sunt Parisii; fueruntque ibi ex quo a Sicambria recesserunt annis mille

s'est servi de la chronique de Rigord. Quant aux changements et aux additions que Guillaume a faits au texte de Rigord, ils se reconnaîtront aux crochets dont ils sont encadrés.

1. *certa* Brux.
2. *similiter habuit* Cott.
3. *usque* Cott.
4. *et contra Thanaim et contra Meotides et contra paludes, creveruntque* Cott.
5. Rig. § 38, p. 55, 56 et 58.
6. *commodosiorem* Brux.
7. *nacti in loco* Cott.
8. *commodosissimum* Brux.
9. *apocor* Brux.

ducentis septuaginta, antequam Franci venissent, et longo tempore satis simplicem vitam ducentes ; nec habebant regem, sed unusquisque quod sibi rectum videbatur, faciebat. Subditi tum Romanis, ad regendum populum consules sibi annuos secundum consuetudinem Romanorum creabant[1], usque ad adventum Francorum.

4. — Francio autem et qui ab illo descenderunt, regnaverunt apud Sicambriam et[2] in partibus illis, mille quingentis septem annis, usque ad Priamum regem Austrie, cui, cum mortuus esset, successit Marcomirus filius ejus. Cum autem iidem Franci negarent tributum juxta morem ceterarum nationum solvere Romanis, Valentinianus imperator christianus, anno ab incarnatione CCCLXXVI, eos inde expulit; qui inde egressi, predicto Marcomiro et Somnone[3] filio Antenoris et Genebaudo ducibus, habitarunt juxta ripam Rheni inter Germaniam et Alemanniam que regio vocatur Austria. Quos cum idem Valentinianus multis preliis insecutus fuisset, nec eos vincere potuisset, vocavit eos vere Francos, quasi ferancos[4] a ferocitate dictos[5]. Virtus enim Francorum a tempore illo in tantum crevit ut totam tandem Germaniam et Galliam usque ad Pyreneos montes sibi egregiis viribus subjugarent. Postea remanentibus ibidem, id est in Austria, Somnone[6] et Genebaudo[7], Marcomirus cum suis Francis per multa prelia venerunt Lutetiam, et invenerunt ibi Parisios simpliciter degentes ; et cum intellexerunt eos olim de eodem genere descendisse[8], [confederati sunt eis et facti sunt populus unus.]

[In diebus illis regnabat Valentinianus imperator, Damasus papa regebat ecclesiam, Augustinus et Hieronymus sacram exponebant scripturam].

5. — Evaserunt autem et alii de excidio Trojano, ut Helenus

1. Rig. § 38, p. 58.
2. *et* omis dans tous les mss. sauf Cotton.
3. *Symone* Cott.
4. *feranicos* Cott.
5. *dictos* omis dans tous les mss. sauf dans Cott.
6. *Symone* Cott.
7. Rig. § 38, p. 56.
8. Rig. ib., p. 59.

vates, filius Priami qui cum mille [1] ducentis viris in regno Pandrasi, in partibus Grecie remansit; Antenor cum duobus millibus viris et ducentis in Tyrrhenia habitavit [2]; Eneas cum tribus millibus et quadringentis viris cum magno labore in Italiam est transvectus, cum Ascanio filio suo. Cujus scilicet Ascanii filius, Sylvius nomine, de nepte matris sue furtivo concubitu genuit Brutum [3], [qui, cum adultus esset, transtulit se in Greciam et invenit ibi de genere Trojanorum qui cum Heleno ibi remanserant, populum infinitum, et factus est rex eorum; cum quibus inde recedens, adjuncto sibi Turno et Corineo, navigio venit in partes Gallie ubi Ligeris flumen in Oceanum influit; et volentes sibi Galliam subjugare, pugnaverunt cum Gallis super ripam Ligeris, ibique interfectus est Turnus, et honorifice in pyramide nobilissima tumulatus que usque in hodiernam diem ibidem ostenditur non procul a Turonis que [4] ab eodem Turno primam fundationem et nomen accepit civitas Turonica [5].]

6. — Brutus autem cum Corineo et aliis inde recesserunt, et in insulam que Albion vocabatur, navigio venerunt et eam totam inhabitarunt, et a nomine Bruti Britanniam vocaverunt [6]. [Pars autem insule ejusdem a Corineo qui in ea regnavit, Cornubia sive Cornugallia vocata est. Post multum vero temporis, inde multis preliis a Saxonibus sub Orso et Hengisto [7] ducibus lacessiti, repulsi sunt pro maxima parte in Armoricam, que nunc minor Britannia nuncupatur. Nunc ad Francorum historiam revertamur.]

1. *mille* omis dans Cott.
2. Cette phrase *Antenor habitavit* manque dans Cotton.
3. Rig. ib., § 57.
4. *que* omis dans Brux. et Ott. a été rajouté par le correcteur de Chr. Dans Cott. il est remplacé par *et sic*.
5. Il semble que l'on trouve dans ce paragraphe et dans le suivant des traces de l'emploi de Geoffroi de Monmouth (Ed. Giles, l. I, chap. 12, 14 et 16, VI, 10 et 14); mais comme on y trouve aussi des faits qui n'en proviennent pas et que d'ailleurs les expressions ne sont pas les mêmes, il est probable que notre chroniqueur se sera servi d'un auteur intermédiaire qui avait lui-même Geoffroi pour source.
6. Rig., ib., p. 57.
7. *preliis cum Saxonibus habitis sub Ors et Vengista* Cotton.

7. — Marcomirus itaque à Parisiis honorifice receptus, eos docuit usum armorum, et propter frequentes latronum [1] et hostium incursus fecit civitates [2] murari [3], et factus est totius Gallie defensor. Hic habuit filium quemdam militem strenuum [4], nomine Faramundum, quem primum Francorum diademate insignivit, [tamen christianus non fuit.] Hic ut Parisiis placeret, civitatem Lutetiam, mutato nomine, Parisius vocari instituit. Post Faramundum regnavit Clodius filius ejus; post Clodium Meroveus filius ejus; post Meroveum Childericus filius ejus. Childericus genuit Clodoveum, qui primus regum Francorum factus est christianus [5] [et cum maximo Dei [6] miraculo a beato Remigio Remorum archiepiscopo [7] baptizatus est].

8. — [Cum beatissimus antistes [8] eumdem Clodoveum regem catechizaret, ampulla in qua erat sacrum chrisma casu, immo [9] diabolo faciente, qui de tanto christianorum commodo condolebat, fracta [10] fuit. Unde et multi dissuaserunt regi ne baptismum susciperet, dicentes quod si Deus eum voluisset fieri christianum, ampullam frangi nullatenus permisisset, sed statim experti sunt quod *omnia cooperantur in bonum his qui secundum propositum vocati sunt sancti* [11]. Nam sanctus antistes, videntibus rege et aliis omnibus [12], sanctis precibus et lacrymis impetravit a Domino ampullam celestem plenam oleo angelico per manus angeli a Deo sibi [13] mitti et palam coram [14] omnibus

---

1. Telle est la leçon du ms. Cotton ; les autres portent *latinorum*.
2. Les six derniers mots (*Latinorum — civitates*) qui manquaient dans Chr. ont été rajoutés par le correcteur.
3. *muniri* Cott.
4. *militem strenuum* omis dans Cott.
5. Rig. ib. p. 59.
6. *Dei* omis dans Cott.
7. *episcopo* Cott.
8. *beatus Remigius* Cott.
9. *inimico* Cott.
10. *fracta* a été substitué à *facta* par le correcteur de Chr.
11. Rom. VIII, 28.
12. *multis aliis* Cott.
13. *sibi* omis dans Cott.
14. *coram* omis dans Chr. Brux et Ott.

inter manus ipsius orantis deponi ; quo non solum idem Clodoveus, immo omnes reges Francie in perpetuum consecrantur, in quo dignitas regni et regum Francie incomparabiliter preeminet universis.]

9. — Clodoveus genuit Clotarium ; Clotarius Chilpericum ; Chilpericus Clotarium ; Clotarius[1] Dagobertum qui fundavit et munifice dotavit ecclesiam hieromartyris Dionysii Areopagite ; Dagobertus Clodoveum ; Clodoveus de sancta Batildi genuit Childericum, Clotarium et Theodoricum ; Childericus Dagobertum, [sub quo fuit Ebroinus major domus, de quo habetur in vita Leodegarii[2] ;] Dagobertus Theodericum ; Theodericus Clotarium. Post Clotarium regnavit Aubertus. Aubertus genuit Arnoldum ; Arnoldus sanctum Arnulfum, postea Metensem episcopum. Arnulfus genuit Anchisen vel Ansegisum[3] ; Ansegisus[4] sive Ansegisilus Pipinum ; Pipinus Carolum Martellum. Carolus Martellus sive...[5] genuit Pipinum [Brevem[6]] Pipinus [Brevis genuit ex Berta[7]] Carolum Magnum imperatorem ; Carolus Magnus Ludovicum Pium imperatorem[8] ; Ludovicus Pius Carolum Calvum imperatorem[9]. Iste Carolus Calvus contulit ecclesie Beati Dionysii clavum et spineam coronam, et multa alia carissima dona. Carolus Calvus genuit Ludovicum [Album sive Balbum,] Ludovicus rex Carolum Simplicem[10].

10. — In diebus illis venerunt Daci sive Dani de Scythia duce Rollone et subjugaverunt sibi totam Neustriam, quam Normanniam appellaverunt, vocabulo composito ab his duobus nominibus *nort* quod sonat *septentrio*, et *man* quod sonat

1. *Lotharium ; Lotharius* Cott.
2. Cf. D. Bouq. II, 611-632.
3. *Anseduum* Cott. *Angesinum* Brux.
4. *Anseeldinus* Brux.
5. Ce blanc se trouve dans Chr. et dans Brux. Dans Cott. les mots *Martellus — genuit* sont omis.
6. *regem* Cott.
7. *Brevis — Berta* omis dans Cott.
8. *Pium imperatorem* omis dans Bruxelles.
9. *Ludovicus — Calvum* ajouté après coup par le correcteur de Chr. 619.
10. Rig. ib. p. 59, 60.

homo. [Sed et Britanniam minorem, et multas alias regiones in regno Francorum, depopulati sunt, et ecclesias universas destruxerunt; sed et Lunam, Tuscie civitatem in diebus illis florentissimam, penitus everterunt, putantes, ut dicitur, quod illa esset Roma [1]; et inde reversi in Franciam, tandem Carolo Simplici confederati sunt.] Nam et ipse Rollo, filiam ejusdem Caroli Simplicis in uxorem ducens, baptizatus est, et vocatus fuit Robertus [2], et omnes alii Normanni cum eo christiani facti sunt anno ab incarnatione Domini DCCCCXII [3].

[De genere ejusdem Rollonis sive Roberti] multis evolutis annis, Willelmus nothus, dux Normannie, [propter proditionem quamdam quam Heiraudus rex sorori ejusdem Willelmi, uxori sue, fecerat,] in Angliam transfretans, [ipsum Heiraudum bello confectum occidit, et] totam sibi terram subjugavit, et tunc defecerunt reges [4] [de genere Saxonum, qui inde Britones expulerant violenter.]

[Nam dictus Rollo genuit Willelmum Longam-Spatam, qui Richardum [5]; post quem regnavit Robertus frater ejus, qui genuit Willelmum nothum, regem Anglie, qui genuit Willelmum regem cui successit [6] Henricus frater ejus rex [7].]

De ejusdem Roberti genere Humfredus septimus ab eo Apuliam conquisivit. Robertus filius ejus, cognomine Guiscardus, addidit Calabriam; [illa tamen tota conquisitio ascribitur soli Guiscardo.] Buamundus [8] Siciliam adjecit [9]; [sed et Rogerus dux, qui postea diadema sibi imposuit, Africam superadjecit. Unde et in scuto ejus versus iste litteris aureis scriptus erat:

Apulus et Calaber, Siculus mihi servit et Afer].

1. Cf. Guillaume de Jumièges, I, 9-10.
2. *Rotbertus* Brux.
3. *DCCCCVII* Chr. — Rig. ib. p. 60.
4. Rig. ib. p. 60, 61.
5. *qui Richardum* est répété une seconde fois dans Brux.
6. *cui successit* est remplacé par *quid est quem* dans Brux.
7. Ce paragraphe entier (*Nam — rex*) manque dans Chr. et dans Cott. Il semble avoir été rédigé d'après Hugues de Saint-Victor (Bibl. nat. lat. 4891, fol. 25 r°, col. 1).
8. *Quadmundus* Cott.
9. Rig. ib. p. 61.

11. — Carolus Simplex genuit Ludovicum [qui nihil fecit;] Ludovicus [1] Lotharium ; Lotharius Ludovicum, hujus prosapie regalis ultimum [2]. Quo [sine herede] defuncto, Franci elegerunt sibi in regem [3] Hugonem Chapet ducem Burgundie [sive Allobrogie.] Hugo Chapet genuit Robertum ; Robertus Hugonem, Henricum [4] et fratrem ejus Odonem [5], tempore Leonis pape noni, anno Dominice incarnationis millesimo quinquagesimo [6]. Post Henricum regnavit Philippus, qui genuit Ludovicum Grossum. Ludovicus Grossus genuit Philippum et Ludovicum ; sed Philippo [in martyreto Beati Gervasii Parisius, casu mirabili,] a porco [quodam inter pedes equi sui veniente, in terram prolapso et] interempto, Ludovicus Pius successit patri suo Ludovico Grosso in regno. Ludovicus Pius genuit [quoque [7] per miraculum in senectute sua] Philippum magnanimum [8] [qui nunc regnat [9], qui a Deo datus dictus est pro eo quod pater ejus sanctissimus semper postulabat a Deo prolem masculam, et supplicabat omnibus viris religiosis ut super hoc pro eo orarent ad Dominum] quia multas habebat filias et nullum filium ; tandem exaudite sunt preces ejus, et datus est ei filius a Deo, [iste scilicet Philippus qui modo regnat, qui] natus est ei anno Dominice incarnationis millesimo centesimo sexagesimo quinto,

1. *Ludovicum qui nihil fecit ; Ludovicus* omis dans Cott.
2. *Qui fuit h. p. r. ultimus* correction de Chr. Le rédacteur du ms. Cotton confond Louis IV avec Louis V et prend ce dernier pour le père de Charles de Lorraine ainsi que le prouve la phrase qu'il intercale ici : *Ludovicus Karolum qui non fuit rex, impeditus ab Hugone Chapet, qui uno anno regnavit.*
3. *ipsum* Cott.
4. *Hugo Henricum* Cott.
5. Rig. ib. p. 61.
6. On voit que Guillaume le Breton, tout en supprimant le récit de la découverte du prétendu corps de saint Denis à Ratisbonne et de l'examen des reliques vénérées en France, a maladroitement conservé la date qui le termine. (Rig. § 39, p. 62.)
7. *quasi* Cott.
8. Rig. § 39, p. 62, 63.
9. *qui nunc regnat* est omis dans Cott.; dans Ott. le copiste a biffé les mots « *qui nunc regnat* » qu'il avait d'abord écrits et les a remplacés par « *qui tunc regnabat* ».

mense augusto, undecimo kalendas septembris, in festo Timothei et Symphoriani [1].

12 [2]. — [Iste Ludovicus cum omnes abbates ordinis Cisterciensis juxta consuetudinem suam convenissent in eodem monasterio, sicut solent singulis annis facere, prostravit se in oratione, manibus expansis, in capitulo, in medio eorum ; et cum clamarent omnes ut surgeret, nunquam voluit corpus de terra levare quousque illi, oratione fusa ad Dominum, ex parte Dei omnipotentis certificaverunt eum quod in brevi prolem esset masculam habiturus.]

Incidentia.

13 [3]. — [Anno ab incarnatione Domini mclv, Heudo comes qui ducatum Minoris Britannie tunc regebat, expellitur a ducatu ; cui successit Conanus Parvus, filius Alani ducis. Heudo vero comes receptus est a Ludovico Pio rege Francorum ; qui cum haberet inimicitias et bella in partibus Lugdunensibus, misit eumdem Heudonem cum exercitu in partes illas ; qui cum probatissimus esset in militia, omnes bello confectos et ipsum comitem Matisconensem, qui aliis preerat, bello captum, regi pro voluntate sua de omnibus injuriis satisfacere coegit [4].]

1. Rig., § 1, p. 7 et 8.
2. Ce paragraphe qui manque dans Chr. est transporté dans Cott. quelques lignes plus haut entre les mots *nullum filium* et *tandem exaudite sunt*.
3. Le § 13 manque dans les mss. Chr. 619 et Cotton.
4. Pour l'intelligence de ce paragraphe, il est nécessaire de savoir que Berthe, fille de Conan le Gros, duc de Bretagne, avait épousé d'abord Alain, comte de Richemont, puis Eudes, ou plutôt Eon, vicomte de Porhoët. Conan, fils de Berthe et d'Alain, s'empara de Rennes en 1156, suivant Robert de Torigny (I, 302), et en chassa son beau-père qui, pris peu de temps après par Raoul de Fougères, fut bientôt délivré. D. Morice (I, 103), se fiant au passage de Guillaume le Breton, rapporte ces événements à l'année 1155. Mais la date donnée par R. de Torigny nous paraît plus exacte ; car on trouve dans les preuves publiées par D. Morice lui-même (I, pr. 622-623) une pièce qui prouve qu'Eon était encore à Rennes en

[Anno ab incarnatione Domini MCLXIII, Herveus comes Leonie, miles strenuissimus, qui in Anglia et in aliis locis multa bella preclara gesserat, undeque monoculus factus erat, dolo captus fuit una cum Guidomaro filio suo, et retrusi sunt in carcerem apud Castellum-Lini[1]. Haimo vero episcopus Leonensis[2], una cum militibus et populo, armis arreptis, obsederunt castrum; quibus Conanus Parvus, dux Britannie, prestitit auxilium et personaliter interfuit. Castro itaque oppugnato et per vim capto, liberati sunt inde comes Herveus et filius ejus. Vicecomes vero Fagi cum fratre et filio suo qui dolum illum fecerant, incarcerati sunt apud Douglasium et fame et siti interire coacti.]

[Eodem anno fuit fames valida in eadem terra.]

[Anno ab incarnatione Domini MCLXIX, expulsus est Haimo episcopus de episcopatu suo a Guidomaro fratre suo vicecomite, propter quod Conanus parvus cum eodem episcopo, congregato exercitu, intravit terram Leonie, et pugnavit cum dicto Guidomaro et filiis ejus, et eos bello confecit juxta Comanna in loco qui dicitur Mechuoet quod interpretatur *pudor fuit*.]

14. — [Non multo post dies illos beatus Thomas archipresul Cantuariensis, pro jure et libertate ecclesie sue, a sede sua per violenciam Henrici regis Anglie est ejectus, et a Ludovico Pio Francorum rege honorabiliter est receptus. Tandem reversus ad propria, passus est martyrium anno Domini MCLXXI[3]; ad cujus sepulcrum idem Ludovicus accessit orationis causa, et cum esset inde recessurus, orationem suam ante sepulcrum sic complevit : « Hospes sancte, ego quondam recepi te, sed minus honoravi « quam debui. Tu enim gratanter recipiebas que mea tibi pra- « vitas exhibebat et dixisti quod, si tibi Deus posse in futurum « conferret, mihi hoc retribueres quod tibi faciebam. Modo

---

décembre 1155. — Quant à l'expédition dirigée contre Girard de Mâcon, il est difficile d'en savoir la date exacte. Girard ne fut amené qu'en 1166 à une soumission définitive dont l'acte est publié dans l'*Ampliss. coll.* (I, 874).

1. *Nini* Brux.

2. Haimon était, ainsi qu'on le verra plus loin, fils d'Hervé de Léon et frère de Guiomar.

3. Saint Thomas Becket périt le 29 décembre 1170.

« dedit tibi Deus posse, retribue igitur sicut et promisisti mihi.
« Promove tamen et protege Philippum filium meum [1]. »]

15. — [Paucis postea elapsis diebus, interfectus fuit Haimo episcopus Leoniensis in festo Conversionis beati Pauli [2] in loco qui dicitur *Rengar* quod interpretatur *fides aspera* [3].]

16. — Anno ab incarnatione Domini MCLXXIX, consecratus est in regem Philippus magnanimus in festo Omnium Sanctorum, patre suo Ludovico pio adhuc vivente [septuagenario] [4].

17. — Idem Philippus magnanimus audierat a coetaneis et consodalibus suis [5], dum sepius cum eis in palatio luderet, quod

---

1. Il y a ici une allusion au pèlerinage de Louis VII à Cantorbéry. Voy. plus haut p. 12, note 1.
Ce paragraphe est remplacé dans les mss. Brux. et Ott. par les lignes suivantes :
« In diebus illis, beatus Thomas archipresul Cantuariensis exulabat in Francia et honorifice tractabatur et recipiebatur a Ludovico Pio rege Francorum christianissimo.
« Anno ab incarnatione Domini MCLXX, coronatus est Henricus primogenitus Henrici regis Anglie qui beatum Thomam persequebatur.
« Anno ab incarnatione Domini MCLXXI, passus est beatus Thomas in ecclesia sua, missis spiculatoribus ab Henrico rege, in crastino festi Sanctorum Innocentium. »

2. Haimon fut assassiné le 25 janvier « per consilium, ut dicunt, Guihomari fratris sui, vicecomitis Leonensis, et junioris Guihomari, nepotis sui » (R. de Torigny, II, 25). M. Hauréau, dans le tome XIV du *Gallia Christiana,* place sa mort en 1172 ; M. Léopold Delisle propose avec raison de la ramener à 1171, date donnée par R. de Torigny et par G. le Breton. Celui-ci n'a certainement pas suivi le style français en ce passage, puisqu'il déclare que l'assassinat d'Haimon eut lieu peu de jours après celui de Thomas Becket.

3. *aspera* omis dans Brux. — Ce paragraphe manque dans les mss. Christ. et Cott.

4. Rig., § 4.

5. Nous préférons cette leçon du ms. Cotton à la leçon peu claire des autres mss. « a coevis, anno etatis sue decimo quinto, consodalibus suis », la première nous paraissant plus conforme au texte de Rigord.

Judei singulis annis unum christianum immolabant, [et ejus corde se communicabant; et ideo, concepto ex hac occasione rancore contra eos, omnes proposuit ejicere de regno suo.]

In diebus illis, sanctus Richardus a Judeis crucifixus fuit et martyrium passus, cujus corpus requiescit in ecclesia Sancti Innocentii Parisius in loco qui Campellus dicitur, et fiunt ibi per orationes ejus mirabilia [1] [usque in hodiernam diem] [2].

18. — Eodem anno quo Philippus magnanimus coronatus fuit [3], Hebo in pago Bituricensi, Imbertus [in pago Lugdunensi], et comes Cabilonensis, ceperunt ecclesias opprimere et clerum persequi, et libertates et immunitates ecclesiarum evertere [4] conati sunt. Sed rex magnanimus primitias militie sue Deo et ecclesiis consecrare volens, congregato exercitu, eos in manu forti debellavit et libertates ecclesiis reformavit [5].

19. — Eodem anno, multi principes regni sui contra ipsum conspirationem fecerunt, sed ipse omnes spe citius bello confectos et humiliatos in suam gratiam recepit. [Inter quos erat specialiter Stephanus [6] comes Sacri-Cesaris, castri scilicet quod tempore Julii Cesaris Avaricon vocabatur; qui licet esset ipsius regis avunculus, frater scilicet Adele regine, ipsum regem bello attentare presumpsit; sed regie magnitudini resistere non valens, victus [7] in brevi, fastu deposito, ipsius regis imperio colla submisit [8].]

20. — Anno ab incarnatione Domini MCLXXX, regni vero Philippi magnanimi secundo, in Ascensione Domini, imposuit sibi iterum Philippus magnanimus coronam in ecclesia Beati Dionysii, et inuncta [9] fuit ibidem Elisabeth venerabilis regina, uxor ejus, filia Balduini comitis Hainellorum [10].

1. *miracula* Cott.
2. Rig., § 6.
3. Corrigé par le correcteur de Chr. en *consecratus est*.
4. *enervare* Brux.
5. Rig., § 7 et 8.
6. *Stephanus* manque dans Brux.
7. *ejectus* Cott.
8. Rig., § 9.
9. *injuncta* Cott.
10. *Hynellorum* Cott. *Hunellorum* Brux. — Rig., § 10.

21. — Eodem anno, decimo quarto kalendas octobris, feria quinta[1] obiit Ludovicus rex piissimus, pater ejusdem Philippi magnanimi, in civitate regia, et deportatum est corpus ejus ad cenobium quod ipse fundaverat[2], [ordinis Cisterciensis], Barbeellum[3] nomine, et [conditum[4] aromatibus] ibidem honorifice tumulatum[5].

22. — [Anno incarnationis Dominice MCLXXXI, Philippus magnanimus, Deo et Christo in primitivis [6] operibus suis placere querens, prohibuit ne quis, ludendo vel alio modo, caput, ventrem vel aliud membrum Dei jurare presumeret blasphemando[7]; et quia Judeos odio habebat, et multas de eis in nomine Christi Jesu blasphemias audiebat], omnes debitores eorum a debitis absolvit, quinta parte totius summe fisco retenta[8].

23. — Anno ab incarnatione Domini MCLXXXII, omnes Judeos de regno ejecit Philippus magnanimus, datis prius induciis eisdem Judeis[9] vendendi supellectiles suas, et parandi ea que necessaria erant egressuris, antequam eos omnino ejiceret; domos autem et vineas et alias eorum possessiones retinuit fisco[10].

24. — Anno ab incarnatione Domini MCLXXXIII, fecit Philippus magnanimus ecclesias in nomine Jesu Christi et sanctorum ejus edificari ubique per civitates et castella in locis quibus erant synagoge Judeorum[11].

25. — [Eodem anno, Philippus magnanimus, de ampliatione regni et rerum fisci sollicitus, nundinas que dicuntur Sancti Lazari a domo leprosorum Parisius reduxit, et fisco applicuit de vo-

1. *quarta* Cott.
2. *fundavit* Cott.
3. *Barbello* Cott. et Brux.
4. *traditum* Cott.
5. Rig., § 11.
6. *primiteris* corr. en *primitivis* dans Chr.
7. Rig., § 5, p. 14. — Les termes de Rigord sont tout différents, et ce fait est rapporté dans sa chronique à la date de 1179.
8. Rig., § 12, p. 25.
9. *eisdem Judeis* ne se trouve que dans Cotton.
10. Rig., §§ 15 et 16.
11. Rig., § 17.

luntate leprosorum et ministrorum loci, assignata eis ab ipso rege annua pensione, secundum estimationem nundinarum, quam ipsi de fisco annis singulis recipiunt sine labore et tumultu [1].]

26. — Eodem anno, circumcinxit Philippus magnanimus nemus Vicenarum muro fortissimo et delectabili et inclusit ibi maximam multitudinem caprorum et damarum et cervorum [2].

27. — Eodem anno obiit Henricus juvenis rex Anglie, [cujus uxor erat soror Philippi magnanimi], in castro quod vocatur Martelli [3], XIII kalendas junii; cujus corpus delatum est in civitate Rotomagensi et honorifice tumulatum [4].

28. — Eodem anno interfecti sunt in pago Bituricensi Cotherilli [qui vulgo dicuntur Ruptarii, uno solo die] septem millia, qui invaserant fines regni nemini parcentes aut propter etatem, aut propter sexum vel religionem, aut propter sacrum locum, quin omnes occiderent, aut diversis tormentis ad refundendam eis pro redemptione sua pecuniam compellerent. Quo audito, a rege misso exercitu in adjutorium hominum illius provincie, omnes a summo usque ad minimum trucidati sunt [5].

29. — [Anno ab incarnatione Domini MCLXXXIV, fuit orta dissensio inter Philippum magnanimum et Philippum comitem Flandrie patrinum [6] suum, qui nolebat ei reddere Viromanniam, que sua erat de jure; unde et idem comes, in magna superbia, duxit cursum suum cum immenso exercitu per terram regis, cremando et depredando eam usque fere civitatem Silvanectensem, et obsedit Bestisiacum. Sed, superveniente rege, statim

---

1. Rig., § 20. — Guillaume le Breton, quoique bien plus complet que Rigord pour ce qui concerne cet achat, commet la même erreur de date (1183 au lieu de 1181).

2. Rig., § 21.

3. *Martellus* Cott.

4. Rig., § 22.

5. Rig., §§ 23 et 24.

6. Les mss. portent *patruum*; ce titre, désignant l'oncle paternel, ne peut pas convenir au comte de Flandres, tandis que celui de parrain, sans être tout à fait exact, est moins déplacé. Voyez Delisle, *Bibl. de l'Éc. des ch.*, 1859, p. 149. — Les faits de guerre rapportés dans ce paragraphe semblent appartenir à l'année 1185. Cf. Rig., § 26, p. 41, n° 3.

recessit, et obsedit Corbeiam, oppidum florentissimum, et extremum ejus vallum fregit. Rex autem, collecto exercitu apud Compendium, festinavit succurrere obsessis. Quo audito, inde recessit comes. Rex autem obsedit castrum quod Bovas appellatur. Comes autem metatus est castra e regione contra regis exercitum ; sed infra paucos dies, mediantibus bonis viris, pacificatus est regi, Viromanniam ei restituens, et ejus voluntati, juramento prestito, per omnia se committens[1].]

30. — Tempus erat quo messis jam in culmum prodierat et in spicas ; [exercitus autem regis occupabat agrorum quatuor milliaria[2] in circuitu]. Messis vero fuit partim conculcata, partim falcibus resecata. Cum autem postea messionis tempus adesset, superabundavit ibi messis in majori quantitate quam prius, et in uberiori fertilitate quam in aliis locis. In loco autem Flandrenorum[3] nulla spica potuit inveniri.

Quidam canonici ecclesie Ambianensis, cum viderent messem omnino vastatam, ut dictum est, per regis exercitum in terra de qua decimas exspectabant, supplicaverunt aliis canonicis suis, ut damnum illud, saltem in parte, eis de aliis decimis misericorditer resarcirent. Illi autem consuluerunt ut tempus messionis exspectaretur, et si quidem Dominus eos respiceret, bonum esset ; sin autem, petitioni eorum equanimiter assentirent. Adveniente autem messionis tempore, divino, ut dictum est, miraculo nullam passi sunt annone consuete jacturam[4].

31. — Factum est post aliquot dierum curriculum[5], Hugo dux Allobrogum obsedit Vergiacum ; [et cum admonitus a rege nunquam[6] vellet obsidionem dimittere], rex collecto exercitu ad supplicationem Guidonis, domini ejusdem castri, accessit, et ducem ab obsidione fugavit[7]. Nec multo post, idem rex Phi-

1. *supponens* Cott. — Voy. Rigord, §§ 26 à 28.
2. *millia* corr. en *milliaria* dans Chr.
3. *castrorum Flandrensium* Cott.
4. Rig., § 29. — On remarquera que Guillaume a un peu changé l'ordre du récit de Rigord.
5. Cette expression, empruntée à Rigord § 33, est assez hors de propos, car les faits dont il s'agit se passèrent en 1186.
6. *non* Cott.
7. Rig., § 32.

lippus¹, frequentibus supplicationibus et damnis² ecclesiarum quas dux opprimebat motus, obsedit Castellionem, castrum nobilissimum super fluvium Sequanam situm, et cepit per vim, et coegit ducem, vellet nollet, restituere ecclesiis et clero triginta mille libras quas eis abstulerat³ violenter, secundum quod damna ab eo illata estimata fuerunt⁴.

32. — Anno ab incarnatione Domini MCLXXXV, nupsit Margareta nobilis Anglie regina, relicta Henrici regis Anglie juvenis⁵, soror Philippi regis Francorum magnanimi, illustri Hungarorum regi Beli nomine, eodem Bele rege Hungarorum pro ea habenda Philippo magnanimo per solemnes nuncios supplicante⁶.

33. — Circa eadem tempora, Philippus magnanimus, pia et regali indignatione super intolerantiam luti vicorum Parisiace civitatis motus, fecit omnes vicos [portarum]⁷ quadratis lapidibus pavimentari. Et tunc primo amisit civitas proprietatem antiqui vocabuli quo Lutetia vocabatur⁸. [Ad cujus exhortationem alie civitates et castella vicos portarum⁹, plateas, pontes, introitus et exitus universos, quadratis et durissimis lapidibus straverunt¹⁰.]

34. — [Anno ab incarnatione Domini MCLXXXVI]¹¹, Philippus magnanimus, Deo semper sanctis operibus placere desiderans,

1. *idem tempus* Cott.
2. *supplicationibus et damnis* omis dans tous les mss. a été ajouté par le correcteur de Chr.
3. Les onze derniers mots (*nollet — abstulerat*) qui manquaient dans Chr. ont été rajoutés par le correcteur.
4. Rig., §§ 33, 35 et 36.
5. *juvenis* omis dans Cott.
6. Rig., § 43.
7. *portarum* omis dans tous les mss. a été ajouté dans Chr. par le correcteur.
8. Rig., § 37.
9. *portarum* omis dans Cott.
10. La fin de ce paragraphe depuis *Et tunc primo* manque dans les mss. Brux. et Ott.
11. Cette date manque dans Rigord qui semble plutôt rapporter la fondation de ce cimetière à 1187.

fecit cimiterium publicum mire [1] et amenissime amplitudinis, in loco qui ad Sanctum Innocentium Parisius [2] Campellus dicitur, muro lapideo circumcingi et ornari [3] [ad admonitionem cujusdam vetule vidue, que dicebat hoc ei in visione revelatum fuisse] [4].

35. — Eodem anno obiit, decimo quarto kalendas septembris, Gaufridus nobilis dux Britannie, [comes Richemontis], filius Henrici regis Anglie, quem cum Philippus magnanimus mira dilectione amplecteretur, fecit condiri [5] aromatibus, et in choro Beate Marie Parisiis corpus ejus honorifice tumulari, et in signum dilectionis quatuor prebendas sacerdotales perpetuas in ecclesia Parisiaca de bonis propriis instituit, ad usum quatuor sacerdotum qui ibidem perpetuo pro defunctis debeant celebrare [6].

36. — Anno ab incarnatione Domini mclxxxvii [7], fuerunt quidam astrologi falsidici qui audacissime prophetare presumpserunt ventum vehementissimum futurum in sequenti septembri ab aquilone venturum, et omnia edificia deleturum [8] cum immensa hominum clade et animalium; quod ad litteram falsum fuit [9]. [Mystice autem potuit intelligi de persecutione] Saladini, qui [eo tempore quo ventus ille dicebatur futurus esse], omnes christianos in Orientali ecclesia delevit, crucem Dominicam asportavit [10], civitatem sanctam Hierusalem cepit, et omnes alias civitates preter Tyrum, Tripolim et Antiochiam

---

1. *mire* omis dans Cott.

2. *ad Sanctum Inn. Par.* omis dans Cott., dans Ott. et dans Brux., a été rajouté dans ce dernier par une main moderne.

3. Rig., § 47.

4. La dernière phrase depuis *ad admonitionem* ne se trouve que dans Cott.

5. *condiri corpus ejus* Cott.

6. Rig., §§ 44, 45.

7. *MCLXXXVIII* Cott. Les dates 1187 et 1188 sont trop récentes puisque les prédictions des astrologues concernaient l'année 1186. Voy. Rig., § 49.

8. *dejecturum* Cott.

9. Rig., § 49.

10. *crucem Dom. asp.* ne se trouve que dans Cott.

et pauca castra munitissima que nunquam habere potuit[1].

37. — Eodem anno, in nonis septembris, feria secunda, hora diei XI[2], natus fuit Ludovicus filius Philippi magnanimi ex Elisabeth uxore sua castissima[3].

38. — Eodem anno, scilicet septimo regni Philippi magnanimi[4], etatis vero ejus vigesimo secundo, orta est dissensio inter eumdem Philippum et Henricum Anglie regem, pro eo quod Richardus filius ejus multoties requisitus nolebat hominium facere eidem Philippo pro comitatu Pictavie quem tenebat[5], patre suo in hoc ei consentiente. Item etiam pater ejus[6] in prejudicium Philippi regis tenebat Gisortium et alia municipia Gisortio appendentia, que data fuerant a Ludovico Pio, Henrico regi Anglie, in dotem cum Margareta filia sua; sed, eodem Henrico sine liberis jam defuncto, et eadem Margareta regi Hungarie Beli nupta, dos reverti debebat ad heredem. Quod cum ei post multas admonitiones negaretur, collecto exercitu in pago Bituricensi, intravit fines Aquitanicos, et cepit per vim oppidum florentissimum [nomine Ursellodunum, quod vulgo dicitur] Essoldunum. Cepit etiam Crazaium et depopulatus est terram totam usque ad Castrum Radulfi, et multas munitiones evertit, et obsedit Castrum-Radulfi. Sed et Henricus rex Anglie et Richardus comes filius ejus, collecto exercitu, steterunt ex adverso. Philippus autem magnanimus, indignatus animo, ordinavit acies ad pugnandum cum illis; sed illi audaciam Francorum et magnanimitatem regis non ferentes, missis nuntiis viris religiosis, judicio regalis curie se in omnibus submiserunt[7].

39. — Paucis postea elapsis diebus, peccatis nostris exigentibus, Saladinus, rex Syrie et Egypti cepit sanctam civitatem Hierusalem et totam terram Promissionis preter Tripolim et Antiochiam et pauca castra munitissima que nunquam Sarra-

---

1. *que nunquam Sarraceni tenuerunt* Cott. — Rig., § 53.
2. *IX* Cott.
3. Rig., § 54.
4. *Eodem anno, scilicet MCLXXXVII, regni autem Philippi magnanimi VII* Cott.
5. *quem tenebat* omis dans tous les mss. excepté dans Cott.
6. *pater ejus* remplacé par *Henricus* dans Cott.
7. Rig., §§ 50 et 51.

ceni[1] obtinere potuerunt. Sed et sanctam crucem jam asportaverat, occisis in bello fere omnibus christianis[2].

40. — Eodem anno, in festo Sancti Luce mensis octobris, obiit Urbanus papa tertius; cui successit Gregorius octavus, [qui sedit tantum per octo hebdomadas dierum]; cui successit Clemens tertius natione romanus[3].

41. — In sequenti januario, in festo sancti Hilarii, celebratum est colloquium apud Gisortium inter Philippum magnanimum et Henricum regem Anglie; in quo colloquio uterque eorum, Domino inspirante, crucem assumpsit, et fere omnes eorum proceres et prelati ecclesiarum. Locus autem ille vocatus est Sanctus-Ager propter cruces ibi assumptas[4].

42. — Anno ab incarnatione Domini MCLXXXVIII, celebratum est concilium[5] Parisius à Philippo magnanimo in quo infinita hominum multitudo crucesignata est[6].

43. — Modico post elapso tempore, Richardus comes, contra pactiones inter ipsum et patrem suum Henricum regem ex una parte, et Philippum regem ex altera, apud Gisortium firmatas, collecto exercitu, intravit terram Tolose, quam comes Sancti Egidii tenebat feodaliter a rege Francorum. Qua occasione orta est dissensio iterum inter reges. Philippus autem rex magnanimus cum ingenti exercitu intravit terram eorum, et cepit nobile Castrum-Radulphi, Busancaicum[7] et Argentonem, et Leurosium. Dum autem ibidem esset rex in obsidione, et exercitus aquarum penuria affligeretur, torrens quidam qui ibi erat, et tempore pluvioso aquas aliquas habere consueverat, tunc autem ardore estatis[8], penitus erat dessicatus, divino miraculo superabundavit aquis, ita ut usque ad satietatem biberent homines

---

1. Le ms. Chr. portait d'abord *Sacraci*, que le correcteur a changé en *Sarraceni*.

2. Ce paragraphe, qui fait peut-être double emploi avec le § 36, ne se trouve pas dans Cott. — Rig., § 53.

3. Rig., § 55.
4. Rig., § 56.
5. *concilium generale* Cott.
6. Rig., § 57.
7. *Busauraium* Brux.
8. *solis* Cott.

et jumenta et balnearent in eo. Sed, rege inde digresso, ad solitam rediit siccitatem[1].

44. — Inde digressus obsedit Montem Tricardi et turrim fortissimam, in qua erant quinquaginta[2] milites, penitus evertit, et alia castra quamplurima et totam Alverniam[3] cepit et Montem Luzonis, et inde[4] regem Anglie cum exercitu ad confinia Normannie divertentem viriliter insequens, Vindocinum obiter cepit[5].

45[6]. — [Sed, cum rex Anglie usque Gisortium, et idem rex Francie usque castrum quod Calvus-Mons dicitur, pervenissent[7] et a se per quatuor milliaria distarent, die ad colloquendum de pace assignato, Philippus rex et Franci stabant per campos sub ardore solis quem vix poterant sustinere. Henricus vero rex Anglie et Normanni[8] ante introitum Gisortii sedebant, quasi pro tribunali sub umbra cujusdam ulmi patule[9], cujus rami densissimi, in altitudine octo pedum a terra elevati, reflectebantur in se concameratione quadam, et terre spatium non modicum operientes, non solum umbra, sed et amenitate placita gratum suo gremio sessorium tam fatigatis quam et spatiantibus offerebant, et oblatum eadem liberalitate prestabant[10]. Indignati itaque Philippus et[11] Franci de quiete regis

1. Les dernières lignes depuis *ita ut* manquent dans Chr. Dans Cott. elles ont été remplacées par ces mots : « *ita quod hominibus sufficeret et jumentis potandis et vadandis.* » — Rig., §§ 60 et 61.

2. *quingenti* Cott.

3. *Alumniam* Brux.

4. *inde versus* Cott.

5. Rig. § 62. — *obiter cepit* manque dans Chr. — *Vindocini iter cepit* Cott.

6. Ce paragraphe manque dans Chr. 619.

7. *pervenisset* Cott. — Voy. *Cat.*, 224, un acte donné à Chaumont en août 1188, qui a dû être rédigé à l'époque de cette entrevue.

8. *et sui* Cott.

9. *patule et amenissime* Cott.

10. Dans Cott. les dernières lignes depuis « *cujus rami densissimi*..... » sont remplacées par ces mots : « *et, colloquio durante biduo, pax intervenire non posset.* » que l'on trouve un peu plus loin dans les autres mss.

11. *Philippus et* omis dans Cott.

Anglie et suorum, et de suo ex solis intolerantia exsiccatu[1], cum pax, colloquio biduo[2] durante, intervenire non posset[3], arreptis armis ad locum perniciter advolant, et, rege Anglie cum suis inde turpiter fugato, multis occisis et in fluvium, dum castellum subeunt[4], mersis, ipsam ulmum quasi in silva lignorum securibus excidunt, et in securi et ascia dejicientes, penitus sternunt[5]. Mane secuto, rex Anglie, primo Vernonem, deinde Paciacum veniens, terram Francorum usque Meduntam concremavit. Quod Philippus concipiens, licet suum jam exercitum divisisset et pro parte licentiasset, Meduntam cum paucis veniens et inde pertransiens, usque ad exercitum regis Anglie perveniens, ei confligere nitebatur. Sed rex Anglie, contracto et revocato exercitu in castro quod Ibreia[6] dicitur se recepit.]

46. — Evolutis postea aliquot diebus, Richardus comes confederatus est regi Philippo, pro eo quod pater suus contradicebat ei reddere uxorem suam, sororem regis Philippi magnanimi[7].

47. — Eodem anno, quarto nonas februarii, feria quinta, hora noctis quarta, fuit eclipsis Lune universalis, et duravit per tres horas. Quarto idus ejusdem mensis, in vico quod Argentolium vocatur, paulo ante ortum aurore, visa est a quibusdam Luna descendere ad terram, et, post moram[8] modicam, visa est iterum ascendere[9].

48. — Anno ab incarnatione Domini MCLXXXIX, Philippus magnanimus, congregato exercitu apud Nongentum, oppidum in Perticensi pago, movit inde et virtute magna expugnavit

1. *et de suo — exsiccatu* omis dans Cott.
2. Trois jours, dit R. de Dicet (II, 55).
3. Voy. la note 9.
4. *et in fluvium — subeunt* omis dans Cott.
5. Benoît de Peterborough place cette entrevue en septembre 1188 (II, 46). En réalité elle eut lieu le 16 août (R. de Dicet, II, 55. — *Cat.* 224). Les chroniqueurs anglais sont d'accord pour attribuer la destruction de l'Orme de Gisors (« intra fines Francie radicatam » dit R. de Dicet) à la colère que causait à Ph. Aug. l'impossibilité de se mettre d'accord avec le roi d'Angleterre.
6. *Hyberia* Cott.
7. Rig. § 63.
8. *horam* Cott.
9. Rig. § 64.

castrum nomine Feritatem-Bernardi, [et Montem-Fortem-Rotroldi], et obsedit nobilissimam urbem Cenomannicam, [quam cepit usque ad arcem] et satis ignominiose inde fugavit Henricum regem Anglie cum septingentis militibus, et infinita multitudine armatorum; quem cum ita fugasset, arcem oppugnavit et cepit. Inde cursu rapido ad urbem florentissimam Turonorum[1] duxit exercitum; [sed, ponte diruto a civibus et hominibus regis Anglie, cum non pateret ei via qua posset ad eam accedere, nec trajectus in fluvio Ligeris inveniretur] ipsemet hasta[2] quam manu gestabat, in equo sedens vadum querebat, et tandem vado preter spem et consuetudinem illius amnis invento, exercitum transduxit et civitatem [infra paucos dies] vi cepit[3].

49. — [Urbe Turonica capta[4], factum est colloquium inter reges, et pax est reformata inter eos in loco qui dicitur Columbarium][5], paucisque diebus evolutis, [dum adhuc in partibus illis esset Philippus rex,] obiit Henricus rex Anglie in castro Kinonis, et sepultus est in cenobio monialium quod dicitur Fons-Ebraudi; cui successit Richardus filius ejus, et firmata est pax inter ipsum et Philippum magnanimum, et restituit ei Philippus civitates Turonensem et Cenomannensem et Castrum-Radulfi cum toto feodo; et idem Richardus quitavit eidem Philippo regi et successoribus ejus in perpetuum Essoldunum cum omnibus pertinentiis suis, et quidquid juris poterat in Arvernia reclamare, [que tamen omnia jure belli sibi poterat retinere rex Philippus][6].

50. — Eodem anno, obiit Elisabeth regina, uxor Philippi magnanimi, et sepulta est in ecclesia Beate Marie Parisius; pro cujus memoria constituti fuerunt in eadem ecclesia duo perpetui sacerdotes, assignato unicuique eorum annuo reditu quindecim librarum[7].

51. — Anno ab incarnatione Domini mcxc, in festo sancti Johannis Baptiste, arripuit Philippus rex iter eundi in partes

---

1. *Turonicam videlicet* Cott.
2. *hostia* corr. en *hasta* par le correcteur de Chr.
3. Rig. § 66.
4. *Qua capta* Cott.
5. Sur ce traité, voy. Rig., p. 96, n. 2, et *Philippide* (III, v. 737).
6. Rigord, § 67.
7. Rig. § 68.

transmarinas in obsequium sancte crucis, cura regni commissa Adele matri sue et Guillelmo Remorum archipresuli, et venit Januam, civitatem Italie, ubi intravit mare, testamento prius condito et omnibus rite peractis. Tempore eodem Richardus rex Anglie cum suis movit, iturus in obsequium sancte crucis, et venit Massiliam et intravit mare [1].

52. — Eodem tempore, de mandato regis Philippi, [quod in recessu suo dederat], erecti sunt muri in circuitu civitatis Parisiace [a parte boreali usque ad fluvium Sequane] cum turellis et portis decentissime aptatis [2].

53. — Venit itaque uterque rex navigio cum exercitu suo usque Mechinam sive [3] Messanam Sicilie civitatem, et rege Philippo mediante, reformata est pax inter regem Sicilie Tancredum et Richardum regem Anglie super dotalitio sororis ipsius regis Anglie [4]. Ibidem distribuit Philippus rex plurima donaria proceribus et militibus suis, propter rerum suarum jacturam quam in mari, orta tempestate passi fuerant [5].

54. — Revolutis paucis diebus, rex Anglie submonitus a Philippo rege ut sororem suam, sicut tenebatur juramento astrictus, desponsaret, et ut in medio martii ad transfretandum paratus esset, neutrum facere voluit; imo in uxorem duxit Berengariam filiam regis Navarre, et iter suum differre volebat usque in sequentem augustum. Philippus autem rex submonuit proceres ut adimplerent id ad quod per juramentum tunc tenebantur et intravit mare [6], et cum prosperitate venit Acharon et applicuit in vigilia Pasche [7].

1. Rig. § 69. — Ces dernières lignes (*tempore eodem — intravit mare*) manquent dans Ott.
2. Rig. § 71.
3. *Mechinam sive* manque dans Cott.
4. *que fuerat uxor Guillelmi regis Sicilie* ajouté dans Cott.
5. Rig. § 72.
6. Telle est la leçon du ms. Cotton qui paraît plus claire et plus conforme au texte de Rigord que celle du ms. Chr. : « *submonuit proceres per juramentum quod eidem astricti tenebantur... um eo reverterentur. Quibus assentientibus, Philippus rex intravit mare* etc. » et que celle du ms. de Bruxelles : « *submonuit proceres per juramentum quod ad idem tenebatur; quibus assentientibus* etc. »
7. Rig. §§ 73, 74.

55. — Rex autem Richardus, postea navigans, venit Cyprum et eam cum imperatore suo et filiam imperatoris cepit, et universos ejus thesauros asportavit, et tandem venit Acharon, et invenit muros civitatis jam fractos et viriliter [1] a Philippo rege et Francis expugnatos [2].

56. — Fredericus imperator, cum infinita multitudine Theutonicorum et aliorum in obsequium sancte crucis similiter proficiscens, inter Niceam, civitatem Bithynie et Antiochiam, viam universe carnis ingressus est. Cui successit in imperio Henricus filius ejus.

Incarnationis Dominice anno MCXCI obiit Clemens papa, cui successit Celestinus natione romanus.

Eodem anno, in autumno, fuit tanta pluviarum nimietas, quod messis fere tota in campis dum adhuc esset in folliculis [3] germinavit. [Unde contigit quod in toto anno illo vix inveniebatur panis qui comedentibus nauseam non provocaret [4].]

57. — Eodem anno, mense augusto, egrotavit Parisius Ludovicus filius regis Philippi parvulus; sed tante [5] processiones et orationes facte sunt pro eo ad Dominum quod in brevi, et maximo Dei miraculo, restitutus est integerrime sanitati [6].

58. — Interim virtus Francorum indefessa [7] civitatem Acharon cepit mense julio, illis qui ibidem erant Sarracenis vita sola tamen concessa, eo pacto ut omnes christianos [8] qui in captione Saladini erant et sanctum lignum vivifice crucis, restituerent christianis. Quod quia postea Saladinus aut noluit aut non potuit facere, predicti Sarraceni et omnes alii qui tenebantur

1. *et viriliter* omis dans Cott.
2. Rig. §§ 74 et 75.
3. La leçon *fasciculis* qui ne se trouve que dans Cott. paraît préférable, mais il y a bien *folliculis* dans tous les mss. ainsi que dans Rigord.
4. Rig. § 76.
5. *tot et tante* Cott.
6. Rig. § 77.
7. *in deffensa* Cott.
8. Dans Chr. la phrase, d'abord interrompue ici, a été ensuite complétée par le correcteur au moyen des mots *quos tenebant redderent*.

capti, exceptis paucis magnis viris, interfecti sunt extra portas civitatis Acharon, numero septem millium[1] et eo amplius[2].

59. — [Eisdem temporibus fuit eclipsis Solis, in vigilia sancti Johannis Baptiste, in septimo gradu Cancri, Luna exstante in sexto gradu ejusdem signi et cauda Draconis in duodecimo, et duravit per quatuor horas, antequam civitas Acharon caperetur].

60. — In obsidione Acharon mortui fuerunt illustres viri, Theobaldus comes, dapifer Francie, Hugo dux Burgundie, Philippus comes Flandrie, comes Clarimontis, comes Perticensis [et multi alii proceres et viri clarissimi][3].

61. — Remis[4], metropoli Francorum, occiditur sanctissimus Leodicensis episcopus, missis apparitoribus ab Henrico imperatore qui, fingentes se ejectos ab imperatore, eumdem sanctum episcopum, cum ab eo fuissent amicabiliter recepti, et apud eum diu tamquam amici fideles conversati, nacta spatiandi occasione, extra muros civitatis eductum occiderunt[5].

62. — Interea, Richardus rex Anglie frequentes mittebat nuncios ad Saladinum, et mutua dona recipiebat ab eo, et ideo Philippus rex eumdem Richardum regem suspectum habebat. Postea idem Philippus rex morbo gravissimo detinebatur. [Nam, ut quidam dicunt, venenum incaute a proditoribus porrectum hauserat, unde et tanta infirmitate gravatus est, quod et ungues manuum et pedum, et capillos et fere omnem cutis superficiem amisit]; unde de consilio suorum fidelium, commissa captivorum cura et totius rei summa duci Burgundie, [et aliis quos ad hoc sufficere presumebat, quingentis militibus cum sufficienti trium annorum[6] sumptu de fisco ejus ministrato ad defensionem terre Sancte dimissis], repatriare disponens, Romam venit, et visitatis apostolorum liminibus, a Celestino papa [cognato suo][7] benedictione recepta, paucis diebus ante Nativitatem

---

1. *numero octo millia* Cott. Rigord dit cinq mille.
2. Rig. §§ 81 et 82.
3. Rig. § 79.
4. *Eo tempore Remis* Cott.
5. Rig. § 78.
6. *trium annorum* ne se trouve que dans Cott.
7. J'ignore sur quoi Guillaume se peut fonder pour établir cette parenté.

Domini in Franciam est reversus, sanitati [1] aliquantulum restitutus [2].

63. — Sequenti martio, Judei quemdam christianum, permittente comitissa [Brene, matre comitis Roberti] [3], apud castrum quod Braiam [4] vocant, spinis coronatum et fustigatum per vicos crucifixerunt. Quo audito, Philippus magnanimus christianitati compatiens, in propria persona ad prenominatum castrum accedens, LXXX Judeos et amplius comburi fecit [5].

64. — Incarnationis Dominice anno MCXCII, mense novembri, vigesimo die mensis, fuit eclipsis Lune particularis in septimo [6] gradu Geminorum et duravit per duas horas [7].

65. — Postmodum, crescente iniquitate et malitia hominum, intimatum est regi Philippo, quod, ad suggestionem Richardi regis, missi erant de populo Arsacidarum quidam ut eum occiderent, eodem modo quo Corradum marchionem Montisferrati apud Acharon illis diebus occiderant. Propter quod idem rex Philippus sui corporis habuit de cetero custodes fidelissimos, [et ipse fere semper clavam eream vel ferream in manu gestavit], et sui custodes similiter habuerunt de cetero [8] consuetudinem gestandi clavas in manibus [usque in hodiernum diem].

Rex vero, valde turbatus misit nuncios ad Vetulum regem Arsacidarum ut significaret ei per certo etc. [9].

1. *saturati* changé en *sanitati* par le correcteur de Cott.
2. Rig. § 81.
3. Tous les mss. excepté le ms. Cotton portent *permittente comitissa Campanie*. Voy. Rigord § 84, note 1.
4. *Brainam* Cott.
5. Rig. § 84.
6. Rigord dit *sexto*.
7. Rig. § 86.
8. *ex tunc* Cott.
9. Rig. § 87. — L'alinéa (*Rex — etc.*) ne se trouve pas dans les mss. Chr. et Cott.; l'expression *etc.* qui le termine, et que Guillaume le Breton avait sans doute l'intention de remplacer plus tard par un résumé de la fin du § 87 de Rigord, prouve que c'est une note prise par lui en vue d'une nouvelle rédaction, note qu'il n'aura pas utilisée lui-même et qui n'aura été insérée que par un autre.

[Apud Arsacidas opinio vulgaris et Deo odibilis observatur; quidquid enim a domino suo eis vel de homine occidendo vel de re alia imperatur, si obedierint, credunt statim patrato scelere se salvari[1].]

66. — Nec multo post, summa rei Henrico comiti Campanie commissa, Richardus rex repatriavit. [Sed quia multos offenderat, multos metuens, dissimulavit et habitu et splendore quantum potuit eminentiam regalem]; tamen in terra ducis Austrie cognitus et captus, traditus fuit Henrico imperatori et in carcere diu detentus. Datis demum pro redemptione centum millibus marcarum argenti, dimissus, post labores multos et pericula infinita, tandem in Angliam est trajectus[2].

67. — Anno Dominice incarnationis mcxciii, Philippus magnanimus cepit Gisortium, et totum territorium Velicassinum et confinia Neustrie pro maxima parte et restituit ecclesie beati Dionysii Novum-Castellum, quod rex Anglie ei abstulerat et injuste detinebat[3].

68. — Tempore illo obiit Saladinus rex Syrie et Egypti, et successerunt ei duo filii sui, Saphadinus super Syriam et Meralicius[4] super Egyptum[5].

69. — Eodem anno, Philippus magnanimus duxit in uxorem Indeburgim, sororem Kanuti regis Dacorum, [in civitate Ambianensi]; que, eodem die quo benedicta et coronata fuerat, per sortiarias, ut dicunt, maleficiata, [ab ipso rege cepit minus diligi, et jure thori et carnis debito privari] et demum ab ipso, consanguinitate probata, separata est. Tamen a Francia non recessit, [necessaria vite a fisco recipiens][6].

70. — Februario sequente, Philippus magnanimus cepit civitatem Ebroicensem, Novum-Burgum, Vallem-Redolii et multa alia municipia, et Rotomagum obsedit, sed non cepit[7].

71. — Anno incarnationis Dominice mcxciv, Michael decanus

1. *credunt se statim salvatos* Cott.
2. Rig. § 88.
3. Rig. § 89.
4. *Morilicius* Cott.
5. Rig. § 90.
6. Rig. § 92.
7. Rig. § 94.

Parisiensis, vir theologus et sanctus, in patriarcham Jerosolimitanum, est electus; sed antequam illuc iter arriperet, factus est archiepiscopus Senonensis[1].

72. — Eodem anno[2] Philippus magnanimus obsedit Vernolium et viriliter per tres septimanas expugnavit. [Eo autem ibidem existente, Johannes, frater Richardi regis Anglie, qui cognominatus est Sine-terra, qui Philippo regi confederatus in fraudem fuerat, accedens ad eos qui ex parte regis Philippi Ebroicas custodiebant et eos dolo circumveniens, decapitavit omnes, et capita palis affixit in circuitu civitatis; arcem tamen non obtinuit]. Quo audito, rex Philippus obsidionem Vernolii dimisit et Ebroicas veniens, cum furore civitatem [incendio] consumpsit, [et inde transiens et terram Normannicam devastans], Guillelmum[3] comitem Leicestre, virum strenuissimum [in quodam nemore cum multis armatis militibus deprehensum bello confecit et] cepit et carceri[4] mancipavit [cum multis aliis][5].

73. — In fine sequentis junii, ecclesia beate Marie Carnotensis [casuali] incendio consumpta est, [sed post a fidelibus incomparabiliter, miro[6] et miraculoso tabulatu lapideo reparata est][7].

74. — [Interea Richardus, rex Anglie congregato exercitu, Bellum-Montem, castrum videlicet munitissimum super fluvium Ridulam situm, recuperavit, et quasdam alias munitiones]. Et dum rex Philippus per terram comitis Blesensis iter faceret[8],

---

1. Rig. § 95.
2. Tous les mss. sauf Brux. portent *Sequenti anno*, leçon qui serait correcte si Guillaume avait employé le style français, l'élection de Michel comme patriarche ayant eu lieu en 1194, avant Pâques.
3. Bien que Guillaume le Breton s'éloigne du texte de Rigord, il a dû pourtant l'avoir sous les yeux, car il a commis la même erreur que lui en appelant *Guillaume* le comte Robert de Leicester.
4. *cartam* changé en *carceri* par le correcteur de Chr.
5. Rig. §§ 96 et 97.
6. *muro* changé en *miro* par le correcteur de Chr.
7. Rig. § 98.
8. Dans Chr. les mots *iter faceret* omis ont été remplacés par *iret* de la main du correcteur.

idem rex Richardus, [positis insidiis in loco qui dicitur villa Belfou] [1], sarcinarios regis cum denariis et varia supellectile potenter abduxit, [et multum damnificavit regem, amisso ibidem sigillo et libellis computorum fisci]. Interea Johannes Sine-Terra cum [comite David [2] et] comite Arundelle et civibus Rotomagi et infinita multitudine Normannorum [3], obsedit Vallem-Redolii. Quo audito, rex Philippus magnanimus [a Bituria ubi erat, maxima] cum paucis armatis [itinera faciens, in tribus diebus [4] ex improviso] superveniens, castra eorum irrupit, et omnes in nemora propinqua fugavit, multis dum fugerent captis et interfectis [5].

75. — Eodem anno Henricus imperator Calabriam, Siciliam [6] et Apuliam bello sibi subjugavit [7].

76. — Anno Dominice incarnationis MCXCV, Richardus rex remisit Philippo sororem suam quam in uxorem ducere debuerat [8], que statim data est in uxorem comiti Pontivicii sive [9] Pontivi, et, treugis redditis et guerra reincepta, Philippus rex Vallem Redolii quam munitam tenebat, solo adequavit, [ipso rege Richardo hoc vidente et acerbiter indignante] [10].

77. — Eodem anno fuit fames valida in terra propter nimiam commotionem aeris et tempestates que frequentes acciderant anno precedenti. [Sed rex Philippus et ejus exemplo clerus et

---

1. Il nous a été impossible d'identifier cet endroit qui, d'après la *Philippide,* était situé entre Fréteval et Blois. D. Brial l'a traduit par *Beaufour,* mais il n'existe pas, au moins aujourd'hui, de lieu portant ce nom dans le voisinage de Fréteval.
2. David, comte de Huntingdon, fils de David I, roi d'Ecosse.
3. *Neustricorum* Brux. et Ott.
4. *in tribus diebus* omis dans Brux. et Ott. — Dans Chr. 619, ces mots se trouvent avant *itinera,* et *faciens* omis a été remplacé par *equitans* de la main du correcteur.
5. Rig. § 100.
6. *Siliciam* changé en *Siciliam* par le correcteur de Chr.
7. Rig. § 101.
8. *dubi erat* (sic) changé en *debuerat* par le correcteur de Chr.
9. *Pontivicii sive* manque dans Cott.
10. Rig. § 102.

populus et proceres universi eleemosinas faciunt largiores et pauperum sublevant egestatem] [1].

78. — Tempore illo Hildefonsus rex Castelle opprimebat nobiles viros regni sui, et ignobiles exaltabat, et, militibus neglectis, rusticos armis induebat [2] et nobilibus [3] preferebat; et ideo offensus illi Deus vindictam retribuit indilatam. Nam eodem tempore Hemanmelinus [4] rex Moabitarum, Hispaniam intrans, pugnavit cum eodem rege Castelle et eum vicit, quinquaginta millibus christianorum bello occisis [5].

79. — Eodem anno Richardus rex obsedit castrum fortissimum quod Archas vocant. Sed Philippus magnanimus, cum suis Francis superveniens, eum inde fugavit; et paululum procedens, portum famosissimum et villam opulentissimam que Depa [6] dicitur, super mare Anglicum, in fortitudine magna intravit, combussit, et predam maximam et spolia pretiosa inde abduxit. In suo tamen inde [7] reditu, dum per forestas iter faceret, rege Richardo in insidiis latitante et insultum [8] in eos ex improviso faciente, perierunt multi extremi agminis viri.

Qui imperat ruptariis et Cotarellis [9] Marchaderus Essoldunum capit et munit ad opus Richardi regis [10].

80. — Eodem anno [11], intolerabilis aeris intemperies ingruit,

---

1. Rigord (§ 101) raconte les tempêtes de 1194, mais il reporte à l'année suivante la famine et les aumônes du roi (Rig. § 106). Il n'y a pas lieu de croire à une erreur de Guillaume le Breton; car celui-ci, lorsqu'il décrit la famine de 1195 (voy. plus loin § 80), déclare formellement que les libéralités du roi étaient imitées de celles de l'année précédente, « ut in anno precedenti. »

2. *decorabat* Cott.
3. *militibus* Cott.
4. *Hemanuelinus* Brux.
5. Rig. § 103.
6. *Dapa* Cott.
7. *inde* omis dans Chr.
8. *insistum* changé en *insultum* par le correcteur de Chr.
9. Dans Brux. ces cinq premiers mots sont soudés à l'alinéa précédent.
10. Rig. § 104.
11. Les mots *Eodem anno* omis dans tous les mss. ont été ajoutés dans Chr. de la main du correcteur.

pluvie et tempestates; messis in fasciculis[1] germinat; fames valida inde exoritur. Sed rex Philippus eleemosinas facit largiores, et prelatos et principes et omnes divites ad hoc ipsum et ad sustentationem pauperum excitat et inducit, [ut in anno precedenti][2].

81. — Fulco presbyter et ejus discipuli predicant verbum Dei et multi ab usuris exercendis cessant; usure multe restitute fuerunt[3].

82. — Collecto iterum exercitu, Philippus rex ex una parte et Richardus rex Anglie[4] ex altera ad pugnandum parati stabant in pago Bituriensi, juxta Essoldunum. Ibidem Richardus rex in se revertens, armis depositis preter spem omnium, accessit ad dominum suum Philippum regem, flexisque genibus fecit ei hominium, et pax fuit inter eos reformata et jurata[5].

83. — Anno Domini MCXCVI facta est subita aquarum et fluminum inundatio, et pontes in multis locis diruti, et ville plures depresse. Sed clero et populo ad Deum clamantibus et frequentes processiones celebrantibus, ipso rege Philippo inter primos nudis plantis incedente, cessavit illa illuvies[6].

84. — Eodem anno Balduinus comes Flandrie apud Compendium fecit hominium domino suo Philippo regi[7].

85. — Idem vero Philippus, paucis diebus interjectis, duxit in uxorem Mariam filiam ducis Moravie[8] et Boemie et marchionis Istrie[9].

86. — Brevi exinde lapso tempore, Richardus rex, spreta sacramenti religione, dolo cepit castrum, in territorio Biturigum, quod Virsonem vocant, et concremavit, propter quod

---

1. *folliculis* Brux. et Ott.
2. Rig. § 105.
3. Rig. § 106.
4. *Anglie* rajouté par le correcteur de Chr. est omis dans les autres mss.
5. Rig. § 107.
6. Rig. § 109.
7. Rig. § 111.
8. Corr. *Meranie*.
9. Rig. § 112.

orta est denuo discordia inter ipsum et regem Philippum. Eodem tempore, Philippus rex obsedit castrum munitissimum quod Albamarna vocatur, in qua obsidione sedit septem hebdomadas dierum et amplius. Interim rex Richardus, data custodibus pecunia, obtinuit Nonancuriam et munivit viris armatis et victualibus, et inde divertens direxit exercitum versus Albamarnam, ut obsidionem amoveret; sed primo congressu in fugam versus, plures de suis amisit. In ipso congressu captus fuit Guido Thoarcensis [qui postea fuit dux Britannie, accipiens in uxorem Constantiam matrem Arturi, minoris [1] ducissam Britannie]. Capta Albamarna et funditus eversa, Philippus magnanimus potenti virtute et mirabili insultu recuperavit Nonancuriam, et milites strenuos plures et arcubalistarios qui ibidem erant ex parte Richardi regis [2], cepit [3].

87. — Idibus septembris ejusdem anni obiit Mauricius Parisiensis episcopus, [vir sancte recordationis, plenus operibus et eleemosinis, in senectute bona, et sepultus est in cenobio Sancti Victoris; qui, inter cetera opera sancta laude digna, quatuor abbatias fundavit, dotavit et ditavit]; cui successit Odo Soliacensis, frater archiepiscopi Bituricensis [4].

88. — [Anno Domini mcxcvii, Balduinus comes Flandrie, spreto hominio suo et fidelitate qua tenebatur Philippo regi, confederatus est Richardo regi, et Reginaldus de Dono-Martini cui, tamquam dilecto et fideli suo, rex Philippus comitissam Bolonie dederat in uxorem, et totum comitatum cum ea] [5].

89. — Henricus imperator eodem anno obiit, qui quoniam multos episcopos et archiepiscopos trucidaverat, et ecclesiam Romanam sicut et antecessores sui oppresserat, summus pontifex electioni Philippi fratris ejus obviavit et Othoni filio ducis Saxonie favit [6].

1. *minorem* Brux. — Ce mariage eut lieu en 1199 (D. Morice 1, 125); quant au titre de duc, Arthur seul avait le droit de le porter.
2. *regis* omis dans Chr. et Cott.
3. Rig. § 113.
4. Rig. § 114.
5. Rig. § 115.
6. Rig. § 117.

90. — Obiit eodem anno apud Acharon Henricus comes Trecensis, rex Hierosolimarum constitutus. Obiit eodem anno Maria comitissa Trecensis, mater dicti Henrici, soror regis Francie ex parte patris et regis Anglie soror ex parte matris[1].

91. — Celestinus papa obiit eodem anno, cui successit Innocentius tertius, natione Romanus, qui prius Lotharius vocabatur[2]. [Et adhuc durabat sterilitas et fames][3].

92. — In diebus illis miles quidam in territorio Viromannico mortuus revixit, et per multos dies vita fruens, nec manducans nec bibens, multa futura dicebat, [incredibilia tamen]. Apud Rosetum Brie vicum[4], dum sacerdos conficeret, vinum visibiliter in sanguinem, et panis in carnem visibilem in ipso calice versi[5] sunt. [In territorio Carnotensi, hostia in manibus sacerdotis versa est in carnem in villa que dicitur Bailloillum. In territorio Parisiensi, in castro quod dicitur Marliacum[6], spiritus quidam loquebatur hominibus, in domo cujusdam pauperis hominis, dicens se esse animam cujusdam hominis de Sicilia nomine Roberti. In multis locis ros melleus pluit e celo]; fames tamen adhuc durabat[7].

93. — Anno Domini MCXCVIII, mense julio[8], Philippus rex cum ducentis militibus et paucis armatis, de Medunta Gisortium vadens, habuit obvium regem Richardum cum mille quingentis militibus et infinita Cotarellorum et aliorum multitudine[9]. Sed rex magnanimus, indignans retrocedere, magna-

---

1. Rig. §§ 118 et 119.
2. Rig. § 119.
3. Ces derniers mots sont probablement à supprimer ici, car ils font double emploi avec la dernière phrase du § suivant.
4. *Rosetum in Bria viaticum* Cott.
5. *versa* Brux.
6. *Malliacum* Cott.
7. Rig. § 121.
8. *Mense julio ejusdem anni* Chr. — Guillaume le Breton, qui s'éloigne dans ce paragraphe du texte de Rigord, avait pourtant cet auteur sous les yeux; car il a pris la date du rappel des Juifs, par laquelle commence le § 122 de Rigord, pour celle de la déroute de Gisors qui n'eut lieu que le 28 septembre.
9. Suivant Richard lui-même dans sa lettre à l'évêque de

nima temeritate per medium eorum transivit, et viriliter pugnans per Dei manum sanus evasit. De militibus autem suis capti fuerunt in conflictu illo nonaginta] [1]. Hoc autem infortunium ideo credimus ei accidisse, quia Judeos in terram suam contra omnium opinionem reduxerat, et quasdam ecclesias [contra consuetudinem suam] fuerat [aliquantulum] persecutus. [Unde Dominus et hoc infortunium, et aliud quod sequitur, ei immisit] [2].

94. — Nam rex tantam ignominiam se passum fuisse indignans, quasi vindicaturus, infinita militum et armatorum multitudine congregata, intravit Neustriam et cepit eam vastare. Sed infra paucos dies, contra voluntatem et judicium procerum suorum, solvit exercitum et ad propria unumquemque remisit. Richardus vero rex occasionem ex hac trepiditate Philippi et ex fortune munere nactus, cum Marchadero qui imperat Cotarellis sive ruptariis, pagum Bellovacensem ingressus, non solum patriam depredatus est, sed et ipsum episcopum et Guillelmum de Melloto, viros nobiles et strenuos bellatores, dum predas vellent excutere [et patriam defensare] cepit et diuturno carceri mancipavit; [et elevatum est cor ejus in tam magna superbia [3] quod etiam vicos Parisiacos suis militibus partiretur] [4].

95.—[Vires quidem ejus et audacia creverant quam [5] maxime ex defectione comitis Flandrie et comitis Bolonie qui non soli Philippo regi magnanimo domino suo, imo et Ludovicus comes [6] et fere omnes alii proceres regni defecerant, quidam

Durham publiée par R. de Hoveden (IV, 58), le roi de France aurait eu sous ses ordres 300 chevaliers et sergents, sans compter les milices communales, tandis que les Anglo-Normands n'auraient été qu'en petit nombre.

1. Environ cent, est-il dit dans la même lettre.
2. Rig. § 122.
3. *elevatum est cor ejus et locutus est in magna superbia* Cott.
4. Rig. § 123.
5. *quidem* dans les mss. autres que Cott.
6. Louis, comte de Blois, s'était allié à Richard Cœur-de-Lion en 1198 en même temps que plusieurs des grands feudataires français dont on trouvera les noms dans R. de Hoveden (IV, 54).

clam, quidam palam se infideliter ab ejus obsequio retrahentes. Propter hoc] Innocentius papa misit Petrum Capuanensem legatum, virum prudentem et theologum, in Franciam pro pace reformanda inter eos, qui vix obtinuit treugas quinquennes inter eos, fidei pignore interposito, confirmari [1].

96. — Dum hec aguntur in Francia, Philippus dux Suevie, frater Henrici imperatoris, consilio et auxilio regis Francorum innixus, maximam imperii partem obtinet. Otho vero, filius ducis Saxonie, non minorem eo partem imperii evincit, fretus auxilio regis Anglie avunculi sui [2]; [quorum uterque coronatus est in regem super Germaniam contentiose, et multa inter se prelia commiserunt].

97 [3]. — [In diebus illis, in sinu Armorico, in finibus Ocismorum, demon quidam intravit in quemdam militem ad quoddam convivium discumbentem, et eum vexans hominibus loquebatur aperte. Cum autem vocatus esset sacerdos et venisset ad domum, ipso ingrediente, clamavit demon quia liber quem sacerdos habebat in sinu eum maxime puniebat. Erat autem liber exorcismorum. Dicebat etiam quod non propter militem illum missus fuerat, sed ut in aliis partibus magis noceret. Tandem exorcizatus post dies aliquot recessit].

[Circa eadem tempora, quidam miles nuper defunctus, sive, ut verius loquar, demon sub ejus specie, forma, veste et equo, quibus ante infirmitatem qua mortuus est utebatur [4], apparuit in eadem diocesi cuidam militi suo spatianti post cenam et deambulanti per agros quibus eodem die messis collecta fuerat, et dixit ei : « Ascende. » At ille ascendit ad dorsum ipsius super clunem equi qui eum, ut ei videbatur, portaret. Et cum eum sic portasset ducentis passibus vel amplius, vidit turbam magnam quam dinumerare non poterat equitum ibi exspectantium. Qui cum increparent ipsum militem de mora quam fecerat, et miles responderet : « Eamus ergo », dictus miles

1. Rig. § 125.
2. Rig. § 124.
3. Ce paragraphe 97 manque tout entier dans Chr. 619 et Cott.
4. Le mot *utebatur* a été rajouté par D. Brial pour compléter la phrase qui, sans cela, reste suspendue.

qui ascenderat cum eo in equum, tunc primo horrore percussus se projecit in terram; sed, pedibus stare non valens, jacuit ibidem usque mane inter duos sulcos stipula obsitos, plenus formidine et horrore. Eodem mane vidi egomet ipsum coram episcopo loci hec ut acciderant referentem, et locum mihi et aliis ostendentem].

[Non multo post, quidam alius vir nobilis in eadem diocesi mortuus apparuit cuidam mancipio suo scilicet sue[1] glebe, et dixit ei ut ex parte ejus diceret executori testamenti ejus per cuncta signa, ut legata et eleemosinas suas fidelius dispensaret, quia constabat ei quod ipse, fraudem in his faciens, partem sibi non minimam retinebat; et hec dicens, digitis cunctis coxam rustici prendidit, et recessit. Vestigia autem digitorum apparuerunt diu postea in coxa rustici per quinque loca nigrefacta turpiter et adusta. Hec et similia in regione illa frequenter accidunt, nec videntur indigenis admiranda].

98. — Anno incarnationis Dominice MCXCIX [visitavit Deus regnum Francorum]. Nam[2] Richardus rex occiditur in pago Lemovicensi, ubi obsederat castrum quoddam nomine Calax[3], in Passione Domini septimana prima, occasione cujusdam thesauri ibidem, ut dicebatur, inventi. Quidam enim miles [de turri] emisso quadrello ipsum in scapula vulneravit, et ita infra paucos dies obiit[4].

99. — Statim, eo mortuo, Philippus magnanimus [post Pascha] capit Ebroicum et munit[5], et municipia circum adjacentia[6].

100. — Comes Namurtii, frater comitis Flandrie, cum duodecim militibus electis apud castellum quod Lencium[7] vocant, [in patria Nerviorum que Flandria nunc vocatur], capitur[8].

1. Les mss. portent *suo*.
2. *visitavit — nam* omis dans Chr. 619 et Cott.
3. Chalus (Haute-Vienne).
4. Rig. § 126.
5. *munivit* Cott.
6. Rig. § 127.
7. *Cencium* Brux.
8. Rig. § 128.

101. — [Arturus puer[1], dux Britannie minoris, Andegavum civitatem nobilissimam et Cenomannum capit, et inde turpiter fugat Johannem Sine-Terra patruum suum, qui in Angliam navigans coronatur in regem]. Arturus vero facit Philippo magnanimo hominium de comitatu Cenomannico, et Andegavico, et Turonensi et adducitur Parisius[2].

102. — Treuge firmantur inter Johannem regem et Philippum regem[3]. [Comes Flandrie et alii qui defecerant regi Philippo cruce se signant].

103. — Petrus Capuanus[4], apostolice sedis legatus, convocato concilio apud Divionem [oppidum Allobrogum], totum regnum Francie interdixit [pro eo quod rex uxorem suam non exhibebat et superinductam tenebat]; et hoc factum fuit in festo sancti Nicolai; sed executio sententie dilata fuit usque post Natalem[5], [et non multo post Philippus rex misit solemnes nuncios ad dominum papam Innocentium III, videlicet Petrum de Corbolio, archiepiscopum Senonensem, cum aliis bonis viris, pro absolutione sua et regni Francie impetranda][6].

104. — Anno incarnationis Dominice MCC, pax reformatur[7] inter duos reges. Ludovicus filius regis Philippi matrimonium contrahit, cum Candida, filia Hildefonsi regis Castelle, nepte Johannis regis[8]. [Comes Bolonie contra meritum suum recipitur in gratiam Philippi regis].

105. — Eodem anno, Octavianus Ostiensis et Velletrensis episcopus, apostolice sedis legatus mittitur in Franciam; ad cujus suggestionem rex [a se superinductam abjecit superficie tenus], et uxorem suam recepit in suam gratiam semiplenam [carnis debitum ei non reddens][9].

1. *puer* omis dans Cott.
2. Rig. § 127 et 129.
3. Rig. § 129.
4. *Romanus* Cott.
5. *Natale Domini* Cott. — Rig. § 131.
6. La fin de ce paragraphe depuis *Innocentium III* ne se trouve que dans le ms. Cotton.
7. *infirmatur* Cott.
8. Rig. § 132.
9. Rig. § 133.

106. — Anno Domini MCCI, Theobaldus comes Trecensis, cum esset viginti quinque annorum, obiit[1].

107. — Eodem anno, Johannes rex Parisius a Philippo rege honorifice recipitur et multis donariis honoratur[2].

108. — Philippus puer et Maria soror ejus quos Philippus rex ex superinducta genuerat, a papa Innocentio legitimantur. Eodem anno, Octaviano domini Pape legato adhuc in Francia existente, obiit eadem superinducta [regina][3], Maria scilicet[4], [et sepulta est honorifice in quodam cenobio monialium in ecclesia Beati Corentini, distante a Medunta castro per sex millia passuum, ubi Philippus rex edificavit abbatiam centum viginti virginum que ibidem sub precepto abbatisse Domino jugiter famulantur][5].

109[6]. — [In territorio Remensi, comes Reteste et Rogerus de Roseto[7] in ecclesiis et clero tyrannidem exercebant. Anno preterito rex Philippus petierat adjutorium, tempore guerre, a clero Remensi qui responderat quod eum tantum precibus adjuvarent. Propter quod indignatus, cum idem clerus supplicaret ei, ut predictos tyrannos reprimeret, respondit : « Sicut « noluistis me juvare nisi precibus, nec ego prestabo vobis « adjutorium, nisi preces. » Et sic per litteras rogavit illos malefactores, ut cessarent; sed ipsi, spretis regis precibus, magis ac magis predictas ecclesias oppresserunt[8]. Tandem, clero errorem suum recognoscente, et sepe, et multum regi supplicante, Philippus rex magnanimus collecto exercitu, impe-

1. Rig. § 134.
2. Rig. § 135.
3. *regina* omis dans Cott.
4. Rig. § 136.
5. Sur cette abbaye, voy. *Gall. Christ.* VIII, col. 1300.
6. Le § 109 manque dans les mss. de Bruxelles et Ottoboni.
7. *Rotesto* dans les mss.
8. Se douterait-on que ce passage est le prototype d'un épisode de l'un des plus célèbres contes de Voltaire? On voit en effet dans le chap. XV de *Zadig* le roi de Serendib et les bonzes de cette île tenir exactement les mêmes rôles que Philippe-Auguste et le clergé rémois. Il serait curieux de retrouver les auteurs qui ont pu servir d'intermédiaires entre Guillaume le Breton et Voltaire.

tum in terras eorum faciens, eos ad deditionem et satisfactionem compulit, vellent nollent[1].]

110. — Interea frequens querimonia deferebatur Philippo regi magnanimo a partibus Aquitanicis de Johanne rege, pro eo quod idem Johannes rex filiam comitis Engolismensis, quam Hugo Brunus, vir inter Aquitanicos nobilissimus desponsaverat, subduxerat dolo et quedam municipia eidem Hugoni, et comiti Augi[2], et Gaufrido de Lisinia, in Britannia majori in ejus servitio demorantibus, abstulerat fraudulenter. Ad faciendum sibi hominium etiam de ducatu Aquitanie, Turonie et Andegavie comitatu, submonebatur a Philippo rege. Idem vero Johannes rex, post multos defectus[3], tandem pepigit quod super his omnibus mandato curie domini sui se supponeret, et die assignata concessit in firmiorem securitatem duo castra Philippo regi magnanimo interim possidenda, ita videlicet quod, si ipse judicio curie parere aliquatenus detrectaret, ipse rex Philippus eadem castra sibi et successoribus suis in perpetuum retineret. Mittuntur ergo nuncii a Philippo rege ad predicta castra, videlicet Tilerias et Botavant confiscanda. Sed Johannes rex, pacti immemor, eadem eis castra tradere recusavit, et ad diem judicio prefixum nec venit nec responsalem misit[4].

111. — [Et nota quod Richardus rex paucis antea elapsis annis, cum firmate essent treuge inter ipsum et Philippum[5]

---

1. Ce paragraphe correspond au § 137 de Rigord ; mais, ainsi qu'on a pu le voir, la teneur en est toute différente.
2. Raoul d'Issoudun.
3. *post multos defectus* ne se trouve que dans Cott.
4. Voy. Rig. § 138.
5. Il s'agit ici du traité conclu le 5 décembre 1195 et confirmé en janvier 1196 (*Cat.* 463, 464), traité qui portait en termes exprès : *Andeliacum non poterit infortiari* (D. Brial, XVIII, 45 B). Pour tout ce qui se rapporte aux constructions énumérées dans ce paragraphe, on trouvera d'utiles renseignements dans l'*Histoire du Château-Gaillard*, par M. Ach. Deville, et dans l'article *château* du *Dictionnaire d'architecture* de Viollet-le-Duc (III, 82 et suiv.). Enfin le tome II des *Rotuli Scaccarii Normanniæ*, publiés par Tho. Stapleton (Londres, 1844), contient une foule de détails qui n'ont pas été utilisés par ces deux auteurs.

regem, firmaverat in fluvio Sequane, in loco qui Portus Gaudii, nuncupatur, quamdam munitiunculam[1], inde ut terram suam quocumque modo recuperaret. Paulatim procedens, in insula juxta vicum Andeliacum aliam fortericiam firmavit[2], et edificavit ibidem super ripam Sequane a parte orientali villam amenissimam[3] in loco munitissimo ; ex una enim parte circuibat eam fluvius predictus, et ex alia stagnum amplissimum et profundum, ex quo stagno duo rivi, quorum uterque amnis vocari poterat, in utroque introitu ville in fluvium Sequanam derivantur ; et super utrumque rivum edificavit pontes[4], et turres lapideas et ligneas tam in introitibus quam in circuitu erexit,

1. Il y avait à Portejoie, outre un logis royal, un pont tournant en bois, muni d'une tourelle, que Richard faisait bâtir en 1198 (*Rotuli Scaccarii Norm.*, tome II, p. cxcv, cxcvi, cxlviii et clxi).

2. Ce châtelet est figuré en B dans la fig. 10 de Viollet-le-Duc. Quoi qu'en dise M. Deville (p. 26), il y avait bien dans l'île un logis royal. Voy. *Rotuli Scacc. Norm.*, tome II, xxxviii, xlii, etc. C'est la construction de ce châtelet en 1196, sur une terre relevant de l'archevêque de Rouen, qui amena l'interdit dont ce prélat frappa la Normandie et le différend qui se termina, le 16 octobre 1197, par une transaction dont l'original est conservé aux archives de la Seine-Inférieure (R. de Hoveden, IV, 14 ; R. de Dicet, II, 148 et suiv.). On trouvera un excellent récit de cet épisode dans Deville, *Hist. du Château-Gaillard*, p. 10 et suivantes.

3. Le Petit-Andely. — Un coup d'œil jeté sur la figure 10 de Viollet-le-Duc fera saisir la disposition de ces défenses.

4. Les ponts que Richard fit bâtir aux Andelys sont tous désignés dans le passage suivant des *Rot. Scacc. Norm.* (t. II, p. 310) : « Pro ponte super aquam de Ganboon faciendo ccc libras per id. « br. — Pro ponte de Inter-duas-insulas faciendo, c libras xx libras « per id. br. — Pro ponte Makadé faciendo, xxv libras per id. br. « — Pro ponte qui vadit per mediam insulam de Gardon, lx libras « per id. br. » Le premier de ces ponts, jeté sur le Gambon qui coule au pied du Château-Gaillard, faisait communiquer cette forteresse avec le Petit-Andely ; le pont Mercadier devait être situé au nord de la ville, du côté opposé au premier ; le pont *Inter-duas-insulas* est évidemment celui qui reliait l'île au Petit-Andely, et le pont *qui vadit per mediam insulam de Gardon*, celui qui rattachait l'île à la presqu'île de Bernières (ibid., p. xlii).

propugnaculis et fenestris arcubalistaribus interjectis [1]. Imminebat eidem ville rupes excelsa circumdata, ex una parte, fluvio Sequana, et ex aliis partibus, colliculis ejusdem fere altitudinis, vallibus interjectis. In illa igitur rupe preexcelsa edificavit arcem et circumcinxit muro altissimo et fossis profundissimis in vivo lapide excisis, et extra fossas illas explanavit collem, et muris et turribus altissimis circumsepsit ; sed et tertium collem inclusit fossis profundissimis interpositis [2], et totum muro lapideo altissimo et fossis undique premunivit, totamque munitionem illam vocavit Gaillardum, quod sonat in gallico petulantiam [3]. Inde procedens quatuor millibus passuum, edificavit aliam munitionem super ripam Sequane, quam vocavit Boutavant, quod sonat *pulsus in anteriora* quasi diceret : Ad recuperandum terram meam in anteriora me extendo.]

112. — [Rex itaque Philippus videns quod illusus esset a

1. Sur tous ces ouvrages, voy. *Rot. Scacc. Norm.*, p. XL.
2. Si l'on se reporte à la fig. 11 de Viollet-le-Duc, on reconnaîtra la *rupes preexcelsa* de Guillaume dans la roche sur laquelle s'élève le donjon et qu'entoure le fossé I ; la partie de la colline aplanie par ordre de Richard, c'est la *basse-cour* comprise entre ce fossé et les tours CC. Quant au « tertius collis », c'est évidemment celui sur lequel fut bâti l'ouvrage avancé ADD.
3. Ce nom de *Château-Gaillard* ne devait avoir cours que parmi les Français. On le trouve en effet, dès 1203, dans des chartes de Ph.-Aug. (*Cat.* 783-788), tandis que les *Rot. Scacc. Norm.* et divers documents anglais cités par M. Deville (p. 40) désignent la forteresse par le nom de Château de la Roche ou de la Roche d'Andely. — On connaît l'anecdote racontée par Giraud le Cambrien, suivant laquelle Ph.-Aug. se serait écrié à la vue du Château-Gaillard qu'il le prendrait quand même il serait de fer, tandis que Richard, en entendant rapporter ces paroles, aurait répondu qu'il le défendrait quand même il serait de beurre (D. Brial, XVIII, 153 c). Si ces mots ont été réellement prononcés « in werra illa grandi que inter ipsum et regem Richardum fuit », ce doit être en 1198, lorsque le roi de France dévasta la Normandie jusqu'au Neufbourg (Rigord, § 123). On ne voit pas en effet d'autre moment où le hasard de la guerre ait amené Philippe-Auguste dans le voisinage de cette forteresse, entre l'époque de sa construction et celle de la mort de Richard.

Johanne rege, qui nuncios suos vacuos et spe sua frustratos ad ipsum remiserat], cum magna multitudine armatorum dictam munitionem de Boutavant obsedit, cepit et funditus evertit ; et inde transiens in magna virtute Arguellum et Mortuum-mare cepit et Gornacum obsedit[1]. [Erat autem Gornacum oppidum amenissimum in quadam planitie aquosa situm, muro lapideo et fossatis latis et profundis aquis plenis cinctum, viris multis et bellicosis refertum, cui imminebat stagnum decentissimum planum et plenum aqua viva aggere artificiali lato et alto retenta. Ut igitur rex Philippus spe sua expeditius frueretur, quodam artificioso ingenio usus, aggerem incidi et perforari fecit. Quo rupto, videres quasi novum et subitum diluvium, non minori cursu nec arctiori hiatu quam Rhodanus in Ararim[2] descendit, aquas voraginosas eructare, et per prata, per sata et per domos, quasi cladem a Deo immissam, irrumpere, et omnia in precipitium dare, et muros Gornaci non solum eruere, sed et secum involvendo tortuosa rapiditate deferre ; et nisi ii qui in arce et oppido erant sibi precavissent, et exeuntes montana et nemorosa peterent, Deucalioneis fluctibus interiissent[3].]

113. — [Gornacum itaque sic captum Philippus rex magnanimus refirmavit, et sub tuta custodia sibi retinere decrevit, et suis successoribus in perpetuum]. Loco eodem Arturus cingulum militie de manu Philippi magnanimi induitur[4], [qui et Mariam filiam ejusdem Philippi regis desponsaverat, et factus miles, recepta a rege pecunia et licentia, cum militibus intravit Aquitaniam, et obsedit Mirabellum, vocatis, sed non exspectatis, Britonibus et Bituricis et Allobrogibus, de mandato regis[5] ; quos quia non exspectavit, licet ad eum accedere properarent, sed de paucitate quam habebat et de novitate militie sue temere confisus, fidem Pictonicam in brevi expertus est nullam esse. Nam, superveniente Johanne rege patruo suo, bello ibidem confectus et captus est, et alii qui cum eo erant[6]].

1. Rig., § 138, p. 152.
2. *mare*, Cott.
3. Voy. Rob. Abolant dans D. Brial, XVIII, 265 A.
4. Voy. Rig., § 138, p. 152.
5. *de mandato regis* ne se trouve que dans Cott.
6. Voy. *Chron. Turonense* dans D. Brial, XVIII, 295 D, et

114. — Tempore illo Philippus rex obsidebat castrum Archarum; sed, audita fama predicte factionis, obsidionem relaxans, direxit acies versus Aquitaniam et obsedit Turonem, quam cepit et concremavit. Nec multo post Johannes iterum Turonem cepit, et penitus cum toto castro destruxit[1].

115. — [Interea Flandrensis, Blesensis, Perticensis comites, et alii proceres qui Philippo regi domino suo defecerant, videntes se per mortem Richardi regis auxilio et consilio destitutos, cruce assumpta, iter sancte peregrinationis arripientes venerunt in civitatem Venetiarum; et federe inito cum duce et civibus et militibus Venetianis, navigarunt in Sclavoniam que est Dalmatia[2], et ceperunt civitatem Gadras, et restituerunt eam duci Venetorum; et inde venerunt Constantinopolim, et, non sine magno Dei miraculo et virtute strenua, oppugnarunt eam et ceperunt; et factus est ibi Balduinus comes Flandrie imperator[3]].

116. — Anno incarnationis Dominice MCCII[4], Philippus rex, congregato exercitu, intravit Aquitaniam et multa municipia cepit; [et dum inde rediret], Robertus comes Alençonis se dedit illi, et totam terram suam voluntati ejus commisit. Inde transiens Conchas et Vallem Redolii cepit[5].

117. — [Paulo ante tempus illud, Johannes rex obsedit Alençonem[6]; quo audito, Philippus magnanimus, cum non haberet tempus congregandi exercitum, accessit magnis itineribus ad castrum quod vocatur Moretum[7], ubi milites multi convenerant cum armis et bellicosis equis tirocinandi causa; quos secum adducens, et magna itinera faciens, properavit ut liberaret obsessos. Sed rex Johannes cum exercitu ab obsidione recedens,

Annales Waverleienses dans les *Annales monastici*, éd. Luard, II, 254.

1. Rig., § 138, p. 152.
2. *que est Dalmatia* omis dans Cott.
3. Voy. Rig., § 139.
4. Corr. *MCCIII* comme dans le passage correspondant de Rigord.
5. Rig., § 140.
6. Jean sans Terre se trouvait devant Alençon du 11 au 15 août 1203. Voir l'itinéraire donné par Th. Duffus Hardy à la suite de l'introduction des *Rotuli litt. patent.*, vol. I, part. 1. Londres, 1835, in-fol.
7. Ph.-Aug. était en effet dans le voisinage de Moret, à Fontainebleau, au mois d'août 1203. Voy. *Cat.*, p. cvi, col. 2.

dimissis papilionibus et machinis et utensilibus variis, fuga se salvavit.]

118. — [Circa eadem tempora, idem Johannes rex cum immenso exercitu obsedit castrum quod Bruerolas vocant; sed Francis supervenientibus, opere infecto, non sine rerum suarum dispendio recessit.]

119[1]. — Interea vir venerabilis abbas Casemarii, Cisterciensis ordinis, mittitur a summo pontifice in Gallias pro reformanda concordia inter reges ; sed, appellatione ex parte Philippi regis et clericorum ac procerum regni interposita, negotium illud imperfectum remansit[2].

120[3]. — [Eodem anno, Johannes rex habebat Arturum in carcere, et cepit Dolum et vastavit Filicerias et totam terram illam[4].]

121. — Mense augusto ejusdem anni, in fine mensis, Philippus magnanimus Radipontem [per tres septimanas[5]] viriliter expugnatum cepit cum viginti militibus strenuis et aliis plurimis bellatoribus qui castrum defensabant[6]. [Inde apposuit ut

1. Ce paragraphe manque dans le ms. Ottoboni.
2. Rig., § 140. — Voy. dans le *Cat.* (762 et 770-780) les pièces qui constatent l'intervention des seigneurs en cette affaire.
3. Ce paragraphe manque dans Cotton.
4. La prise de Dol eut lieu en 1203, sans doute du 19 au 22 septembre. (*Chron. Britannicum* dans D. Brial, XVIII, 330 D. — Rob. Abolant, ibid. 266 E. Voy. aussi la prétendue continuation de Robert de Torigny, ibid. 342 B, et l'itinéraire de Jean sans Terre déjà cité.)
5. Rigord (§ 141) dit quinze jours.
6. Rig. § 141. — Le château de Radepont était défendu par André de Beauchamp. (Voy. la prétendue continuation de R. de Torigny, dans D. Brial, XVIII, 342 B.) Une fois pris, le roi de France le donna à P. de Moret (*Cat.* 789). La prise de Radepont n'ayant eu lieu qu'après celles de l'île et du Petit-Andely, il semble qu'elle ne devrait être racontée que plus tard. Aussi Guillaume fait-il plus bas une nouvelle allusion à cet événement (§ 124). Mais l'*Histoire des ducs de Normandie* nous donne peut-être un moyen de tout concilier ; suivant cette chronique (éd. Fr. Michel, p. 96 et 97), Philippe-Auguste aurait fait, avant de commencer les opérations devant l'île d'Andely, une première et infructueuse tentative sur Radepont.

obsideret Gaillardum, cujus oppugnatio quantum valeat in principe prudentia cum virtute manifeste ostendit ; quod lectori facile patebit, si ea que sequuntur diligenter attendat.]

122. — [Primo quidem obsedit illam munitionem quam supra memoravimus in insula sitam, et metatus est castra ex una tamen parte Sequane a plaga meridionali[1], et erectis petrariis et machinis bellicis, cepit lapidibus emissis damnificare propugnacula et hordicia. Sed inclusi parum curabant hujusmodi jactus lapidum et sagittarum et quorumlibet missilium, tuto latentes in cryptis et gnaticis[2] ; nec patebat accessus ad illos, quia igne immisso jam cremaverant pontem a parte obsidionis, alio ponte quo ibatur in villam sibi servato[3]. Videns igitur rex quod sic nihil proficeret, fecit de diversis portubus[4] adduci naves innumeras, non quidem concavas, sed planas, quibus homines et jumenta et carri solent transvehi ab una ripa Sequane in aliam ripam, et conjunxit eas lateratim ab una ripa usque in aliam ripam, et fecit fieri pontem miro ligneo tabulatu ; sed et naves que sustentabant pontem fecit stabiles palis fortissimis hinc inde fixis, et turres per loca. Sub ponte vero, super quatuor naves latissimas erexit duas turres ligneas, cratibus hinc inde consutis, et indissolubili clavatura munitas, et valde arduas[5]. Ponte itaque facto transduxit quam maximam exercitus sui partem ultra Sequanam, et ipsemet transivit cum eis et fixit tentoria ab altera parte Sequane, et obsedit insulam duplici obsidione.]

123. — [Interea Johannes rex Anglie non multum distabat a loco illo, et maximum congregaverat exercitum ; qui, quoniam

---

1. Philippe-Auguste s'établit dans la presqu'île de Bernières et réunit Bernières à Toëni par une ligne de circonvallation dont on aperçoit encore aujourd'hui la trace. Voy. Viollet-le-Duc, *loc. citat.*, p. 94 et fig. 10.

2. *gnaticis.* Du Cange ne cite pas d'autre exemple de ce mot.

3. Le pont détruit était le pont *qui vadit per mediam insulam de Gardon,* tandis que le pont *Inter-duas-insulas* avait été conservé. Voy. plus haut page 208, note 4.

4. *partibus,* Cott.

5. Il va sans dire que ce barrage servant de pont fut construit en aval de l'île. A ce sujet, voyez plus bas p. 215, note 2.

non audebat de die congredi Francis, excogitavit eos fraudulenter aggredi. Misit itaque cotarellos sub profundo noctis silentio et ruptarios cum paucis militibus ad illos qui remanserant ultra Sequanam, non quidem ad illos qui erant in castris, sed ad inermes ribaldos et alios qui solent sequi exercitum propter onera deportanda et hujusmodi similia officia que magni viri indignantur. Adorti sunt[1] ergo eos quos extra castra invenerunt somno et vino oppressos, et occiderunt ex eis ducentos et amplius. Exoritur clamor in castris; surgunt velocius et fugiunt ad pontem in tanta frequentia ut pons frangeretur, nec potuerunt, ponte fracto, transire ultra Sequanam, nec habere adjutorium ab illis qui erant in ponte illo[2]; sed milites et alii melioris animi, inter quos specialiter erat Willelmus Barrensis, armis arreptis, fugientibus obsistunt, et eos stare cogunt, et transeunt vociferando usque ad hostes, et eos virtute laudabili convertunt, multis occisis et pluribus retentis. Illis itaque vix fugatis, ecce naves cursorie plene viris armatis, aurora illucescente, adveniunt per medium alveum fluminis; sed ab exercitu jam, ut dictum est, turbato et sibi cautius vigilante, spe citius compertus est eorum adventus. Stipantur itaque cunei super utramque fluminis ripam, et super pontem qui jam reparatus erat, et ascendunt arcubalistarii et viri bellatores in turres illas quas prediximus. Illi tamen qui erant in ripis non potuerunt aliquo modo prohibere quin illi qui in galeis erant per medium alvei venirent usque fere ad pontem. Illi autem qui erant in turribus ligneis, lapides, tela et quelibet missilia et arcubalistis et manibus et machinis quibuscunque tanta virtute in eos pervolverunt, quod eos, vellent nollent, cum maximo sui damno retrocedere compulerunt[3].]

124. — [In exercitu Francie[4] erant juvenes levissimi, periti in arte nandi[5], inter quos erat quidam Gaubertus nomine Meduntensis. Erat autem vallum quoddam ex roboribus dupli-

---

1. *invenerunt,* Cott.
2. *a parte alia,* Cott.
3. On trouve plus de détails sur cette attaque dans le livre VII de la *Philippide.*
4. *Francorum* Cott.
5. *periti in arte nandi* manque dans Cott.

cibus lateratim vinctis ab una ripa ad aliam in medio aque[1] ad impediendum viam navium per aquam ad succursum Francorum descendentium. Vallum mirabili virtute et strenua levitate predicti juvenes dissipaverunt per loca varia et fregerunt, manuum et pedum remigio ad illud advecti[2]. Sed, et ad insulam eodem remigio accedentes, ignem immiserunt in vallum quoddam ligneum quo fortericia claudebatur in circuitu, et penitus cremaverunt. Nudati itaque vallo et muris per loca plurima jam quassatis, cum non possent in propugnaculis jam perfractis stare, aut de loco ad locum per plana castri discurrere ut solebant, propter frequentes lapidum jactus et propter missilia super ripam a turribus descendentia, se cum castro et omnibus rebus suis voluntati regis submiserunt. Capto itaque castello insule, facile fuit villam que est insula[3], et rupem Gaillardi oppugnare. Pontibus itaque reparatis, et tam villa quam insula bene reparatis et[4] munitis, posuit ibidem rex Philippus armatos viros et victualia et perpetuas vigilias, ne forte aufugerent illi qui erant in rupe, et duxit exercitum ad Ratispontem ut supra commemoravimus[5]. Singulis autem diebus confligebant obsessi cum nostris, non quia nostri invade-

---

1. *in medio ripe* dans Brux. et Ott. — Cette estacade est figurée en F dans la fig. 10 de Viollet-le-Duc et en Y dans la fig. 11 où on la voit se rattacher à une muraille X et à une tour V destinées à barrer complètement le pied de l'escarpement sur lequel s'élève le Château-Gaillard.

2. Guillaume le Breton se trompe en plaçant ici la rupture de l'estacade par les Français. En effet, si cette estacade, située en amont de l'île, n'avait pas été rompue dès les premières opérations, les pontons qui servirent à Ph.-Aug. à former son barrage en aval n'auraient pas pu descendre la Seine (Voy. § 122). L'auteur a du reste reconnu son erreur, car dans le VIIe livre de sa *Philippide,* il a reporté cet événement au commencement du siège du châtelet de l'île, tout en laissant ici le récit de l'incendie des défenses de ce châtelet par Gaubert de Mantes.

3. Il faudrait sans doute ajouter *quoque*. Le Petit-Andely était en effet entouré de tous côtés par la Seine, le Gambon, l'étang et le ruisseau qui passait sous le pont Mercadier.

4. *reparatis et* manque dans Brux. et Ott.

5. Voy. p. 212, note 6.

rent illos, cum non possent propter rupis arduitatem et altitudinem et loci munitionem ; sed obsessi, tamquam viri probi et bellicosi, descendebant quotidie ad plana, et pugnabant cum illis, et eos damnificabant, et damnificabantur ab illis.]

125. — [Tempore vindemiarium, reversus rex Philippus ad obsidionem Gaillardi[1], videns locum inexpugnabilem, voluit inclusos attenuare fame, ut tandem locum facilius expugnaret. Et fecit fieri fossas duplices ducentorum pedum in altitudine[2], a stagno inferiori usque ad supercilium montis, et inde usque ad fluvium Sequanam, in circuitu castri includens inter fossas et castrum valles naturales qui circuibant castrum ex omni parte, et fabricavit brestachias[3] duplices per septem loca, castella videlicet lignea munitissima, a se proportionaliter distantia, circumdata fossis duplicibus, quadrangulis pontibus versatilibus interjectis, implevitque hominibus armatis non solum castella illa, imo et omnem interiorem superficiem fossarum ; et ita circumsepsit obsessos tam fossis quam hominibus, adeo ut nec aliquis ad eos accedere posset, nec aliquis ex eis aufugere ullo modo. Nostri autem qui erant in excubiis nihil timebant exterius propter fossas, nihil interius quia obsessi non poterant congredi ad illos, cum pauciores eis essent et castrum dimittere non auderent ; et sic tota hieme illa tenebantur inclusi propter loci illius admirabilem munitionem. Multi indigene cum rebus suis infra castri ambitum se incluserant ; sed Rogerus[4] et alii

---

1. Ph.-Aug. était de nouveau devant le Château-Gaillard au mois d'octobre 1203 (*Cat.* 782-788). Rigord (§ 141) fait commencer le siège en septembre.

2. D. Brial propose de lire *latitudine,* ce qui n'est pas admissible. Il n'y a d'ailleurs pas lieu à interprétation : Guillaume le Breton veut évidemment dire que le fossé était creusé suivant un plan incliné dont le point le plus élevé, c'est-à-dire le sommet de la colline, était plus haut de deux cents pieds que le point le plus bas, c'est-à-dire que la rive de l'étang. Cette double ligne de circonvallation et de contrevallation est encore visible aujourd'hui. Voy. Deville, *loc. cital.*, p. 71.

3. *breteschias,* Cott.

4. Roger de Lascy, connétable de Chester. Il avait juré qu'on ne le ferait sortir du Château-Gaillard qu'en le traînant par les

quibus cura castri[1] commissa erat, videntes propter tantam multitudinem victum sibi posse deficere, emisit a castro multos, inermes videlicet et imbelles, fortes tamen retinens ad pugnandum. Quod cum semel et iterum[2] fecisset, rex Philippus, videns per hoc inclusos posse obsidionem diutius sustinere, dedit edictum illis qui erant in obsidione, ut ulterius neminem exire permitterent de castello.]

126. — [Victualibus autem attenuatis, Rogerus iterum segregavit omnes quos credebat fore sibi necessarios et idoneos defensioni castri, et omnes alios emisit viros et mulieres et parvulos numero quadringentos et amplius ; quibus emissis, clausum fuit ostium[3] castri. Qui cum a nostris prohiberentur exire et in castrum redire non possent, repulsi tam a suis quam a nostris, et lacessiti telis[4], manserunt in vallibus intermediis et in cryptis[5] miseram vitam et inopem ducentes per tres menses, solis herbis, que tamen in hieme non inveniebantur nisi rare, et aqua pura miserabiliter sustentati. De hostibus quidem non est mirandum si eos non admittebant ; sed de illis qui eos ejecerant non solum est mirandum, sed et dolendum, quia erant et amici eorum et cognati. Quem enim non moveat indignatio, cum videat illos morti exponere suos, quibus debuerunt illud quantulumcumque participare communiter quod edebant ? Ab illis quidem miseris canes qui de castro ejiciebantur devorati sunt. Inter eos quedam mulier forte peperit, cujus fetus statim comestus est ab illis. Gallina quedam a castro volavit forte inter eos, quam illi qui inter eos fortiores erant statim cum pluma et stercore devorarunt.]

127. — [Eorum igitur plurimis fame extinctis, contigit quod quadam die rex Philippus transiret per pontem in insulam, ut videret obsidionem suam ; qui cum clamorem miserorum audis-

---

pieds (*Hist. des ducs de Norm.*, 103. — *Ménestrel de Reims,* § 263-267).

1. *castri* manque dans Brux. et dans Ott.
2. *iterum* manque dans Cott.
3. *clausa sunt ostia,* Cott.
4. *et lacessiti telis* manque dans Cott.
5. *et in cryptis* manque dans Cott.

set, cognita illorum miseria, omnes liberari precepit qui vivebant ex eis ; et testatus est qui vidit, quod eorum quidam, cum exissent ex eis, adhuc habebat coxam[1] canis in manu, qua vescebatur ; accepto tamen cibo fere omnes mortui sunt.]

128. — [Sequenti martio, congregavit Philippus rex exercitum, et accessit ad obsidionem Gaillardi, et fecit applanare clivos interiores per loca, et erexit ibi machinas et petrarias ; sed et viam fecit tectam et reconditam roboribus et cratibus a supercilio montis usque ad fossas castri, per quas tuti erant qui portabant aggerem et implebant fossas castri ; sed et castellum altissimum roboribus et cratibus contextum erexit, et duxit usque fere ad fossas, et musculos ductiles sub quibus tuto latebant qui expugnabant castrum. Sed et obsessi se non minus strenue defendebant, petrariis et mangonellis utentes, quibus impediebant et damnificabant nostros, et multos de nostris sagittis arcubalistariis occidebant, et lapidibus missis a mangonellis.]

129. — Erat ibi quedam turris lapidea mire latitudinis et altitudinis, quasi in quodam angulo in se recipiens duos muros et sibi compaginans, ex utroque latere protensos[2]. Hanc obtinuerunt Franci, sub via tecta et sub musculo ad oras fosse venientes hoc modo : cum fosse nondum essent implete aggere nisi usque medium, Franci non ferentes moram, immiserunt scalas et descenderunt per eas parmis pretentis, et statim pervolverunt easdem scalas in aliam partem fossati, et ascenderunt per eas usque ad pedem turris, et ceperunt, sub parmis latitantes, resecare lapides picis et celtibus, et fecerunt foramen quo latere poterant, murum[3] a dextris et a sinistris cavantes, et roboribus brevibus appodiantes, ne subito caderet super illos. Et cum satis cavatum esset, immisso igne roboribus illis, per viam qua venerant recesserunt ; et roboribus igne consumptis, turris subito corruit, et implevit fossatum, deditque viam Francis qua irruerent in castrum. Sed eadem hora obsessi cremave-

1. *costam,* Cott.
2. C'est la tour A de la fig. 11 de Viollet-le-Duc.
3. *murum* remplacé par *et* dans Cott.

runt[1] omnia edificia que erant in illo vallo, et[2] eorum impetum tardaverunt. Cessante igne, obtinuimus primum vallum, secundum vero erat cum majori difficultate : sic videlicet[3] Johannes rex erexerat capellam quamdam excelsam valde extra muros, ipsis muris contiguam juxta foricas[4], quod quidem religioni contrarium videbatur. Imminebat itaque fenestra quedam in latere orientali, quam videns Petrus Bogis[5] quem a brevitate nasi lusorie tali nomine vocabamus, juvenis quidem probissimus et virtute probatus, accessit cum paucis et quesivit, vixque invenit non procul a fluvio minorem fossarum brevitatem; et[6] transiens venit ad predictam fenestram, nec valens ad eam attingere, nec habens scalam qua ascenderet, incurvato et ascenso dorso cujusdam socii sui saltum faciens, fenestram manu attigit et ibidem diu pendens mira levitate se intromisit, et, fune immisso, socios suos ad se traxit. Quo comperto, inclusi immiserunt ignem et capelle et omnibus edificiis, seque receperunt infra tertium vallum in quo arx erat[7] et ita secundum vallum nobis vacuum dimiserunt, Bogisio et illis qui cum eo erant in crypta quadam[8] latitantibus, donec incendia cessaverunt. Nos autem putabamus eos esse incendio jam extinctos. Ad tertium vero vallum sub quodam musculo venientes, nostri minarii murum minaverunt, et tribus lapidibus magna petraria, que Chadabula vocabatur, emissis, pars muri cavati corruit, et patuit foramen per quod introierunt satellites nostri et[9] milites, et omnes quotquot interiu invenerunt ceperunt : milites quadraginta, et satellites centum viginti, et alios multos.

1. *eadem hora obsessi cremaverunt* manque dans Brux. et Ott.
2. *et* manque dans Brux. et Ott.
3. *sic videlicet* manque dans Brux. et Ott.
4. « *Foricas* latrinas publicas appellat Juvenalis, sat. 3. » (Note de Dom Brial.) — La chapelle en question est représentée en H dans la fig. 11 de Viollet-le-Duc.
5. *Bougis,* Cotton.
6. *quod,* Cotton.
7. *in quo arx erat* manque dans Cott. C'est l'enceinte entourée par le fossé I.
8. *quadam* manque dans Chr.
9. *et* manque dans Brux.

Sicque in tribus septimanis cepit rex Philippus totum Gaillardum, et ipsum mirabiliter refirmavit et sibi retinuit positis municipibus et victualibus copiosis[1].

130. — Anno ab incarnatione Domini MCCIII[2], Philippus magnanimus, statim post octavas Pasche[3], cum ingenti multitudine armatorum intravit Neustriam[4], [et venit usque ad oppidum quod Falesiam vocant, propter firmitatem rupis qua sedet et circumdatur tota villa. Quam cum per septem dies obsedisset, licet multorum judicio inexpugnabilis videretur, cives damnum domorum et rerum suarum metuentes, conniventibus satellitibus et his qui in arce erant, voluntati regis se et castrum totum dederunt. Item fecerunt Cadomenses et Baiocassite, et ita spe citius obtinuit rex Philippus omnia municipia circum adjacentia[5].]

131. — [Sed et Guido de Thoarcia, qui ducatum Britannie tunc regebat, cum quadringentis militibus et immenso Britonum exercitu intravit Neustriam a parte inferiori, et obsedit Montem-Beati-Michaelis; qui licet situ naturali et ascensu difficili, et quotidiano maris refluxu, satis esset inexpugnabilis et munitus, rex tamen Anglie muris et propugnaculis et turribus ligneis et lapideis circumcinxerat ipsum in superioribus partibus, ita ut crederetur a nullo hominum posse capi. Cum igitur consuetudo maris illius sit, secundum incrementum et decrementum lune, singulis lunationibus magis vel minus crescere vel decrescere, erat forte luna tunc temporis decrescens, circiter diem septimum decrementi ejus post plenilunium, unde et refluxus maris plus solito decrescebat et minus tumescebat, fueruntque quatuor dies continui quibus mare refluens partem quam maximam littoris a parte orientali intactam et siccam

---

1. Les *Récits d'un ménestrel de Reims* (260-267) contiennent une narration mensongère de la prise du Château-Gaillard, suivant laquelle les assiégés auraient eux-mêmes et malgré Roger de Lascy livré la place aux Français.

2. Corr. *MCCIV*.

3. *statim post octavas Pasche* manque dans Cott.

4. Rig., § 142.

5. R. de Coggeshall, 145.

reliquit usque ad introitum ville. In illo ergo intermedio temporis Britones Armorici, quibus natura maris illius bene est cognita, Montem obsidentes et scientes in brevi futurum esse quod totum littus per duo millia passuum in circuitu Montis bis in die naturali[1] operiretur fluctibus, ne castrum inexpugnatum relinquerent, fracta porta qua unicus patebat aditus in villam, ignem immiserunt in domos ; qui statim omnia corripiens, et juxta sui naturam in superius fastigium ascendens, omnem fortericiam, cum domibus civium et officinis monachorum et tota ecclesia (quod referens doleo et horresco), consumpsit et in cinerem redegit. Hoc facto, Abrincas et in eodem furore ceperunt, et pagos quamplurimos incenderunt ; et sic seviendo et omnia depredando, usque Cadomum venerunt. Ubi rex Philippus eos exspectans, communicato cum eis verbo, eos remisit ad Pontem-Ursonis et Moretonium, adjuncto eis comite Bolonie et Willelmo de Barris cum plurimis militibus Francis et etiam ruptariis qui apud Falesiam se ei dederant. Ipse vero cum reliquo exercitu suo in partes Rotomagicas est reversus, et cepit per vim fortericiam quam vulgus Barbancanam vocant, que erat firmata in capite pontis Rotomagice civitatis. Cives vero, ponte fracto, vires ejus quantum licuit retardantes per quadraginta dies et amplius, nunc induciis, nunc preliis intermixtis raris tamen et levibus, suam deditionem prorogantes, ad ultimum ei se dedere et civitatem tradere sunt compulsi.]

132. — [Rex quidem Johannes jam in Angliam transfretaverat, summam rei et curam municipiorum ruptariis miserabiliter derelinquens. Unde et minori sumptu et parciori labore et breviori tempore potuit Philippus rex non solum Rotomagum, verum universam Neustriam debellare,] que, a tempore Rollonis Daci usque ad diem illum, a dominio regum Francorum, non tamen a feodo recedens, ab heredibus ejusdem Rollonis, ducibus et regibus, per trecentos annos et eo amplius est possessa[2], [reddendo tamen regibus Francorum servitia annua secundum consuetudinem feodalem. Nunc autem ab ipso tamquam a vero domino possidetur et regitur firma pace.]

1. *natali*, Brux.
2. Rig., § 142, p. 161.

133. — [Interim Cadocus[1] et qui cum eo a rege missi sunt, civitatem Andegavorum ceperunt. Sed et ipse rex sequenti autumno intravit Aquitaniam et civitatem florentissimam Pictavorum cepit, et obsedit simul duo castra munitissima Kinonem et Lochas non solum munitione, verum et edificiis et habitatoribus et situ amenissimo preclara. Cum igitur cepisset arcem munitissimam, quam Richardus rex dudum firmaverat et munierat[2], superveniente autem hieme, dimisit circa utrumque castrum multos strenuos bellatores, qui tota hieme et obsidere castra et frequentes pugnas cum defensionibus committere non cessabant; ipse vero in Franciam est reversus.]

134. — Anno ab incarnatione Domini MCCIV[3], [statim post Pascha,] collecto exercitu, Philippus magnanimus accessit ad eos qui ex parte ejus obsidebant Lochas, et eas viriliter expugnans cepit, et tradidit eas viro nobili Drogoni de Melloto. Inde Kinonem venit, et strenue oppugnans cepit et sibi retinuit; milites autem et plures bellatores [in utroque oppido] captos apud Compendium[4] [et per alia oppida] carceri mancipavit[5]. [In castro Locharum cepit Girardum de Athiis[6].]

1. Sur ce routier célèbre, voy. dans la *Bibl. de l'École des chartes*, 1re série, t. III, 418, un article de Géraud sur *Mercadier et les routiers au XIIIe siècle*.

2. *firmaverat et munierat* omis dans Brux. — La citadelle de Chinon dont le nom est écrit tantôt *Russet* ou *Drusseth* (*Chron. Turonense* dans D. Brial, XVIII, 297 B. — *Chron. S. Albini Andegavensis* dans les *Chroniques des églises d'Anjou* publiées par Marchegay et Mabille, p. 53 et 54), tantôt *Roufet* ou *Rousel*, devait s'appeler en réalité *Château-Rousset* (*Hist. des ducs de Norm.*, p. 103).

3. Corr. *MCCV*.

4. Toute la fin du paragraphe (*et per alia — Athiis*) est remplacée dans Ott. par *misit*, et dans Brux. par *servandos misit*.

5. Rig. § 144. — Chinon, assiégé depuis l'année précédente par Guillaume des Roches, tomba aux mains des Français le 23 juin 1205 suivant R. de Coggeshall, le 24 suivant le *Chron. Turonense*. Hubert du Bourg, qui défendait la ville, fut grièvement blessé avant d'être fait prisonnier. (R. de Coggeshall, 154. *Chron. Turonense* dans D. Brial, XVIII, 297 B.) Après la conquête, la garde de Chinon fut donnée à Renaut, comte de Boulogne. (*Hist. des ducs de Norm.*, 103.)

6. Girard d'Athées était gouverneur de Loches et dut payer une

135[1]. — [Anno incarnationis Dominice mccv, vicecomes Thoarcii, vir inter Aquitanos genere et potestate maximus, mediante fratre suo Guidone duce Britannie, confederatus est Philippo regi ; et dedit ei rex Laudunum, oppidum nobilissimum cum senescallia totius Pictavie[2] ; sed orta inter eos discordia, neutrum potuit in modico tempore possidere.]

136[3]. — Anno Domini mccvi[4], fuit eclipsis solis particularis pridie kalendarum martii in sexto gradu Piscium, hora diei quinta.

137[5]. — Eodem anno pridie nonas junii, obiit Adela regina, mater Philippi regis, et sepulta est juxta patrem suum Theobaldum Magnum, comitem Trecarum Palatinum in cenobio Pontiniacensi, Cisterciensis ordinis[6].

138[7]. — [Eodem anno, orta simultate inter Philippum regem et vicecomitem Thoarcensem, et Guidonem fratrem ejus ducem Britannie, Philippus magnanimus, Pictonum rebellionem semel et finaliter domare desiderans, cum ingenti exercitu accessit Nannetum, civitatem Armoricorum florentissimam, que ei statim reddita fuit, et idem Guido se omnino voluntati ejus submisit[8]. Inde rex universam Pictoniam pacificatam ut credebat,

---

énorme rançon. (*Chron. Turon.*, 297 A. — R. de Coggeshall, 146 et 152.)

1. Ce paragraphe manque dans Ott. et dans Brux.
2. Ainsi que le dit D. Brial, il faut reporter ce fait à une époque antérieure. Il y avait déjà près de deux ans qu'Aimeri de Thouars et Guillaume des Roches s'étaient séparés du roi d'Angleterre sur le refus qu'il avait fait de leur confier Artur de Bretagne (R. de Coggeshall, 139). L'acte par lequel Philippe-Auguste donna au vicomte de Thouars la sénéchaussée de Poitou et du duché de Guyenne se place entre le 1er novembre 1203 et le 24 avril 1204 (*Cat.* 794).
3. Ce paragraphe manque dans Chr., dans Ott. et dans Brux.
4. Cette éclipse eut lieu le 28 février 1207, à onze heures du matin. Rig., § 146.
5. Ce paragraphe manque dans Ott. et dans Brux.
6. Rig., § 146.
7. Ce paragraphe manque dans Ott. et dans Brux.
8. La chronique de Saint-Aubin d'Angers (*loc. citat.*, p. 54 et 55) donne l'itinéraire de Philippe-Auguste. Le roi, arrivé le

relinquens, per Neustriam in Franciam reversus, statim] habuit nuncios certos de adventu Johannis regis qui Rupelle applicuerat; et veniens Kinonem, missis satellitibus et militibus, munivit urbem Pictavim et alia castra que ibi habebat, et reversus est in Franciam. Confederatus est autem vicecomes Thoarcensis [et multi alii Pictavi] Johanni regi[1]; cum quibus Andegavum veniens, eam cepit[2] [et totum territorium Andegavense, et Nannetensem pagum et Redonensem, et totam terram que dicitur Mediana[3], devastavit et concremavit, et multiplicata sunt mala in terra.]

139[4]. — Rex autem Philippus congregavit exercitum, et intravit Aquitaniam [(Johannes enim rex audito ejus adventu, jam in partes illas diverterat)] et vastavit totam terram vicecomitis, Johanne ibidem cum exercitu suo existente[5], [sed ei congredi non audente[6]. Missa legatione, Johannes rex supplicabat pro pace simulatoria; et die statuta super pace, tamquam colloquium cum rege Francie initurus, dum Philippus rex Francie super his deliberat et cum nunciis loquitur, Johannes rex clam recessit; et cum rex Francie ipsum in crastino, loco nunciis assignato, ad colloquium exspectaret, ipse jam Rupellam et portum tenebat, unde in Angliam repedavit.]

140[7]. — Sequenti mense decembri, facta est ex pluviis irruentibus tanta aquarum inundatio quanta a seculo audita

---

11 mai 1206 à Brissac, en repartit le 12 pour aller coucher à Angers qu'il quitta le 13 pour Champtocé où il était le même jour (*Cat.* 994). De là il se dirigea sur Nantes où il resta jusqu'au 21 mai.

1. Rig., § 147.
2. 6 septembre 1206. *Chron. S. Albini Andegavensis*, loc. citat., p. 54 et 56.
3. *Meduana*, Cott.
4. Ce paragraphe manque dans Brux. et dans Ott.
5. Rig., § 147.
6. Le roi d'Angleterre était enfermé dans Thouars même pendant que Phil.-Aug. en brûlait les abords sans rencontrer de résistance (*Hist. des ducs de Normandie*, 109); ce qui, d'après l'itinéraire du roi Jean de M. Duffus Hardy, place ces événements dans les premiers jours d'octobre 1206.
7. Ce paragraphe manque dans Ott. et dans Brux.

non est. Parisius pons, qui Parvus dicitur, corruit; [per vicos aqua elevabatur usque ad secunda tabulata domorum, nec poterat aliquis domum suam vel alienam intrare vel exire nisi navigio;] sed, oratione facta et processione a clero et populo, aqua recessit[1].

141[2]. — [Eodem anno, obiit Bartholomeus Turonorum archiepiscopus[3], cui successit vir sanctissimus Gaufredus, archidiaconus Parisiensis, qui sedit anno et dimidio[4].]

142[5]. — [Anno incarnationis Dominice mccvii, obiit Galterus Rotomagensis archiepiscopus et vacavit sedes fere per annum[6].]

143[7]. — Philippus rex iterum, collecto exercitu, Aquitaniam intravit et vastavit terram vicecomitis Thoarcii, Parthenacum[8] cepit et quamplures munitiones circumpositas evertit; quasdam vero munitas sub custodibus sibi retinuit[9].

144[10]. — Anno Dominice incarnationis mccviii, obiit Odo Parisiensis episcopus, cui successit Petrus thesaurarius beati Martini Turonensis, [frater Galteri camerarii[11].]

145[12]. — Eodem anno Henricus marescallus, Willelmus de Rupibus, et[13] [vicecomes Meleduni[14],] cum trecentis[15] militibus Francis, conflixerunt [in Pictavia] contra Savaricum de Malleone et vicecomitem Thoarcensem, qui cum magna armatorum mul-

1. Rig., § 148.
2. Ce paragraphe manque dans Ott. et dans Brux.
3. Barthélemy de Vendôme mourut le 15 décembre 1206.
4. *Qui sedit anno et dimidio* manque dans Cott. — Geoffroi mourut le 29 avril 1208.
5. Ce paragraphe manque dans Ott. et dans Brux.
6. Gautier de Coutances mourut le 16 novembre 1207. Son successeur, Robert Poulain, ne fut élu que le 23 août 1208.
7. Ce paragraphe manque dans Ott. et dans Brux.
8. *Pertiniacum*, Cott.
9. Rig., § 149.
10. Ce paragraphe manque dans Ott. et dans Brux.
11. Rig., § 150.
12. Ce paragraphe manque dans Ott. et dans Brux.
13. *et* manque dans Cott.
14. Adam II, vicomte de Melun.
15. *CCCCtis*, Cott.

titudine invaserant terram regis Francie et predas abducebant, et prevaluerunt eis, et, [preda excussa], bello eos confecerunt ; ceperunt XL milites Pictavos armis probatos, inter quos fuerunt Hugo frater vicecomitis, Henricus[1] de Lisinano filius ejusdem, Portaclea et alii[2].

146[3]. — Eodem anno obiit Philippus imperator electus ; quo defuncto Otho nitebatur per romanum pontificem imperium obtinere[4].

147[5]. — Eodem anno Galo[6] cardinalis mittitur legatus in Franciam a summo pontifice[7].

148[8]. — [Eodem anno, fere omnes proceres regni Francie et prelati, cruce Domini in pectore signati, terram Provincialem et Albigensem visitaverunt ad exstirpandum varias hereses que in partibus illis pullulaverant et fidem catholicam pro posse suo enervabant.]

149[9]. — [Anno Domini MCCIX, apud Karnopolim, castrum nobile quod nunc Compendium appellatur[10], induit Ludovicus primogenitus Philippi regis cingulum militie de manu patris sui cum tanta solemnitate et conventu magnatum regni et hominum multitudine et largiflua victualium et donorum abundantia, quanta ante diem illum non legitur visa fuisse, in die sancto Pentecostes[11].]

---

1. *et alii probi,* Cott.
2. Rig., § 151.
3. Ce paragraphe manque dans Ott. et dans Brux.
4. Rig., § 152.
5. Ce paragraphe manque dans Ott. et dans Brux.
6. *Galla,* Cott.
7. Rig., § 153.
8. Ce paragraphe manque dans Ott. et dans Brux.
9. Ce paragraphe manque dans Ott. et dans Brux.
10. Philippe-Auguste était à Compiègne en mai 1209 (*Cat.* 1137).
11. C'est ici que le ms. Chr. 619 contient les indications chronologiques que Duchesne a reproduites :
« Anno ab incarnatione Domini XCVI, regnante Domitiano, « anno imperii ejus XV, passus est beatus Dyonisius. Elapsis « post CC tribus annis et XX, venit Marchamirus in Galliam.

150. — [1] Regnante Francorum rege Philippo magnanimo, Ludovici pii filio[2], anno ejusdem regni[3] XXVIII[4], ab incarnatione Domini MCCIX[5], accessit ad Philippum regem Francorum Juchellus[6] de Mediana[7], vir nobilis, strenuus[8] et fidelis, deferens ei querimoniam de eo quod quidam firmaverant castrum quoddam in quadam rupe excelsa, cui nomen erat Guarplic. Quod sonat ex britannico in latinum *mollis plica*, sive *super plicam*, eo quod sit super sinum

« Ab adventu ejus usque ad Clodoveum, primum regem Franco-
« rum, fluxerunt centum anni.

« A captivitate vero Troje usque ad initium regni Clodovei,
« anni MDCLX.

« Jheronimus incepit chronica sua ab anno incarnationis Domi-
« nice CCCXXVII, anno imperii Constantini magni XIX, et
« cessavit sub Theodosio magno. Ab eodem tempore inceperunt
« cronica sua Gennadius et Idacius, episcopus Lemice urbis
« Hispaniarum, et scripserunt gesta notabilia usque ad tempora
« Clodovei. »

1. *Eodem anno*, Cott.
2. *Ludovici pii filio* manque dans Cott.
3. *regni* manque dans Chr. 619.
4. De quelque façon que l'on compte les années du règne de Philippe-Auguste, la vingt-huitième ne pouvait tomber qu'en 1206-1207 ou en 1207-1208.
5. *ab inc. D. MCCIX* est transporté au commencement de la phrase, avant *regnante,* dans Ott. et dans Brux.; manque dans Cott.
6. *Nichellus,* Brux.
7. *Meduana,* Cott. — Juhel de Mayenne, fils de Geoffroi de Mayenne et d'Isabelle, fille de Galeran, comte de Meulan (Rob. de Torigny, 1, 334, note 7), mourut entre 1219 et 1222 (*Cat.* app. p. 521, note). Ce seigneur, qui figure dans des actes de Ph.-Aug. depuis 1199 (*Cat.* 561), avait, en mars 1203, fait hommage au roi pour tout le temps de la captivité d'Arthur (*Cat.* 752) et reçu en 1205 des preuves de la munificence royale (*Cat.* 957).
8. *strenuus* omis dans P.

maris[1], vel quia ibi molliter plicatur refluxus maris, in septentrionali latere Britannie minoris que Armorica dicitur ab antiquo[2], supra mare, unde patebat facilis transitus in majorem Britanniam que nunc Anglia nuncupatur. Munierant enim castrum illud armis, hominibus et victualibus et machinis bellicis, et recipiebant in eo Anglicos inimicos regni, et damnificabant circumadjacentem provinciam. Ad ejusdem ergo Juchelli[3] instantiam, rex Philippus congregavit exercitum apud[4] Meduntam castrum, et, misso cum comite Sancti Pauli et predicto Juchello exercitu, expugnavit viriliter castrum et vi cepit et munivit suis fidelibus, et tradidit dicto Juchello[5].

1. Guarplic, *Gaiclip, Gaiclinum* ou Guesclin est le nom d'un château situé sur la paroisse de Saint-Coulomb, entre Saint-Malo et Cancale. Suivant Ogée (*D^re de Bretagne*, éd. 1853, II, 741), Guarplic et Guesclin sont synonymes en ancien breton. Le premier est composé de *goar, gouer*, qui désigne un ruisseau, et de *plic* ou *plec*, qui signifie pli, le second de la même racine *goar* qu'on trouve aussi sous la forme *goas, goaz* et de *clin*, genou. On voit que le sens n'est pas tout à fait celui que donne Guillaume le Breton. C'est de ce château que la famille de Bertrand du Guesclin paraît être originaire. Voy. S. Luce, *Hist. de Bertrand du Guesclin*, p. 2.

2. *in septentrionali — antiquo* manque dans Brux. et dans Ott.

3. *Nichelli*, Brux. — *Judelli*, Chr.

4. *apud* omis dans Chr.

5. *Nichello*, Brux. — *Juchello ad custodiendum*, Cott. — Tout ceci a dû se passer non pas en 1209, ainsi que le dit le chroniqueur, mais en 1210. En effet Juhel de Mayenne était à Paris en juillet 1210 (*Cat.* 1223) ; le roi était à Mantes en août de la même année (*ib.* 1227) ; dans le même mois Juhel s'engagea à rendre à Philippe-Auguste le château de Guarplic sur sa réquisition (*ib.*, 1228, 1229). De plus, Guillaume le Breton raconte dans le paragraphe suivant que les évêques d'Orléans et d'Auxerre avaient à cette époque refusé d'accompagner l'armée royale et que, pour les

151. — Cum omnes barones et episcopi vocati ad hunc exercitum convenissent apud Meduntam, et misissent ad mandatum regis homines suos, prout debebant[1], in expeditionem illam, Aurelianensis[2] et[3] Altissiodorensis episcopi cum militibus suis ad propria sunt reversi dicentes se non teneri ire vel pro se[4] mittere in exercitum, nisi quando rex ipse personaliter proficiscitur ; et cum nullo ad hoc privilegio se tueri possent, generali consuetudine contra eos faciente, petiit rex ut hoc judicio curie[5] emendarent. Ipsis autem emendare nolentibus, rex eorum regalia confiscavit, scilicet ea tantum temporalia que ab eo feodaliter tenebant, decimas et alia spiritualia eis in pace dimittens. Ipse enim rex christianissimus semper timebat offendere ecclesiam Dei et ejus reverebatur[6] ministros. Ipsis ergo terram et homines regis interdicentibus et ad romanam curiam mittentibus et in propriis personis accedentibus, domino papa Innocentio III consuetudines et jura regni nolente infringere aut in aliquo revocare, emenda tandem facta et regi soluta, post duos annos recuperaverunt omnia que a rege fuerant confiscata. Proventus tamen quos inde rex levaverat

en punir, Philippe-Auguste confisqua leurs régales et ne les leur rendit qu'au bout de deux ans. Les actes par lesquels le différend fut accommodé (*ib.*, 1392 à 1397) portent la date d'août 1212, ce qui en place bien l'origine en 1210.

1. *deberent*, Brux.
2. *Mubellianensis* (sic), Chr.
3. On voit dans P. deux blancs réservés devant les mots *Aurelianensis* et *Altissiodorensis*, sans doute pour qu'on y inscrivît les noms des deux évêques : Manassés et Guillaume.
4. *pro se* omis dans Brux.
5. *judicio curie* omis partout sauf dans Chr.
6. *reverebatur* manque dans P.

in illis duobus annis, ipsi regi per consuetudinem regni de feodis saisitis per culpam vassallorum, integre remanserunt, nisi quod ipse de gratia sua trecentas libras utrique concessit ; qui tamen suo forefacto recognito, litteras suas concesserunt regi de jure suo, sicut petebat, ei fideliter exhibendo[1].

152. — In diebus illis studium litterarum florebat Parisius, nec legimus tantam aliquando fuisse scholarium frequentiam Athenis vel Egypti, vel in qualibet parte mundi quanta locum predictum studendi gratia incolebat. Quod non solum fiebat propter loci illius admirabilem amenitatem, et bonorum omnium superabundantem affluentiam, sed etiam propter libertatem et specialem prerogativam defensionis quam Philippus rex, et pater ejus ante ipsum, ipsis scholaribus impendebant. Cum itaque in eadem nobilissima civitate non modo de trivio et quadruvio, verum et de questionibus juris canonici et civilis, et de ea facultate que de sanandis corporibus et sanitatibus conservandis scripta est, plena et perfecta inveniretur doctrina, ferventiori tamen desiderio sacram paginam et questiones theologicas docebantur. Fuit igitur in eadem sacra facultate studens quidam clericus, Amalricus[2] nomine, de territorio Carnotensi, villa que Bena dicitur oriundus ; qui cum in arte logica peritus esset, et scholas de arte illa et de aliis artibus liberalibus diu rexisset, transtulit se ad sacram paginam excolendam. Semper tamen suum per se modum docendi et discendi habuit et

1. Les dernières lignes [*Proventus - exhibendo*] manquent dans P, Ott. et Brux. — Voy. les actes par lesquels ce différend fut accommodé dans *Cat.* (1392-1397).

2. Almaricus, P.

opinionem privatam et judicium quasi sectum et ab aliis separatum. Unde et[1] in ipsa theologia ausus est constanter asseverare quod quilibet christianus teneatur credere se esse membrum Christi, nec aliquem posse salvari qui hoc non crederet, non minus quam si non crederet Christum esse natum et passum, vel alios fidei articulos, inter quos articulos ipse hoc ipsum audacter audebat[2] dicere annumerandum esse. Cum igitur in hoc ei ab omnibus catholicis universaliter contradiceretur, de necessitate accessit ad summum pontificem, qui, audita ejus propositione et universitatis scholarium contradictione, sententiavit contra ipsum. Redit ergo Parisius, et compellitur ab Universitate confiteri ore quod in contrarium predicte opinioni sue sentiret; ore dico, quia corde nunquam dissensit. Tedio ergo et indignatione affectus, ut dicitur, egrotavit, et lecto[3] incumbens decessit in brevi et sepultus est juxta monasterium Sancti Martini de Campis[4].

153. — Post mortem ejus surrexerunt quidam venenosa ejus doctrina infecti, qui eo subtilius, plus quam oportet sapere, sapientes ad exsufflandum Christum, et ad evacuandum novi Testamenti sacramenta, novos et inauditos errores et[5] inventiones diabolicas confixerunt. Inter alios eorum errores impudenter[6] astruere nitebantur, quod potestas Patris duravit

1. *Sequebatur et,* Chr.
2. *audebat* manque dans Chr.
3. *lecto* manque dans Chr.
4. Sur Amauri de Chartres et ses disciples, voy. Daunou dans l'*Hist. litt.*, XVI, 586, et Jourdain, dans *Mém. de l'Acad. des inscriptions,* t. XXVI, 2ᵉ partie.
5. *et ad,* P. — 6. *imprudenter,* Chr.

quamdiu viguit lex Mosaica ; et quia scriptum est :
novis supervenientibus abjicientur vetera[1], postquam
Christus venit, aboleverunt omnia Testamenti veteris
sacramenta, et viguit nova lex usque ad illud tempus.
In hoc ergo tempore dicebant Testamenti novi sacramenta finem habere, et tempus sancti Spiritus ince-
pisse, quo dicebant confessionem, baptismum, eucha-
ristiam et alia sine quibus salus haberi non potest,
locum de cetero non habere, sed unumquemque tantum per gratiam Spiritus sancti interius, sine actu
aliquo exteriori, inspiratam salvari posse. Caritatis
virtutem sic ampliabant, ut id quod alias peccatum
esset, si in virtute fieret caritatis, dicerent jam non
esse peccatum. Unde et stupra, et adulteria, et alias
corporis voluptates in caritatis nomine committebant,
mulieribus cum quibus peccabant, et simplicibus quos
decipiebant, impunitatem peccati promittentes, Deum
tantummodo bonum et non justum predicantes.

154. — Fama hujusmodi pervenit occulte ad viros
venerabiles Petrum Parisiensem episcopum et fratrem
Garinum regis Philippi consiliarium, qui, misso clam
magistro Radulfo de Nemurcio clerico, diligenter
inquiri fecerunt hujus secte viros. Idem Radulfus arti-
culosus et astutus et vere catholicus, sic missus, mirabili modo fingebat se esse de secta eorum cum ad
singulos veniebat, et illi revelabant ei secreta sua
tamquam sue secte participi, ut putabant. Et ita hujus
secte plures sacerdotes, clerici et laici ac mulieres,
diutius latentes, prout Domino placuit, tandem detecti
et capti et Parisius adducti, et in concilio ibidem con-

---

1. Levit. XXVI, 10.

gregato convicti et coram archiepiscopo Senonensi et Petro Parisiensi[1] condemnati, et ab ordinibus in quibus erant degradati, traditi fuerunt curie Philippi regis, qui tanquam rex christianissimus et catholicus, vocatis apparitoribus, fecit omnes cremari; et cremati sunt Parisius extra portam, in loco qui nuncupatur Campellus[2]; mulieribus autem et aliis simplicibus qui per majores corrupti fuerant et decepti, pepercerunt. Predictus autem heresiarcha Amalricus quia plane constitit sectam illam ab eo originem habuisse, licet in pace ecclesie, ut putabatur, sepultus fuisset, ab universo concilio etiam post mortem excommunicatus fuit et condemnatus et a cimiterio sacro ejectus et ossa ac cinis ejus per sterquilinia sunt dispersa. Benedictus Deus per omnia qui tradidit impios[3]!

155. — In diebus illis legebantur Parisius libelli quidam ab Aristotele, ut dicebatur, compositi qui docebant metaphysicam, delati de novo a Constantinopoli, et a greco in latinum translati, qui, quoniam non solum predicte heresi sententiis subtilibus occasionem prebebant, imo et aliis nondum inventis prebere poterant, jussi sunt omnes comburi, et, sub pena excommunicationis, cautum est in eodem concilio, ne quis eos de cetero scribere, legere presumeret vel quocumque modo habere.

156. — Post hec, anno ab incarnatione Domini MCCX[4],

---

1. *coram a. S. e. P. Parisiensi* ne se trouve que dans Cott.
2. Cette exécution eut lieu le 20 décembre 1210 (Daunou, *loc. citat.*, p. 590).
3. *qui tradidit impios* manque dans P, Brux. et Ott.
4. Telle est la leçon du ms. Chr. Dans P, les mots *anno ab inc. Dom. MCCX* sont omis; dans Cott. on lit *Post hec, scilicet anno*

comes Guido[1] Alvernie multis multas injurias irrogabat, multeque de ejus intolerantia ad aures Philippi regis magnanimi querimonie sunt delate[2]; qui correptus a rege per litteras et per nuncios increpatus, non[3] destitit a sevis actibus, imo, in Dei ecclesiam manum injiciens, quoddam regale[4] monasterium[5] violenter[6] destruxit et episcopum Claromontensem cepit[7]. Quod[8] cum audisset rex, qui hanc sibi virtutem quasi innata consuetudine specialiter appropriabat[9], ut ecclesiarum injurias nunquam dimitteret impunitas congregato exercitu[10], misit equitatum quammaximum in

Domini MCCX; dans Brux. et Ott. *Anno ab incarnatione Domini MCCX, post hec.*

1. *Guido comes,* Chr. et Cott.
2. *sunt delate* omis dans Chr. et Cott. est remplacé dans Brux. et Ott. par *pervenerunt.*
3. *non solum non,* Cott.
4. *Quoddam regale* ajouté en marge de P par une main du xive siècle qui pourrait bien être celle de Pierre d'Orgemont (Cf. L. Delisle, *Mém. de la Société de l'Histoire de Paris,* IV, 211).
5. Au lieu de *quoddam regale monasterium* le ms. Chr. porte *monasterium quo sacre degebant virgines,* et les mss. Brux. et Ott. présentent une leçon analogue : *monasterium quoddam monialium.* Nous avons préféré la première leçon, le monastère en question étant l'abbaye d'hommes de Mozac. Cf. *Chron. de Bernard Itier,* éd. Duplès-Agier, p. 83 et 84. — *Gall. Christ.,* II, 351.
6. *Omnino violenter,* Brux. et Ott.
7. *et episcopum Claromontensem cepit;* ce membre de phrase manque dans Chr. Il manquait aussi dans P, mais il a été rajouté en marge de ce ms. par la main du xive siècle mentionnée dans la note 4.
8. *Quod* omis dans Chr.
9. *Approprians,* Chr. et Ott.
10. Dans Chr. le récit reste suspendu après *congregato exercitu.* Il en était de même dans P, mais le correcteur, auquel il a été déjà fait allusion dans les notes 4 et 7, a complété la phrase en marge par les mots *illum exheredavit.*

Alverniam[1] et ceperunt statim Rionem, oppidum ditissimum, et totam terram circum adjacentem. Inde procedentes obsederunt Turnoilliam, castellum scilicet fortissimum et quantum ad opinionem omnium omnino inexpugnabile. Et commissa est pugna inter castrenses et equitatum regium in qua capti sunt[2] filius et nepos Guidonis comitis et multi alii capti et interfecti fuerunt. Ad ultimum captum est castellum et inventi sunt in eo libri et ornamenta ecclesiarum et[3] monasteriorum. Et ita ejectus est omnino comes a comitatu suo. Rex vero totam terram illam donavit domino Guidoni de Domnapetra et Archembaldo filio ejus post ipsum in perpetuum[4].

1. *Alvernia*, Ott.
2. *fuerunt*, Brux.
3. *ecclesiarum et* manque dans Brux.
4. Telle est, dans les mss. Ottoboni et de Bruxelles, la fin de ce paragraphe ; dans le ms. Cotton, voici ce que l'on trouve à la suite des mots *congregato exercitu* auxquels se termine la partie de ce paragraphe commune à tous les mss. : « .... misit equites et satel-
« lites quamplures cum Cadoco, Guidone de Donnapetra et archie-
« piscopo Lugdunensi, et multos alios post illos, qui ad expensam
« fisci missi fuerunt. Qui intrantes terram Alvernie, obsederunt
« Ryonem castrum, et fuit eis redditum, datis obsidibus de poten-
« tibus hominibus loci, qui diu manserunt Parisius in catenis
« numero quadraginta. Inde procedentes, multa ceperunt muni-
« cipia et villas, et obsederunt Turnellam castrum inexpugnabile,
« colliclivis altissimis et vallibus profundissimis, turribus et muris
« multiplicibus circumcinctum, viris armatis et victualibus intus
« refertum. Die vero quadam minuti erant viri fortissimi de
« exercitu jacebantque in papilionibus suis sicut oportebat minu-
« tos ; equi tamen eorum pascebant juxta exercitum in herbosis.
« Obsessi per exploratores certificati de minutione eorum, exie-
« runt et ceperunt equos, volentes eos ducere intra castrum.
« Milites vero et satellites, quasi minutionis obliti, pugnaverunt
« cum illis et abstulerunt eis predam, et ceperunt plures for-
« tissimos ex eis ; inter quos fuit filius ipsius comitis Guidonis

157. — Anno ab incarnatione Domini MCCX[1], Innocentius papa III, contra voluntatem Philippi regis Francorum, et contradicentibus pro maxima[2] parte Romanis, imo et multis de magnatibus imperii non assentientibus, coronavit Rome imperatorem Othonem[3], filium ducis Saxonie, cujus pater scilicet idem[4] dux Saxonie, de crimine lese majestatis convictus, a Frederico imperatore et universo baronum imperii judicio damnatus, et a ducatu in perpetuum fuerat

« et filius domini de [Turre] Pini, nepos ejusdem comitis.
« Cum autem audisset rex quod ipsi obsedissent castrum illud,
« quod nullo modo posse expugnari credebat, missa per nun-
« cium epistola, mandavit eis ut obsidionem dimitterent; sed
« antequam nuncius pervenisset ad illos, tam castrum quam
« omnes municipes capti erant. In illo castro sic capto invenerunt
« libros, ornamenta et thesauros monasterii supradicti; que omnia,
« de mandato regis, dicto monasterio restituta sunt mira munifi-
« centia regis; totam illam terram viriliter oppugnatam et captam
« dono dedit Guidoni de Donnapetra et heredibus suis perpetuo
« possidendam. »

Tous les événements racontés dans le § 156 ne se passèrent pas en 1210. On voit l'inimitié qui existait entre le comte et son frère Robert, évêque de Clermont, se manifester, dès 1198, dans une plainte adressée à Innocent III par le comte Gui contre l'évêque (Baluze, *Hist. de la maison d'Auvergne*, II, 77). L'arrestation de l'évêque avait eu lieu avant février 1209, ainsi qu'on peut le voir par une lettre du pape (Potthast, 3641), lettre qui prouve d'ailleurs que Robert avait été déjà remis en liberté à cette époque. L'abbaye de Mozac ne fut détruite qu'en 1211 (*Chron. Bern. Iterii*, éd. Duplès-Agier, p. 83). Quant à la répression, elle ne dut pas être achevée avant la fin de l'année 1213, époque à laquelle Gui de Dampierre adressait au roi l'état des munitions qui lui avaient été livrées dans les châteaux de Tournoelle, Riom et Nonette (*Cat.*, 1470-1472. Voy. aussi 1565, 1802, 2000).

1. *Eodem anno*, Cott.
2. *pro maxima* remplacé par *proxima* dans Chr.
3. Ce couronnement eut lieu le 4 octobre 1209.
4. *idem* manque dans P et Cott.

ejectus. Exegit tamen papa ab eo in ipsa coronatione jusjurandum de patrimonio et jure beati Petri indemniter ei et ecclesie romane in pace dimittendo et contra quoslibet defendendo. Recepto itaque jurejurando, et instrumentis publicis super hoc confectis et imperiali charactere confirmatis, eodem die[1] quo coronam suscepit, contra juramentum temere veniens, significavit pape se non posse ei dimittere castra que ab antecessoribus suis aliquibus temporibus fuerant possessa. Propter hoc et propter quasdam expensas quas Romani ab imperatore ex debito petebant, et propter quasdam injurias quas Romanis Teutonici irrogabant, orta fuit inter eos discordia, et conflixerunt Romani cum eis, et multi de Teutonicis occisi sunt et plurimum[2] damnificati, adeo ut cum de damnis sibi resarciendis ageret postea imperator cum Romanis, diceret se in illo bello mille centum equos[3] amisisse, preter homines occisos et alia damna. Rediens inde imperator, sicut dudum in animo conceperat, occupavit castra et munitiones que erant juris beati Petri, Aquapendens, Radicofanum, Sanctum-Quiricum, Montem-Fiasconis et fere totam Romaniam ; et inde transiens in Apuliam, oppugnavit terram Frederici filii Henrici imperatoris, et cepit civitates multas et castella in regno Apulie quod totum est de patrimonio et feodo beati Petri. Missis itaque nunciis[4] et legationibus, cum nullo modo vellet imperator ea que occupaverat resignare, imo et Romipetas faciebat a suis vispillionibus, quos in castris

1. *eodem ipse die,* Brux.
2. *et plurimum* laissé en blanc dans Brux.
3. *equos dextrarios,* Brux.
4. *hinc inde nunciis,* Chr.

posuerat spoliari, dominus papa, communicato fratrum consilio, excommunicationis in ipsum sententiam promulgavit. Et cum nec sic resipiscere voluisset, imo magis ac magis res ecclesie occuparet et iter Romipetarum impediret, cum, crescente contumacia, crescere debeat et pena, absolvit papa omnes subditos ejus ab ipsius fidelitate, sub interminatione anathematis inhibens ne quis eum haberet vel nominaret eum imperatorem. Et ita recesserunt ab eo landegravius Turingie[1], et Moguntinus archiepiscopus, et Treverensis archiepiscopus, dux Austrie, dux Frigie[2], dux Bavarie[3] et rex Boemie, et multi alii tam seculares quam ecclesiastice persone[4].

158. — Anno igitur ab incarnatione Domini MCCXI,

---

1. Philippe-Auguste s'était engagé, en novembre 1210, à épouser la fille du landgrave au cas où celui-ci aurait pu décider le pape à le séparer de la reine Ingeburge (*Cat.* 1210).

2. *Stringie*, Chr. ; *Firingie*, Brux.

3. *dux Frigie, dux Bavarie* manque dans P.

4. Les événements racontés dans ce paragraphe ne se passèrent pas tous en 1210, ainsi que Guillaume le Breton pourrait le faire croire. Othon, couronné le 4 octobre 1209, paraît n'avoir pas immédiatement rompu le serment qu'il avait prêté au pape. L'occupation des villes de Toscane ne dut avoir lieu qu'en août 1210, bien qu'il y ait eu un commencement de rupture, ainsi que le dit Guillaume le Breton, dès les premiers jours qui suivirent le couronnement (Voy. Bœhmer, *Reg. Imperii*, V, éd. Ficker, p. 98). L'envahissement de la Pouille, puis de la Calabre, commencé avant l'excommunication d'Othon (18 novembre 1210), se continua en 1211. C'est en cette même année 1211 que les seigneurs de l'empire formèrent la ligue à la tête de laquelle furent placés le landgrave Hermann de Thuringe et l'archevêque Sigfrid de Mayence (Voy. l'utile ouvrage du Dr Gustav Richter, *Zeittafeln der deutschen Geschichte im mittelalter*. Halle, 1881, in-8°, pages 134-135. — Voy. aussi *Cat.* 1251-1264).

iidem[1] barones Alemannie, mediante consilio Philippi regis Francie, elegerunt Fredericum filium Henrici imperatoris, rogantes papam ut electionem ejus confirmaret. Qui, licet hoc bene vellet, tamen dissimulavit, quia romana ecclesia semper gravitatem observare, et nova non nisi cum difficultate et maturitate concedere consuevit, et quia progeniem illam non amabat. Idem itaque Fredericus, de consilio regis Francorum, vocatus a baronibus, navigio venit Romam, et honorifice receptus est a summo pontifice et a Romanis[2]. Inde discedens per mare venit Januam et ibidem cum maximo gaudio et honore receptus, adjuvantibus Bonifacio marchione Montisferrati et civibus Papiensibus et Cremonensibus et fere omnibus civitatibus Lombardie, et precipue Estenensi marchione, per Curias[3] transivit Alpes, et intravit Alemanniam et venit Constancias.

Digna res memoria, quod omnis qui intendit ecclesiam Dei deprimere, in brevi dejicitur[4]! Eodem die

1. *omnes*, Brux.
2. Frédéric, élu en septembre 1211 par les seigneurs réunis à Bamberg, ne se rendit de Palerme à Rome qu'en mars 1212 (Richter, *Zeittafeln*, p. 136).
3. *turmas*, Cott. — Tous les autres mss. portent *Cumas*; il eût été naturel en effet que Frédéric, qui franchit les Alpes de façon à redescendre sur Coire, traversât Côme pour gagner un passage dans cette direction; mais, ainsi que Guillaume le Breton le racontera plus loin (§ 167), l'hostilité des Milanais ne lui eût pas permis de suivre cette route. Il est donc probable, ainsi que le dit M. Ficker (Bœhmer, *Reg. Imperii*, V, p. 174), que Frédéric, qui se rendit de Trente à Coire, remonta le Vintschgau, traversa l'Engadine et atteignit la vallée du Rhin. Nous devons donc lire sans doute *Curias* ou *Curienses*, et non *cimas* ou même *Cinias* comme le proposait D. Brial.
4. Cette phrase entière (*Digna — dejicitur*) manque dans Cott.

venturus erat Otho in eamdem civitatem, et jam premiserat famulos suos et coquos qui jam cibos paraverant, nec distabat[1] a civitate per tres leugas, quando Fredericus cum LX[2] militibus intravit, quem Otho cum ducentis militibus, ejus adventum sciens, sequebatur. Sed Frederico recepto, clausa est Othoni janua, et ipse cum suis viliter est repulsus ; et dicunt quod si Fredericus moram fecisset per tres horas, nunquam intrasset Alemanniam. Otho itaque a Constanciis cum vituperio sic expulsus, accessit Brisac, a quo, et quia Teutonici cives illius oppidi contumeliis et injuriis afficiebant et eorum filias et uxores constuprabant, non minori dedecore quam a Constanciis est propulsus[3]. Fredericus autem tam ab ipsis quam ab aliis imperii baronibus cum gaudio et honorificentia est receptus.

159[4]. — Eodem anno, celebratum est colloquium inter eumdem Fredericum et Philippum magnanimum regem Francorum apud Vallem-Coloris, Metensi episcopo mediante ; cui tamen non interfuit ipse rex, sed Ludovicus filius ejus primogenitus cum magnatibus regni, et percusserunt fedus inter se[5] et renovaverunt amicitias perpetuas, sicut fuerant inter eorum predecessores.

160[6]. — Anno eodem, Philippus rex magnanimus totum Parisius in circuitu circumsepsit a parte aus-

---

1. *distabant* dans tous les mss. sauf dans *Chr.*
2. *XL,* Cott.
3. Voy. *Richeri gesta Senon. eccl.*, M. G. Scr. XXV, 293.
4. Dans les mss. Ott. et Brux. l'ordre des paragraphes 159 et 160 est interverti.
5. Le traité en question fut conclu à Toul le 19 novembre 1212 (*Cat.* 1408).
6. Voy. la note 4.

trali usque ad Sequanam fluvium ex utraque parte, maximam terre amplitudinem infra murorum ambitum concludens, et possessores agrorum et vinearum compellens ut terras[1] illas et vineas ad edificandum in eis novas domos[2] habitatoribus locarent, vel ipsimet novas ibidem domos constituerent, ut tota civitas usque ad muros plena domibus videretur. Sed et alias civitates, oppida et municipia regni, muris et turribus inexpugnabilibus munivit. Mira et laudanda justitia principis ! Licet de jure scripto posset propter publicum regni commodum in alieno fundo muros erigere et fossata, ipse tamen juri preferens equitatem, damna sua que per hoc homines incurrebant, de fisco proprio compensabat.

161. — Eodem anno, rex quidam Sarracenus qui dicebatur Mummilinus[3] quod lingua eorum sonat *regum rex*, collecto exercitu infinito paganorum, aggressus est fines Hispanie, et locutus est in magna superbia contra christianos[4] et obtulit eis bellum ; qui pugnaverunt cum eo in fide et nomine Jesu-Christi, et vicerunt eum et fere omnes qui cum eo erant occiderunt. Ipse autem victus et confusus et fere solus ad propria est reversus. Huic bello interfuerunt multi boni et fortes viri de regno Francie, et rex Arragonie[5], miles probissimus, qui in signum victorie lanceam et vexillum ipsius Mummilini Romam misit, que, adhuc in ecclesia beati Petri in loco eminenti posita, favorem

1. *in terra*, P.
2. *domos* remplacé par *modo* dans Chr.
3. *Mummilerius*, Chr. — *Similmus*, Cott. — *Mumeilinus*, Brux.
4. *Christicolas*, Chr.
5. *Arragonum*, Chr.

et misericordiam Christi qua suos, licet paucos respectu hostium, in predicto bello victores fecit, in perpetuum representant[1].

162. — Anno ab incarnatione Domini MCCXII[2], regnante, ut dictum est, christianissimo rege Francorum Philippo magnanimo, filio sanctissimi regis Ludovici Pii, Reginaldus de Domno-Martino, comes Bolonie, diruit quandam fortericiam novam[3] quam Philippus Belvacensis episcopus, cognatus regis, erexerat in pago Belvacensi, pro eo quod videbatur posse damna facere terre comitisse Clarimontis, que erat cognata ejusdem comitis. Propter quod idem episcopus diruit quamdam aliam munitiunculam fundatam de novo a dicto comite in foresta de *Halmes*[4]. Unde orta est discordia inter ipsum comitem ex una parte, et predictum episcopum et nepotes suos, filios[5] Roberti comitis, ex altera. Et cum idem comes Bolonie suspectus esset regi, non propter hanc guerram tantum, sed quia castrum quoddam inexpugnabile quod Moretonium vocatur, in confinio minoris Britannie et Neus-

---

1. *representans,* P et Chr. — Cette défaite des Maures eut lieu le 16 juillet 1212. Voy. les lettres relatives à cet événement publiées par D. Brial (XIX, 250-256), les chroniques de Robert Abolant (D. Brial, XVIII, 280) et de l'anonyme de Laon (ibid., 715).

2. Corr. *MCCXI.* — En effet, la prise de Mortain racontée dans ce paragraphe eut lieu au mois de septembre (voyez plus bas p. 243, note 4). Or, comme cet événement se place évidemment avant l'hommage prêté par le comte de Boulogne au roi Jean, le 4 mai 1212 (voy. § 164), il doit être reporté à l'année 1211.

3. Suivant le *Gallia. Christ.* (IX, 738), ce serait Bresles que l'évêque de Beauvais, Philippe de Dreux, aurait fait fortifier.

4. La forêt de Hez, voisine de Hermes (Oise, arr. de Beauvais, cant. de Noailles).

5. *filios* omis dans Chr.

trie situm, muniverat victualibus et hominibus armatis, et quia nuncios suos in regni et regis prejudicium ad Othonem imperatorem[1] et ad regem Anglie Johannem[2] mittere dicebatur, petiit rex ab eo ut ei traderet munitiones[3]; quas cum ei contra jus et consuetudinem patrie denegasset, rex, congregato exercitu, accessit ad predictum castrum, quod tam naturali situ quam artificiali opere inexpugnabile videbatur, et ipsum preter spem infra triduum expugnavit, et quarto die per vim cepit[4], et, castro suis fidelibus munito, direxit inde acies in partes Bolonie. Comes vero, videns regis fortitudinem, cui resistere non poterat, totum comitatum Bolonie et omnia castella dimisit Ludovico Philippi regis primogenito, de[5] quo id totum feodaliter tenebat. Rex autem jam occupaverat[6] totum Moretonii comitatum, et comitatum Domni-Martini, comitatum Albemarne, Insulam-Bonam, Domfrontem, et omnia eis appendentia, que omnia idem comes tam dono quam regis patientia possidebat; et sic comes a toto regno recedens, accessit ad comitem Barri cognatum suum, et mansit apud eum.

163. — In eodem comite multa erant laudabilia et

1. *Othonem regem,* Brux.
2. *et ad Johannem regem,* Brux.
3. Voy. à ce sujet deux curieuses pièces datées, l'une d'août, l'autre probablement du commencement de septembre 1211 (*Cat.* 1299-1300), qui prouvent l'exactitude des informations de Guillaume sur ce point, et y ajoutent de curieux détails.
4. Si l'on s'en rapporte aux termes de la seconde des pièces citées dans la note précédente, le roi s'étant engagé à ne pas attaquer Mortain avant le 15 septembre, c'est donc vers le 19 que cette ville sera tombée en son pouvoir.
5. *a* Chr.
6. *occupasset* P.

plura laudi contraria ; ecclesias Dei deprimebat, unde et fere semper excommunicatus erat[1], pauperes, orphanos, viduas depauperabat; vicinos suos nobiles persequebatur odio, et eorum municipia, impetrata regis licentia, qui eum multum solebat diligere, destruebat ; et licet uxorem haberet nobilissimam, cujus gratia comitatum Bolonie obtinebat, et cujus filia[2] nupta erat domino Philippo regis filio[3], spretis ejus amplexibus, cum aliis mulieribus scortabatur, et concubinas publice circumducebat. Cum igitur excommunicatus esset, transtulit se ad excommunicatos, et confederatus est Othoni imperatori[4] et Johanni regi Anglorum, quorum uterque ab ore summi pontificis excommunicatus erat ; Otho, pro eo quod patrimonium beati Petri occupabat ; Johannes, eo quod Stephanum, sancte opinionis virum, Cantuariensium archipresulem a summo pontifice consecratum, ad suam cathedram accedere non sinebat[5], imo omnes episcopos a regno suo ejecerat, et omnes res ecclesiarum, et clericorum, et monachorum nigrorum et etiam alborum beneficia, fisco applicuerat, et in usus proprios converterat jam per septennium. Idem autem sanctus archipresul et alii episcopi, a Philippo rege liberaliter recepti, in regno Francie exulabant.

1. *erat* omis dans Brux.
2. Il y a dans Brux. un mot laissé en blanc après *filia*.
3. Philippe Hurepel, à peine âgé d'un an, avait été accordé dès août 1201 avec Mahaut, fille de Renaut de Dammartin et d'Ide, comtesse de Boulogne (*Cat.* 674). Le mariage ne fut célébré qu'en août 1216.
4. *quondam imperatori* Cott. — Dans Brux. il y a un mot laissé en blanc après *imperatori*.
5. *signabat* Chr. — L'archevêque de Cantorbéry était Étienne Langton, élu depuis le 17 juin 1207.

164. — Ante tamen quam comes confederatus esset dictis regibus, missis nunciis instanter petebat restitutionem terre sue et castrorum. Rex autem offerebat ei restitutionem, si vellet stare judicio regalis aule et baronum regni. At ipse absolute petens restitutionem, judicium repellebat; et quia rex non, nisi cum conditione, volebat eum restituere, transtulit se, ut diximus, primo ad Othonem, et post per Flandriam ad Johannem regem et fedus cum utroque percussit[1].

165. — Eodem anno convocavit Philippus rex concilium in civitate Suessionensi, in crastino Dominice Palmarum[2] cui interfuerunt omnes proceres regni, et dux Brabantie, cui ibidem rex Philippus desponsavit Mariam filiam suam juvenculam, relictam Philippi comitis Namurcii, quam idem dux statim post octabas instantis Pasche[3] solemniter duxit in uxorem. Ibidem igitur tractatum fuit de transfretando in Angliam, et placuit sermo iste baronibus universis, et spoponderunt auxilium et quod etiam personaliter transfretarent cum ipso[4]. Solus autem comes Flandrie Ferrandus

---

1. D'après les pièces publiées dans Rymer (éd. de 1816, 104-105), Renaud de Boulogne fit hommage au roi d'Angleterre le 4 mai 1212. Quant à l'alliance du comte avec Othon, elle était antérieure puisqu'il figure dans ces actes comme l'envoyé de ce prince.

2. 8 avril 1213.

3. Le mariage devait être célébré le lendemain de la Quasimodo (22 avril). Voy. les promesses échangées entre le roi et Henri, duc de Lothier (Cat. 1438, 1439).

4. Il y avait déjà plusieurs années que le roi de France nourrissait le projet d'exciter une guerre civile en Angleterre. M. Tuetey a extrait du cartulaire de Philippe-Auguste la minute cancellée d'une curieuse lettre confidentielle que ce prince dut adresser en 1209 à Jean de Lascy, fils du vaillant connétable de Chester,

suum regi negavit auxilium, nisi prius ei redderet duo castella, videlicet Sanctum Audomarum[1] et Ariam, que Ludovicus regis primogenitus tenebat[2]. Rex vero obtulit ei excambium, ad estimationem justam eorumdem castrorum. Ferrandus autem, hac acceptilatione non recepta, recessit, quia jam, ut post apparuit, confederatus erat regi Johanni, comite Bolonie mediante[3].

166. — Anno itaque ab incarnatione Domini MCCXIII

au sujet de la promesse que ce seigneur avait faite à Roger des Essarts de porter la guerre en Angleterre et en Irlande (*Arch. des Missions,* 3ᵉ série, tome VI, p. 344). — Quant aux déclarations publiques faites à l'assemblée de Soissons, voy. *Cat.* 1437, les promesses du prince Louis au cas où il serait couronné roi d'Angleterre, ainsi que les clauses relatives à l'expédition contenues dans les nᵒˢ 1438 et 1439. Suivant Matthieu Paris (II, 547), le roi de France aurait sommé tous ses hommes *sub nomine culvertagii* de se trouver à Rouen aux octaves de Pâques (21 avril 1213).

1. *Homerum* Chr. et Cott.

2. Ces deux villes avaient été occupées militairement par le prince Louis aussitôt après le mariage de Ferrand avec l'héritière de la Flandre (*Flandria generosa,* M. G. *Scr.* IX, 330). — Si l'on en croit Baudouin d'Avesnes (ibid. XXV, 449), le jeune prince aurait même fait retenir dans Péronne, jusqu'à ce que cette occupation fût accomplie, le comte et sa femme qui venaient recevoir l'hommage de leurs vassaux. Quoi qu'il en soit, Ferrand et Jeanne avaient formellement cédé Aire et Saint-Omer à Louis, qui leur avait en retour abandonné ses prétentions sur le reste du comté de Flandres (*Cat.* 1349 et suiv.).

3. Malgré les affirmations de notre chroniqueur et celles de Matthieu Paris (II, 547), il ne semble pas qu'un traité formel fût déjà conclu entre Ferrand et le roi d'Angleterre. Il est certain par contre que Jean sans Terre, à qui le comte de Boulogne avait fait des ouvertures à ce sujet, écrivit à Ferrand le 4 mai 1212 pour lui proposer une alliance (Rymer, *Fœdera,* éd. de 1816, p. 105). Quant à l'alliance définitive et solennelle entre les deux parties, elle ne fut conclue qu'après bien des hésitations de la part du comte de Flandres, le vendredi 31 mai 1213, devant Dam occupé par les Français (*Hist. des ducs de Normandie,* p. 131).

navigio ad eundum in Angliam[1] jam parato[2], Philippus rex magnanimus recepit in gratiam[3] Isamburgim reginam, uxorem suam, filiam regis Danorum[4] a qua jam per annos sexdecim et amplius dissenserat, et facta est letitia magna in populo ; quia in ipso rege nihil aliud culpa dignum inveniebatur, nisi hoc solum quod dicte uxori sue carnis debitum subtrahebat, licet ei omnia necessaria alia honorifice ministraret. Unde, et ipsa in ipsius gratiam recepta, merito gavisi sunt universi, qui prius illum[5] in ea dissensione tante virtuti contrarium[6] esse dolebant[7].

167[8]. — Eodem anno factum est bellum in Liguria in territorio Cremonensi. Cum enim anno precedenti secundo Papienses cives perducerent[9] Fredericum Romanorum electum usque Cremonam, Mediolanite positis insidiis pugnaverunt cum eis juxta Laudam civitatem novam, fundatam LIII annis elapsis a Frederico imperatore magno, avo istius Frederici ; sed non sunt ausi aggredi eos, dum esset presens cum eis ipse Fredericus. Unde et ipso apud Cremonam relicto, cum jam redirent Papiani, prodierunt[10] de latibulis

1. *in Angliam* manque dans Chr.
2. *peracto* P.
3. *in gratiam* manque dans Chr.
4. *Dacorum* Chr. et Brux.
5. *illam* P.
6. *contrariam* P. — *gratiam* Chr.
7. Toute cette dernière phrase (*Unde, et ipsa — dolebant*) manque dans Cott.
8. Les §§ 167 et 168 sont remplacés dans Cott. par cette phrase : « Eodem anno bis victi fuerunt in bello Mediolanite, una vice a Cremonensibus, et altera vice a Papianis. »
9. *producerent* P.
10. *prosilierunt* P.

Mediolanite, et adorti sunt eos ex improviso[1]. Unde tam ipsi Papiani quam Cremonenses conceperunt rancorem et odium immortalem contra Mediolanitas ; sed vindictam distulerunt, quousque opportunitas se offerret. Mediolanite vero, qui immortali odio semper persecuti sunt totum genus Frederici magni, qui eos de bello conficiens olim, Papianis auxiliantibus, omnes eorum turres explanaverat, non exspectaverunt ultionem sibi inferri ; imo, exercitu magno congregato, aggressi sunt fines Cremonensium ; sed et Cremonenses, eductis copiis multo minoribus, jurejurando interposito firmaverunt, ut, si congressus fieret, nullus eorum vacaret prede sive homini capiendo, sed agmine conserto et indissoluto hostium cuneos penetrarent. Cum autem esset dies sanctus Pentecostes[2], supplicaverunt Cremonenses, ut propter diem sanctum differretur pugna usque in crastinum saltem ; quod cum negaretur eis a Mediolanensibus, qui semper dies sanctos odio consueverunt habere, et hereticos confovere, et maxime quia timebant ne vires eorum illo intervallo, licet brevissimo, augerentur, congressi sunt eis Papiani sicut proposuerant, et breviter triumpharunt de illis[3].

168[4]. — Item Mediolanite, non multo tempore[5]

1. C'est le 29 juillet 1212 que les Milanais attaquèrent les habitants de Pavie au passage du Lambro (Bœhmer, *Reg. imperii* V, éd. Ficker, p. 173).

2. 2 juin 1213. C'est à Castro-Leone que les Milanais furent battus (*Memor. Mediolan.* M. G. *Scr.* XVIII, 401. — *Annal. Placentini Guelfi*, ibid. 427).

3. *eis* P.

4. Voy. § 167, note 8.

5. *non multo tempore* manque dans Chr.

post, viribus recollectis, intraverunt fines Papianorum, et obsederunt quoddam castrum in territorio Papianorum[1]. Papiani autem eductis copiis aggressi sunt eos ; et licet iidem Mediolani, ad retardandum impetum eorum, ignem domibus et castris imposuissent, ipsi tamen, per medios ignes cum furore transeuntes, pugnaverunt cum eis, et eos ab obsidione penitus fugaverunt, multos ex eis interficientes et multos capientes, papiliones et omnia utensilia que erant in castris demum post victoriam rapientes[2] ; et sic bis eodem anno victi sunt Mediolanite, Domino vindicante in eis variarum heresum crimen, et favorem illicitum quem ipsi, contra Dei voluntatem, Othoni deposito impendebant.

169. — Eodem anno, venit rex Philippus magnanimus cum immenso exercitu Boloniam[3], et ibi per dies aliquot naves suas et homines de diversis partibus venientes exspectans, transivit usque Gravalingas, villam opulentam[4], in finibus Flandrie super mare Anglicum sitam, in vigilia Ascensionis[5], ad quam tota classis ejus secuta est eum. Ibi ex condicto debebat comes Ferrandus venire ad regem, et ei satisfacere de omnibus injuriis ; qui in hoc sicut in aliis fidem non servans, per diem integrum exspectatus, nec venit,

1. *Papiano* Brux.
2. Cette seconde défaite des Milanais eut lieu le 2 octobre 1213 (*Ogerii Panis annales*, M. G. Scr. 133. — *Notae S. Georgii Mediol.*, ibid. 388. — *Mem. Mediol.*, ibid. 401).
3. Philippe-Auguste arriva le 10 mai 1213 à Boulogne (Guillaume Guiart, v. 5885-5888).
4. *opitulentam* P.
5. Cette date (22 mai) ne se trouve que dans Chr. et dans Cott. Dans Chr. elle est placée entre *Gravalingas* et *villam*.

nec in aliquo satisfecit, licet ad ejus petitionem dies ille ad satisfaciendum de omnibus retroactis ei a rege assignatus fuisset. Communicato[1] itaque baronum consilio, qui de Francia, de Britannia[2], de Burgundia, de Normannia, de Aquitania et de omni provincia regni convenerant, rex Philippus magnanimus, dimisso proposito eundi in Angliam, cum universo exercitu suo divertit in Flandriam[3], et cepit Casellum, Ipram[4], et totam terram usque Brugias. Classis autem sua[5], quam Gravalingis dimiserat, secuta est eum per mare usque in portum famosissimum qui dicitur Dam, dis-

1. *Collecto* Cott.
2. *de Britannia* manque dans Chr.
3. Le fait de l'absence de Ferrand au rendez-vous que Philippe-Auguste lui avait donné à Gravelines ne fut pas la seule cause qui détermina le roi à tourner ses armes vers la Flandre. On sait que Jean sans Terre avait été déposé par le pape qui avait chargé le roi de France d'exécuter la sentence (Matth. Paris, II, 536). Les Français se présentaient donc comme les mandataires du pontife et les libérateurs du clergé et des barons opprimés (voy. plus bas § 171). Or, depuis le 13 mai, Jean avait fait sa soumission, et, le 15, il avait remis sa couronne entre les mains d'Innocent III. Muni des actes de cette soumission, le légat Pandolphe passa le détroit et vint à Gravelines sommer Philippe de renoncer à ses projets sur l'Angleterre. Celui-ci n'eût peut-être pas obéi aux injonctions du légat sans les craintes que lui inspirait la conduite équivoque du comte de Flandres (ibid. 544-547). — Les expressions de Matthieu Paris (547-548) donnent à entendre que Ferrand était à Gravelines au moment de l'arrivée du légat, qu'il aurait même pris la parole dans le conseil du roi, et que celui-ci l'aurait chassé de sa présence. Cela est peu probable et se trouve d'ailleurs en contradiction formelle avec Guillaume le Breton.
4. « Quant il (Philippe-Auguste) vint devant Ypre, li cuens vint à lui et lui cria merchi ; mais rien n'i esploita, et pour .i. poi que on ne li fist grant honte. Lors se parti li cuens del roi... » (*Histoire des ducs de Normandie et des rois d'Angleterre*, p. 126).
5. *ista* Cott.

tantem a Brugiis duobus milliaribus tantum. Facta ergo voluntate sua de Brugiis[1], profectus est ad oppidum opulentissimum[2], cui nomen est Gandavum, dimissis ibi paucis militibus et satellitibus ad custodiam navium. Propositum enim ejus erat, Gandavo acquisito, in Angliam transfretare.

170. — Dum autem esset rex[3] in obsidione Gandavi, venerunt de Anglia Reginaldus comes Bolonie et Guillelmus comes Salesberiensis, qui cognominatus est Longa-Spata, Hugo de Boves, et multi alii, quibus occurrit Ferrandus comes cum Isangrinis et Bloetinis[4] et Flandrensibus, utpote qui bene prenoverant eorum adventum ; et ita subito in navibus cursoriis irruentes, occupaverunt naves nostras que disperse erant per littora, quia portus, licet esset mire amplitudinis, eas capere non poterat, cum essent numero mille septingente, et abduxerunt omnes naves extra portum inventas, et in crastino obsederunt portum et villam. Nos[5] autem, prout potuimus, munivimus portum, naves et villam. Quo audito, rex, dimissa obsidione Gandavi, premisso Petro comite Britannie cum DCCC militibus[6],

1. Un *bourdon* a fait omettre les neuf derniers mots (*duobus — Brugiis*) au copiste de Chr.
2. *opitulentissimum* P.
3. *rex* omis dans Brux.
4. *Blotinis*. Cott. et Brux. Sur les noms *Isangrins* et *Blavotins* qui désignaient deux factions armées d'abord par des dissentiments nationaux, voy. l'introduction de la *Chronique de Ph. Mouskès*, II, p. LXXII à LXXVII. — Les Blavotins étaient alors commandés par Herbert de Furnes (*Hist. des ducs de Normandie*, éd. Fr. Michel, p. 134).
5. Cette expression prouve la présence de Guillaume le Breton.
6. *premisso ei Petro comite Britannie cum ... militibus* Cott. — Ce membre de phrase manque dans P, Ott. et Brux.

reversus est cum exercitu ad obsessos et solvit obsidionem, et fugavit eos usque ad naves suas, multis occisis et submersis usque fere duo millia et multos probos et strenuos captos abduxit ; et cum victoria Dam revertens, tota regione in circuitu incendio commendata, residuas naves illas et villam totam in cinerem redegit, et iterum profectus est Gandavum[1]. Receptis obsidibus de Gandavo, Ipra, Brugiis, Insula et Duaco[2] in Franciam est reversus ; et retinens in manu sua Insulam, Duacum et Casellum, obsides suos eis absolutos[3] remisit. Gandavi vero, Ipre[4] et Brugiarum obsides pro triginta millibus marcarum argenti in pace reddidit. Insulam vero non multo post[5] propter malitiam inhabitantium in ea, funditus evertit; nam Insulani, proditione facta, servientes regis ejece-

1. L'*Histoire des ducs de Normandie* (130-135) nous donne pour toute cette campagne les indications les plus précises. Le comte de Boulogne, le comte de Salisbury et Hugues de Boves, envoyés par le roi d'Angleterre à qui Ferrand avait envoyé Baudouin de Nieuport, quittèrent Douvres le mardi avant la Pentecôte (28 mai 1213), arrivèrent le 30 « devant la mue qui siet à II lieues del Dan » et brûlèrent environ 400 nefs qui étaient à flot. Quant aux grandes tirées à sec et plus rapprochées de Dam, ils renoncèrent à les attaquer. Le vendredi 31, le comte de Flandres vint jurer l'alliance avec le roi d'Angleterre. Le 1er juin, veille de la Pentecôte, ils se préparaient à attaquer Dam par terre lorsqu'ils furent surpris par Philippe-Auguste revenu de Gand en toute hâte, mis en fuite et contraints de se réfugier sur leurs vaisseaux. C'est entre ce moment et le lundi de la Pentecôte que le roi de France brûla les vaisseaux qui lui restaient et se retira vers Gand.

2. Voy. *Cat.* 1518a et suiv. diverses pièces concernant ces otages. Ainsi que le dit M. L. Delisle (p. 653), ces pièces appartiennent au mois de novembre 1213.

3. *eis absolutos* omis dans Chr.

4. *Ipre* omis dans Chr.

5. *non multo post* omis dans P, Ott. et Brux.

rant, Ferrando recepto ; sed rex, collecto exercitu, eam obsedit, cepit et destruxit[1]. Casellum semidirutum dereliquit, Duacum in manu sua retinens.

171. — Causa que Philippum regem magnanimum moverat ad hoc ut vellet in Angliam transfretare, fuit, ut episcopos qui diu a sedibus suis ejecti in regno suo exulabant, suis ecclesiis restitueret, ut divinum servitium quod jam per septennium in tota Anglia cessaverat, faceret renovari, et ut ipsum regem Johannem, qui nepotem suum Arturum occiderat, qui, et plurimos parvulos, CLXXXIII[2] obsides suspenderat, et flagitia innumerabilia[3] perpetraverat, vel pene condigne subjiceret, vel a regno prorsus expellens, secundum agnominis sui interpretationem omnino efficeret sine terra. Unde et ipse Johannes rex hec omnia metuens, dum predicta agerentur, composuit cum clero[4], missis nunciis ad summum pontificem ; qui Pandulfum subdiaconum suum in Angliam mittens, pacem inter regem et clerum, ut potuit, reformavit. Que quidem compositio, quantum ad restitutionem possessionum ecclesic et cleri, valuit ; sed, quantum ad ablatorum resartionem, nullatenus est servata, licet ipse juramento se astrinxerit ad utrumque ; se etiam subjecit et regnum suum in perpetuum pape et ecclesie Romane, ut ipse

---

1. Le passage *nam Insulani — destruxit* ne se trouve que dans Chr. et dans Cott. ; dans le premier, il est rejeté assez illogiquement à la fin du paragraphe, après *in manu sua retinens*. — Sur l'incendie de Lille, voy. *Hist. des ducs de Normandie et des rois d'Angleterre*, p. 139.

2. *DXXXIII* Chr. — Ces chiffres manquent dans P, Ott. et Brux.

3. *inenumerabilia* P.

4. L'acte daté du 13 mai 1213 est reproduit par Matthieu Paris (II, 541).

et successores sui fierent vassalli Romane ecclesie et homines ligii, solvendo singulis annis tributum mille marcarum pro homagio in signum subjectionis[1], preter quatuor sterlingos qui ab antiquo solvebantur et adhuc solvuntur de singulis domibus totius Anglie, qui vocantur denarii sancti Petri[2].

172. — Ejusdem anni[3], scilicet ab incarnatione Domini MCCXIII, quadragesima sequenti, Johannes rex Anglie, qui cognominatus est Sine-Terra[4], transfretavit de Anglia in Aquitaniam, et applicuit Rupelle in Pictavia cum magno exercitu[5], et non multo post reconciliatus est comiti Augi, comiti Marchie, Gaufrido de Lisignan[6] et aliis proceribus Aquitanicis, qui prius favebant regi Francie Philippo magnanimo et percussit fedus cum eis[7]. Quorum fretus auxilio transivit per territorium Pictavense, et venit in Andegaviam et occupavit quedam municipia, scilicet castrum quod vocatur Bellum-Forte, Uldonem, Andenesium, et alia quedam, et civitatem Andegavorum florentissimam. Quadam etiam die, missis cursoribus cum immensa multitudine militum, collegerunt predam trans Ligerim juxta Nannetum[8] civitatem ; ad quos repellendos,

1. C'est le 15 mai que Jean sans Terre résigna sa couronne entre les mains du pape. Voy. l'acte dans Matthieu Paris (II, 544).
2. Les dernières lignes depuis *se etiam subjecit* manquent dans P, Chr. et Cott.
3. *Eodem anno* Cott. — Les faits contenus dans ce paragraphe appartiennent à l'année 1214.
4. *Qui cognominatus est Sine-Terra* manque dans Cott.
5. Jean sans Terre quitta Portsmouth le 2 février 1214 (Matth. Paris, II, 572) et débarqua le 8 à la Rochelle (Rymer, I, p. 118).
6. *Lisigneyo* Cott. — *Lesignan* Brux et Ott.
7. On peut voir le texte de ce traité dans Rymer (I, p. 125).
8. *Navrietum* Chr.

ponte transito, militavit incaute cum paucis militibus Robertus primogenitus Roberti comitis Drocarum, cognati Philippi regis magnanimi, et captus est ab eis, et cum eo alii XIIII milites Francigene[1].

173. — In diebus illis, Petrus, filius predicti comitis Drocarum, duxerat in uxorem filiam Guidonis de Thoarcio, sororem uterinam Arturi ex parte matris sue ducisse Britannie[2] et ita cum eadem acceperat a Philippo rege magnanimo totum ducatum Britannie minoris ; qui, vocato exercitu militum Britannie, prestabat auxilium Ludovico primogenito regis Philippi magnanimi, qui cum militibus a patre suo in partes illas missus morabatur Kinone, confinia illa ab impetu Johannis regis et Pictavensium protegens et defensans. Elienordis autem soror ejusdem Arturi, primogenita filia Gaufridi quondam ejusdem Armorice ducis, fratris Johannis regis de quo nunc agimus, primogeniti, tenebatur capta ab ipso Johanne et incarcerata in Anglia. Qui verens per eam amittere regni jura, eam matrimonium contrahere cum aliquo non sinebat[3] ; et sic annis XVIII elapsis, postquam eam ceperat, sub arcta custodia conservabat.

174[4]. — Anno MCCXIII, obtinuit magister Willelmus, canonicus Silvanectensis et Leonensis, contra ecclesiam

---

1. Pour le détail de tous ces faits, voy. Matth. Paris (II, 573 et 577) et Rymer (I, p. 118 et 122). Voy. aussi le récit de la prise de Robert de Dreux dans l'*Histoire des ducs de Normandie et des rois d'Angleterre,* p. 143 et 144-145.

2. Les six derniers mots (*ex parte — Britannie*) manquent dans Brux.

3. Les neuf derniers mots (*regni — sinebat*) laissés en blanc dans Brux. sont remplacés dans Ott. par *nulli eam nubere permittebat.*

4. Le § 174 manque dans P, Chr. et Cott.

Sancti Machuti de Medunta totam garenam Medunte, videlicet totum territorium extra lapideos muros Medunte et omnes parochianos habitantes ibidem, et apparatum est totum hoc ecclesie Medunte ville per sententiam definitivam a judicibus a sede apostolica; et eodem anno edificate sunt due ecclesie in eadem garena, una in honorem beatri Petri, et altera in honorem sancti Jacobi, quarum utraque annexa est ecclesie sancti Stephani de Medunta villa per dictum magistrum Willelmum, cum causa jam durasset per septem annos coram venerabilibus viris, Adam videlicet tunc archidiacono Parisiensi, postea vero episcopo Morinensi[1], magistro Johanne de Candela, cancellario Parisiensi, et Renero decano Sancti Germani Altissiodorensis Parisiensis.

175. — Eodem anno, Gaufridus Silvanectensis episcopus, sentiens se tam etate quam corpulentia ponderosa insufficientem oneri quod jam per triginta annos portaverat, impetrata a summo pontifice, sicut in jure cautum est, licentia, renunciavit episcopatui et transtulit se ad monachos Karoli-Loci Cisterciensis ordinis. Cui successit frater Garinus, qui, cum esset frater professus Hospitalis Hierosolymitani, regis Philippi magnanimi specialis consiliarius effectus, in aula regia propter prudentiam et incomparabilem consilii virtutem, et alias animi dotes multiformes, ita laudabiliter se habebat, quod quasi secundus a rege negotia regni inculpate tractabat et ecclesiarum necessitudines, tanquam vir litteratus, ad plenum nihilominus omni studio procurabat, libertates et privilegia earum modis omni-

1. Adam fut évêque de Thérouanne de 1213 à 1229.

bus quasi sub chlamyde conservans indemnes ; sicut olim legimus de beato Sebastiano[1], qui, cum esset clarus in palatio[2], militem Christi sub absconso chlamydis tegebat, ut christianis opportunius subveniret et eorum animos confortaret, ne deficerent in tormentis[3].

176. — Eo tempore, Gaufridus vir sanctissimus, Meldensis episcopus, episcopatui similiter renuncians, in monasterio Sancti Victoris Parisius, divine contemplationi sese arctius mancipavit. Qui, inter alia sanctitatis opera quibus viriliter insistebat abstinentiam admirabilem et cunctis inauditam seculis observabat omni anno ; in Quadragesima et in Adventu Domini ter tantum in septimana cibum, potum vero nunquam sumere consuevit ; in aliis vero temporibus, comedebat et bibebat[4], sed raro, et talia que sua amaritudine et insipiditate vix aliquis hominum dignaretur gustare ; cui successit Guillelmus cantor Parisiensis. Et ita fuerunt tres fratres uterini simul episcopi et sibi contemporanei, Stephanus Noviomensis, Petrus Parisiensis et Guillelmus Meldensis, filii Galteri quondam Francie camerarii, fratres Galteri junioris, viri satis virtute laudabiles[5] et in palatio regis preclari, sed et in scholis quantum expediebat, sufficienter exercitati[6].

1. *Fabiano* P, Brux. et Ott.
2. *palatio imperatoris* Chr.
3. Voy. *Acta SS.* 20 janvier, p. 265, § 2.
4. *bibebat* manque dans Chr.
5. *laudabilis* P.
6. Les sept derniers mots (*et in scholis — exercitati*) manquent dans P et Chr. Dans Cott. la lacune commence à *viri satis* et comprend seize mots.

177. — Eodem anno, videlicet ab incarnatione[1] Domini MCCXIII, in precedente septembri, commissum fuit mirabile prelium in terra Albigensium. Quinquennio enim jam elapso, cum viri venerabiles P. Senonensis, R. Rotomagensis[2] archiepiscopi[3], Robertus Bajocensis[4], Jordanus Lexoviensis, Reginaldus Carnotensis, et alii infiniti[5] episcopi et persone alie ecclesiastice ; Odo dux Burgundie, Herveus comes Nivernensis et multi alii barones, milites et populi infiniti de regno Francorum, divino zelo succensi et peccatorum remissione a summo pontifice eis affluentissime indulta provocati, cruce in pectore signati, in partes illas ad debellandam heresim quam apostolus in epistola ad Timotheum predixerat in fine seculorum futuram, detestantem nuptias et carnes comedi prohibentem, et alia fidei catholice contraria que in eadem epistola plenius exprimuntur[6], que ibidem quam maxime pullulabat, accincti lumbos fortitudine devenissent et civitatem opulentissimam[7] *de Bediers*[8] cepissent et funditus evertissent, LX millibus[9] homi-

1. *ab incarnatione* omis dans Brux. et Cott.
2. Les noms de ces deux prélats sont rejetés dans Brux. à la fin de l'énumération, après celui de l'évêque de Chartres.
3. *archiepiscopi* omis dans P, Brux. et Ott.
4. *J. Briocensis* Cott.
5. *multi* Cott.
6. Voy. *Ep. B. Pauli ad Tim.* IV, 3.
7. *opulentissimam* omis dans Cott.
8. Dans P, une main plus moderne a corrigé *de Bediers* en *Biterrim*.
9. Ce chiffre est le même dans tous les mss. — Pierre de Vaux-Cernay (D. Brial, XIX, 20 C) porte à 7,000 le nombre des personnes massacrées dans l'église de la Madeleine le 22 juillet 1209. L'auteur de la *Chanson de la croisade contre les Albigeois* (éd. Meyer,

num et amplius in ea gladio trucidatis ; et inde ad Carcassonem civitatem accedentes, in brevi eam debellassent, emissis ab ea omnibus indigenis et vicinis, qui illuc propter loci munitionem de multis locis confugerant, ex condicto nudis[1], sola vita comite[2], pudendis tantum velatis, per quemdam posticum exeuntibus, barones repatriare volentes, omni clero et universitate catholicorum assentiente, invocata Sancti Spiritus gratia, electus fuit Simon comes Montis-fortis, ut preesset exercitui christianorum et universe illi terre. Qui privatum commodum utilitati publice postponens[3] et bella Dei gratanter gerenda suscipiens, debellavit civitates et castella, et omnes hereticos et eorum fautores seva morte interire coegit, et multa bella gessit et multas victorias, non sine miraculo, consecutus est. Sed ad ultimum rex Arragonum, comes Sancti-Egidii et comes Fuxi et alii infiniti obsederunt eum in castro quod Murellum vocatur. Ille autem cum non haberet nisi ducentos et sexaginta[4] milites et circiter quingentos satellites equites, et peregrinos pedites fere septingentos inermes[5], missa audita, gratia Sancti Spiritus invocata, data ab episcopis paucis qui aderant et ab

---

v. 254) ne croit pas que de tous les habitants restés dans la ville, il en ait échappé cinquante ni cent qu'on n'ait passés au fil de l'épée.

1. *illis de castro nudis* Cott.
2. *sola vita comite* omis dans Cott.
3. *anteponens* (sic) P, Chr. et Cott.
4. *quinquaginta* Brux.
5. Ces chiffres sont à peu près ceux que donne Pierre de V.-C. (D. Brial, 86 D) « inter milites et servientes in equis, non erant plusquam octingenti... Paucissimos autem et quasi nullos pedites nostri habebant. »

universo clero benedictione[1] exierunt de castro et pugnaverunt cum eis, et ipsum regem Arragonum occiderunt, et de exercitu xvii millia percusserunt et divina eos gratia protegente, de omni numero suo non perdiderunt die illo nisi octo tantum peregrinos, nec fuit a seculis auditum bellum quod majori miraculo ascribi debeat quam illud. Iste Simon, propter virtutem admirabilem, in partibus illis comes fortis vocabatur; qui, cum esset in bellis strenuissimus, omni tamen die missam et horas canonicas omnes audiebat, semper sub armis, semper in periculo. Spreta pro Dei servitio patria, sic se agebat militem in hac peregrinationis via, ut demum se videat civem in patria ecclesie triumphantis.

178. — Anno ab incarnatione Domini mccxiiii[2], Johannes rex Anglie civitatem Andegavis, quam occupaverat, muro ex utraque parte usque ad Medianam fluvium circumvallare cepit; et cum in brevi obtinuisset municipia supradicta, arridente fortuna, presumens auxilio Aquitanorum et Pictavensium posse de facili residuum terre recuperare, obsedit castrum quod Rupes-Monachi nuncupatur[3]. Castrum illud edificatum erat de novo a Guillelmo de Rupibus, senescallo Andegavie, viro strenuo et integre fidei et in bellis probato, ob tuitionem itineris quo itur ab Andegavis civitate

---

1. Ce membre de phrase (*data — benedictione*), qui manque dans Brux. et dans Ott., est ainsi développé dans Cott. : *data ab episcopis, paucis tamen qui aderant, nostris benedictione, et sententia excommunicationis in hostes.*

2. *MCCXIII* Chr. — *Eodem anno* Cott.

3. D'après l'itinéraire de Jean Sans-Terre donné par M. Duffus Hardy, le roi resta devant la Roche-au-Moine du 19 juin au 2 juillet 1214.

Nannetum ; quia, antequam rupes illa munita esset, transibant vispilliones per Ligerim fluvium, de quodam castro inexpugnabili, ex altera parte amnis Ligeris sito, quod vocatur Rupesfortis ; et erat castrum illud Pagani qui cognominatus est de Ruperforti, militis probissimi, sed rapinis et spoliis vicinorum intenti ; et spoliabant omnes per stratam[1] illam publicam[2] iter agentes et omnes agricolas infestabant. Facta itaque obsidione, erectis petrariis et aliis machinis bellicis, cepit rex Johannes castrum mirabiliter expugnare. Obsessi autem non minus strenue se defendebant, inter quorum probitates illud quod ibidem contigit reticere non possum. Quidam de obsidione consueverat venire ad fossas parma pretenta[3] quam quidam famulus ante ipsum portabat, non manuali quidem parma, sed immensa, quales in obsidionibus deferri solent. Sub ea igitur tuto latens et propius deambulans damnificabat obsessos, quia arcubalistarius erat, et aditus explorabat, et sic quotidie faciebat. Quidam ergo arcubalistarius de castro indignatus, quadam die[4], nova fraude admirabili et inter hostes non culpanda usus est, juxta illud[5] :

.... dolus an virtus quis in hoste requirat[6] ?

Fecit itaque quemdam funiculum subtilem et fortem tante longitudinis, quod posset attingere ad eum quem pre-

---

1. *castram* (sic) Chr.
2. *publicam* omis dans Chr.
3. *parma (quod ibidem contingit) pretenta* Brux. — *parma pretenta que targia dicitur* Brux.
4. *die* omis dans Chr.
5. *idem* P.
6. Virg. *Æneid.*, II, 390.

diximus, alligavitque caput funiculi quadrello pennato, altero capite adherente clavo cuidam juxta illum. Emisit ergo quadrellum de arcubalista ; quadrellus emissus cum cordella stetit infixus[1] firmiter in parma[2]. Ille autem qui de castro quadrellum emiserat, traxit ad se funiculum et cum eo parmam et famulum qui parmam tenebat[3], qui prolapsus est in fossatum cum parma, et ille arcubalistarius remansit super oram fossati, et patuit sine omni munimine ad omnes ictus quadrellorum, et ita interiit cum famulo suo. Propter hoc iratus rex Johannes erexit furcas in conspectu obsessorum, et minatus est eis sub quodam juramento suspendia[4], nisi se ad ejus dederint voluntatem. Illi vero se dedere nullo modo voluerunt ; sed, se viriliter defendentes, sustinuerunt obsidionem per tres septimanas, et valde damnificaverunt exercitum regis, et de majoribus occiderunt ipsum capellanum regis, dum incaute deambularet juxta[5] muros, et quemdam magni nominis virum Lemovicensis pagi Aimericum[6] cognomine *le Brun*[7] et multos alios et ipsum Paganum de Rupeforti ; qui, cum se sentiret lethaliter[8] vulneratum, reversus trans Ligerim in domum suam, fingens se

1. *infixus* omis dans P, Brux. et Ott.
2. Cette phrase (*Emisit — parma*) est remplacée dans Cott. par *Adveniente ergo adversario, ut solebat, emisit contra eum quadrellum de arcubalistaria, et stetit infixus fortiter in parma.*
3. *tenebat cum quadrello infixo parme* Chr.
4. *suspendia* manque dans P.
5. *prope* Chr.
6. *Aimericum* omis dans Chr. et Cott. a été laissé en blanc dans Brux., Ott. et P. Ce n'est que dans ce dernier ms. qu'une main plus moderne a comblé le blanc au moyen du prénom *Aimericum*.
7. *cognomen habens Lebuvrier* Cott.
8. *lethaliter* omis dans P.

vulneratum non esse, sed infirmitate alia gravatum, infra paucos dies obiens, inventus est in duobus locis sui corporis lethaliter vulneratus.

179. — In diebus illis, Ludovicus primogenitus regis Philippi magnanimi, patre suo per confinia Flandrie et Viromandie cum militibus armatis diversa vicissim municipia visitante et ab hostium incursibus defensante, congregavit exercitum apud castrum Kinonis[1] quod a Kaio, quondam dapifero Arturi regis qui ipsum fundaverat, nomen accepit. Movit ergo de Kinone[2] cum exercitu suo, ut predictis succurreret obsessis ; et cum jam distaret a loco quantum exercitus uno die procedere potest, Johannes rex ejus adventum in crastino futurum non sustinens, omnibus petrariis, mangonellis, papilionibus et aliis belli utensilibus dimissis et prede expositis, per vada Ligeris navigio et modis quibus potuit fugiens, parte suorum non modica submersa et dum fugeret interfecta, equitavit die illa xviii[3] milliaria ; nec postea ausus est accedere ad locum quo audiret ipsum Ludovicum esse vel venturum esse[4]. Ludovicus itaque ipsum intelligens sic

1. *Kanonis* Chr.
2. *Kainone* Chr.
3. *XXVIII*. Chr. et Ott. Il est difficile de se décider pour l'un de ces chiffres. D'après l'itinéraire de M. Duffus Hardy, le roi d'Angleterre, qui était encore devant la Roche-au-Moine le mercredi 2 juillet, se trouvait à Saint-Maixent le 4 ; mais on manque de renseignements sur la journée du 3. Bien que l'on ne puisse pas déterminer exactement ce que Guillaume le Breton entend par un mille, comme il en compte six de Mortagne à Tournai (§ 181) et dix-sept de Loudun à Parthenai (§ 204), il n'est pas impossible que ce chiffre de dix-huit milles équivaille à peu près à la distance qui sépare La Roche-au-Moine de Saint-Maixent.
4. Matthieu Paris (II, 577) dit que Jean Sans-Terre, confiant en

fugisse, divertit ad munitiones predictas quas Johannes rex occupaverat et eas recuperavit in brevi et castellum de Belloforti funditus evertit, et intravit in manu valida terram vicecomitis Thoarcii, et oppida opulentissima devastavit, et castrum de Moncontor[1] per vim captum solo adequavit et civitatem Andegavim, quam Johannes rex ceperat et muris circumsepserat, recuperavit et muros ejus omnes destruxit, villam totam sibi retinens sine muro[2].

Hanc victoriam Ludovici secuta est, modico tempore interjecto, victoria Philippi regis, ita quod infra unius mensis spatium filius in Pictavia de rege Anglie et Pictonibus sine conflictu, pater in Flandria de Othone et Flandrensibus, bello quidem difficili sed victorioso, protecti dextra summi regis, glorioso certamine triumpharunt.

180. — Paucis postea elapsis diebus, egrotavit

ses forces supérieures, voulut marcher au-devant du prince français, mais que, les barons poitevins ayant refusé de le suivre, il fut contraint de s'éloigner, tandis que Louis, effrayé par ce mouvement de retraite qu'il aurait pris pour les préliminaires d'une attaque, se serait enfui de son côté, « alterque alterum a tergo « salutavit. » Ce dernier fait, assez invraisemblable du reste, est contredit par Guillaume Guiart (v. 6361-16572), dont le récit est sur ce point encore plus complet que celui de la *Philippide* (livre X). On y lit que c'est Savari de Mauléon qui porta la parole au nom des Poitevins et que les Anglais furent poursuivis dans leur fuite par les troupes de Louis.

1. La prise de Montcontour doit être bien antérieure au siège de la Roche-au-Moine. En effet une lettre du roi d'Angleterre insérée par Matthieu Paris (II, 573) nous prouve que ce prince était à Vouvant lorsqu'il apprit que Louis assiégeait Montcontour. Or, d'après l'itinéraire de M. Duffus Hardy, c'est du 19 au 23 mai que Jean Sans-Terre était à Vouvant.

2. *villam — muro* manque dans P.

Henricus marescallus Francie in partibus illis Andegavicis[1], vir per omnia laudabilis[2] in militia et timens Deum qui post dies aliquot defunctus in monasterio de Torpanaio sepultus est licet ipse[3] extrema voluntate jussisset quod in patriam deferretur et in abbatia de Sacracella Cisterciensis ordinis inter patres suos tumularetur; et planxerunt eum[4] universa multitudo Francorum[5] qui eum omnes tenerrime diligebant. Cui successit Johannes filius ejus adhuc impubes, cujus vices commisse fuerunt Galtero de Nemosio ad tempus, quousque ipse ad[6] adultam perveniret etatem; et hoc totum fuit de benignitate regis, quia hereditaria successio in talibus officiis locum non habet. In hoc autem, antequam moreretur, feliciter ei evenit quod, sensibus suis adhuc vigentibus, paucis ante obitum suum diebus, habuit[7] nuncium qui ei regis victoriam nunciavit, cui ipse pre gaudio equum suum quo in bellis utebatur, dedit, cum non haberet quid aliud ei daret, omni facultate sua ab ipso tanquam de morte certo in usus pauperum distributa.

181. — Nunc ad prelibatam victoriam, prout poterimus[8], describendam, adjuvante Domino procedamus[9].

1. *Andegavicis* manque dans P.
2. Les treize derniers mots (*diebus* — *laudabilis*) sont omis dans Chr.
3. *ipse* manque dans Chr.
4. *eum* manque dans P.
5. *Francie* P.
6. *ad* manque dans P.
7. *diebus habuit* contracté en *diebuit* (sic) dans Chr.
8. *prout poterimus* manque dans Chr.
9. Pour tout le récit de la bataille nous avons eu recours à

Anno ab incarnatione Domini MCCXIV[1], Johanne rege in partibus Andegavicis, ut supra[2] scriptum est, debacchante, Otho imperator illectus ab ipso Johanne[3] rege, pecunia mediante, congregavit exercitum in comitatu Henonie, in oppido cui est vocabulum Valenciene, in terra Ferrandi comitis; et fuerunt cum eo missi a Johanne rege ad stipendia sua[4] comes Bolonie et comes Salesberie et ipse Ferrandus, dux de Lamburo, dux Brabantie, cujus filiam idem Otho duxerat in uxorem, et multi alii tam proceres quam comites de Alemannia, de Henonia, de Brabantia et de Flandria. Eodem tempore, Philippus rex, licet filius ejus haberet majorem partem militie sue in Pictavia, congregavit exercitum et movit, in crastino festi beate Marie Magdalene[5], de castro quod Perona vocatur, et intravit in manu forti terram Ferrandi et transivit per eam, omnia a dextris et a sinistris incendiis devastando et regaliter depredando, et sic venit usque Tornacum civitatem[6] quam Flandrenses anno preterito fraudulenter ceperant et multum damnificaverant[7], sed idem rex

l'excellent *Mémoire sur la bataille de Bouvines* de M. Lebon (Paris, Techener, 1835, in-8°). Ce volume contient, outre de nombreux éclaircissements, un plan des opérations fort utile à consulter.

1. *MCCXV* P.
2. *supra* manque dans Chr.
3. *Johanne* manque dans Chr.
4. Jean Sans-Terre dépensa dans cette campagne 40,000 marcs qu'il avait enlevés à l'ordre de Cîteaux (Matth. Paris, II, 581).
5. 23 juillet 1214.
6. Philippe partit, ainsi qu'on vient de le voir, le 23 juillet de Péronne pour Douai; le 24, il était à Boulant-Riez (Nord, commune de Bersée), le 25 à Bouvines où il devait être victorieux le surlendemain, et le 26 à Tournai (Ph. Mouskés, v. 21510-21548. — G. Guiart, v. 6656 et 6669-73).
7. Les bourgeois avaient donné 22,000 livres à Ferrand pour

eam recuperaverat, sine mora misso exercitu cum fratre Garino et comite Sancti Pauli. Otho vero cum exercitu suo venit ad castrum quod Moretania nuncupatur distans a Tornaco per sex milliaria, quod a predicto regis exercitu, recuperata civitate Tornaco, vi captum fuerat et eversum. Sabbato proximo post festum sancti Jacobi apostoli et Christophori martyris[1], proposuit rex invadere illos ; sed dissuaserunt barones ; non enim patebat aditus ad illos nisi arctus et difficilis[2]. Inde propositum mutaverunt, scilicet ut inde redirent, et per aliam viam planiorem Henonie[3] fines invaderent et penitus devastarent.

182. — Die ergo crastina, scilicet vi kal. augusti, movit rex de Tornaco, ut iret ad castrum quod Insula nuncupatur, ubi proposuerat quiescere cum suo exercitu nocte illa. Eodem mane movit Otho cum suo exercitu de Moretania. Rex autem nesciebat nec credere sustinebat, quod ipsi venirent post ipsum[4]. Vice-

---

qu'il ne détruisît pas leur ville (*Hist. des ducs de Normandie*, 138).

1. 26 juillet.

2. D'après Ph. Mouskés (v. 21555), c'est Gérard La Truie qui fit remarquer au roi les difficultés qu'il rencontrerait sur la route de Mortagne.

3. *Heuddie* (sic) Chr.

4. Le roi de France espérait sans doute qu'Othon ne l'attaquerait pas un dimanche, car ce doit être cet espoir qui aura donné lieu à la fable rapportée par Richer de Sénones (M.G. Scr. XXV, 294) et par Guillaume Guiart (v. 6800-6820). Suivant ces auteurs, l'empereur aurait envoyé solennellement, avant la bataille, défier les Français par un chevalier, à qui le roi aurait proposé de remettre le combat au lendemain. Le Ménestrel de Reims (§ 276) raconte d'autre part que Philippe-Auguste aurait envoyé frère Guérin à Mortagne pour prier Othon de ne pas attaquer avant le lundi. Ce qui paraît certain, c'est que les Impériaux eux-mêmes avaient hésité à violer ainsi le repos du dimanche (Matth. Paris, II, 579. — Ph. Mouskés, 21609-21646).

comes itaque Meleduni divertit ab exercitu regis cum quibusdam levis armature equitibus, et perrexit versus partes illas unde Otho veniebat ; quem persecutus est vir strenuissimus, prudentis et admirabilis consilii, et ad ea que contingere possunt provisor disertissimus, Garinus Silvanectensis electus, quem superius fratrem Garinum nominavi ; erat enim frater professus Hospitalis Hierosolymitani, tunc autem[1] electus ad cathedram Silvanectensis ecclesie, nihilominus habitum religionis semper portans in pectore sicut prius. Profecti sunt ergo procul[2] ab exercitu regis plus quam tria milliaria, quousque venerunt in locum quemdam eminentem, unde potuerunt manifeste videre acies hostium[3] properantes et ad pugnam dispositas. Vicecomite itaque ibidem aliquantulum demorante, electus properavit ad regem et dixit ei quod hostes veniebant dispositi et ad bellum parati ; et dixit quod viderat equos militum coopertos et satellites pedites precedentes, quod erat evidentissimum future pugne signum. Rex itaque jussit acies stare, et convocatis proceribus, consuluit illos quidnam esset agendum ; qui non multum suadebant pugnandum esse sed potius procedendum.

183. — Cum ergo hostes venissent ad quemdam rivulum[4], quo non patebat facilis meatus, transierunt paulatim, et finxerunt, ut videbatur quibusdam de

---

1. *tunc autem* remplacé par *licet esset* dans Cott.
2. *procul* omis dans P.
3. *hostium* omis dans P. — Ce lieu élevé est identifié par M. Lebon (p. 27) avec les hauteurs qui dominent la petite plaine de Lesdain.
4. Ce ruisseau, que M. Lebon (p. 27) appelle le ruisseau de Rume, passe à Willemaud et Ere avant de se jeter dans l'Escaut un peu au sud de Tournai.

nostris quod vellent proficisci Tornacum. Exiit ergo sermo iste inter milites nostros quod ipsi hostes declinabant Tornacum[1]. Electus autem in contrarium sentiebat assertissime[2] proclamans vel pugnandum esse de necessitate vel cum[3] confusione et damno recedendum. Prevaluit tamen clamor et assertio[4] plurimorum. Processimus itaque ad pontem quemdam Bovinum nomine, qui est inter locum qui Sanguineus dicitur et villam que vocatur Cesona[5] ; et jam major pars exercitus transierat pontem, et ipse rex exarmaverat se ; sed nondum transierat pontem sicut hostes putabant, quorum intentio erat, si rex pontem transisset, eos quos citra pontem invenirent aut penitus interimere aut de eis pro sue voluntatis arbitrio triumphare. Dum itaque rex armis aliquantulum et itinere fatigatus,

---

1. Cette illusion fut certainement causée par un mouvement de conversion à gauche que l'armée impériale, dont la marche était perpendiculaire à la direction de l'armée française, dut faire pour se porter sur l'arrière-garde de celle-ci et pour la tourner. C'est ce que M. Lebon avait très justement deviné (p. 68) et ce qui se trouve confirmé par le passage suivant du *Chronicon Turonense* : « Otho imperator appropians et post retrogradam [exercitum] transiens, a latere exercitus versus septentrionem protinus est reversus. » (D. Brial, XVIII, 298 D.) Pour opérer cette conversion, les colonnes de droite durent nécessairement se porter un peu plus en avant et s'étendre un peu plus que celles de gauche qui leur servaient de pivot.

2. *assertissime* manque dans Chr.

3. *cum* omis dans P.

4. *opinio* Chr.

5. Ce pont situé sur la Marque entre Sainghin et Cysoing était bâti deux cents pas plus au sud qu'il ne l'est aujourd'hui. M. Lebon qui donne ce renseignement (p. 142) fait très bien ressortir (p. 65) la faute commise par Philippe-Auguste en n'effectuant par le passage sur plusieurs points, ainsi que le permettaient les cinq autres ponts existants à cette époque.

ibidem sub umbra cujusdam fraxini, juxta quamdam ecclesiam in honore beati Petri fundatam[1], modice quieti vacaret[2], ecce nuncii missi ab illis qui stabant in postrema acie, cursu nimio properantes, cum clamore maximo hostes referunt adventare[3], et postremis aciebus fere jam confligere, vicecomitem[4] et arcubalistarios, et levis armature equites et satellites Campanie[5] eorum incursum cum maxima difficultate et periculo sustentare, et vix posse eorum furorem et audaciam diutius[6] retardare. Quo audito, rex intravit ecclesiam, et breviter orans ad Dominum, egressus iterum arma induitur, et alacri vultu nec minori leti-

1. Cette église est celle de Bouvines qui est encore aujourd'hui sous le vocable de saint Pierre (Lebon, p. 95).

2. Le roi profita de ce moment de repos pour prendre quelque nourriture :

Si mangoit en coupes d'or fines
Soupes en vin, et fit moult caut.
(Ph. Mouskés, 21670-71.)

C'est sans doute ce détail insignifiant qui aura été l'origine de la légende bien connue rapportée par le Ménestrel de Reims, et suivant laquelle le roi aurait fait tailler des soupes et aurait convié ceux de ses barons qui voudraient faire preuve de leur fidélité à les partager avec lui. Quant à l'épisode de la couronne raconté également par le Ménestrel, par Richer de Sénones, etc., c'est aussi une pure fiction; comment admettre en effet que notre chroniqueur qui, en sa qualité de chapelain, se trouvait tout près du roi, eût gardé le silence non seulement dans son récit en prose, mais encore dans sa *Philippide*, sur deux faits prêtant à ce point aux développements poétiques ?

3. C'est Gérard La Truie qui apporta cette nouvelle au roi (Ph. Mouskés, v. 21667).

4. *vicecomitem* manque dans Chr.

5. *Campani* manque dans P., Cott., Brux. et Ott. — C'est le duc de Bourgogne qui avait le commandement de cette arrière-garde (Ph. Mouskés, v. 21591).

6. *diutius* manque dans Chr.

tia quam si ad nuptias vocaretur, equum insilit. Clamatur ubique per campos : « Arma, arma, viri ! », clangunt tube, revertuntur cohortes que jam pontem transierant[1] ; revocatur vexillum beati Dionysii, quod omnes precedere in bella debebat, nec[2] satis propere revertitur, unde nec exspectatur. Imo rex cursu rapido revertitur et ponit se in prima fronte belli ubi nullus inter ipsum et hostes imminebat.

184. — Hostes itaque videntes regem retrogradum, et preter spem suam reversum, quasi stupore et, ut arbitror, quodam horrore percussi[3], diverterunt ad dexteram partem itineris quo gradiebantur, et protenderunt se quasi ad occidentem et occupaverunt eminentiorem[4] partem campi, et steterunt a parte septentrionali, solem qui die illo solito ferventius incaluerat, ante oculos habentes. Rex etiam alas[5] suas nihilominus extendit e regione contra illos, et stetit a parte australi cum exercitu suo, per spatia campi non

---

1. Matthieu Paris (II, 579) prétend que Philippe fit ensuite détruire le pont pour empêcher les siens de fuir. Ce détail plus que douteux n'est raconté que par ce chroniqueur dont le récit est très inexact pour ce qui concerne la bataille de Bouvines ; c'est ainsi qu'il fait arriver les Allemands au pont avant l'arrivée des Français ; que ceux-ci sont censés y camper la veille de la bataille, etc. (ibid., 578). M. Lebon trouve le fait vraisemblable « parce qu'un « pareil ordre, dit-il p. 73, était dans le caractère de Philippe. » (?)
2. *hoc* Chr.
3. Ce que Guillaume le Breton se plaît à prendre pour un effet de la terreur causée aux Impériaux par le retour de Philippe-Auguste n'est, ainsi qu'on va le voir, que la continuation du mouvement de conversion dont il a été question au commencement du paragraphe précédent.
4. *eminentionem* (sic) Chr.
5. *alias* Chr.

parva linealiter[1] protenso, solem habens in humeris ; et ita steterunt hinc inde utreque acies equali dimensione protense, modico campi spatio a se invicem distantes[2]. In medio hujus dispositionis in prima fronte erat Philippus rex, cui lateratim adherebant Guillelmus Barrensis, flos militum, Bartholomeus de Roia vir provecte etatis et sapiens, et Galterus[3] juvenis, vir prudens et probus et maturi consilii, Petrus Malevicinus, Gerardus Scropha, Stephanus de Longo Campo, Guillelmus de Mortuomari[4], Johannes de Roboreto, Guillelmus de Garlanda, Henricus comes Barri, juvenis etate, animo senex, vir virtute et forma venustus, qui patri suo, regis consobrino[5], nuper defuncto successerat in honore et onere comitatus[6], et alii quamplures quorum nomina longum est[7] enumerare, viri virtute spectabiles et in armis semper exercitati, et ideo ad ipsius regis custodiam in ipso prelio specialiter deputati. Ab opposita parte stabat Otho in medio agminis consertissimi, qui sibi pro vexillo erexerat aquilam deauratam super draconem pendentem in pertica oblonga erecta in quadriga[8]. Rex autem antequam congrederetur, hac brevi et

1. *lineant* (sic) Chr.
2. Voy. la carte donnée par M. Lebon.
3. Les quatorze derniers mots (*Guillelmus — Galterus*) manquent dans Brux.
4. *Guillelmus de Mortuomari* omis dans Brux.
5. Le père d'Henri, comte de Bar, était Thibault Ier, mort le 2 février 1214. Thibault était fils d'Agnès de Champagne, sœur d'Adèle, mère de Philippe-Auguste.
6. *in h. et o. comitatus* omis dans Brux.
7. *esset* Chr.
8. Ce char devait être analogue au *carrocio* que les troupes des villes italiennes traînaient avec elles à la guerre.

humili oratione suos fuit milites allocutus : « In Deo
« tota spes et fiducia nostra[1] est posita ; rex Otho et
« exercitus suus a domino papa excommunicati sunt,
« qui[2] sunt inimici et destructores rerum sancte eccle-
« sie, et pecunia qua eis stipendia ministrantur, de
« lacrymis pauperum et de rapina ecclesiarum Dei et
« clericorum acquisita est. Nos autem christiani sumus
« et communione et pace sancte ecclesie fruimur, et,
« quamvis peccatores simus, tamen ecclesie Dei con-
« sentimus et cleri pro posse nostro defendimus liber-
« tates. Unde presumere fiducialiter debemus de Dei
« misericordia qui nobis licet peccatoribus, dabit de
« suis et de nostris hostibus triumphare. » His dictis,
petierunt milites a rege benedictionem, qui[3], manu
elevata, oravit eis a Domino benedictionem[4] ; et statim
insonuerunt tube et fecerunt insultum viriliter in hostes, et audacissime et strenuissime conflixerunt.

185. — In ipsa hora[5] stabant retro[6] regem, non
procul ab ipso, capellanus qui scripsit hec, et quidam
clericus qui, audito tubarum clangore, alta voce cecine-
runt psalmum « *Benedictus Deus meus qui docet*, etc.[7] »
usque in finem ; et post, « *Exsurgat Deus*[8] » usque in
finem, et « *Domine, in virtute tua letabitur rex*[9] »

---

1. *nostra* manque dans Chr.
2. *quare* Brux.
3. *ipse autem* Chr.
4. *oravit eis benedictionem a Deo* Chr. — Un bourdon a fait omettre les huit derniers mots (*qui — benedictionem*) dans P.
5. *In ista hora prelii* Cott.
6. *juxta* Cott.
7. Psalm. 143.
8. Psalm. 67.
9. Psalm. 20.

usque in finem, prout potuerunt propter irrumpentes lacrymas et singultus immixtos ; et cum pura devotione coram Deo reducebant ad memoriam honorem et libertatem qua Dei ecclesia gauderet[1] in potestate regis Philippi, et dedecus et opprobria que patitur et passa est per Othonem et per regem Johannem, cujus muneribus omnes illi hostes provocati contra regem in regno suo et contra dominum suum presumebant pugnare.

186. — Primus tamen pugne congressus non fuit ibi ubi rex erat, quia jam antequam ipse congrederetur, confligebatur contra Ferrandum et contra suos in dextro cornu, a[2] dextris videlicet regis, ipso rege, ut arbitror, ignorante[3]. Prima quidem frons pugnato-

---

1. *gaudet* Chr.
2. *de* Chr.
3. M. Winkelmann (*Geschichte Kaiser Friedrichs des zweiten*, Berlin, 1863, in-8°, p. 104) soutient que la disposition indiquée par notre chroniqueur, aussi bien dans sa chronique que dans la *Philippide*, doit être renversée. Pour être plus clair, nous allons figurer sommairement la disposition des deux armées d'après Guillaume le Breton :

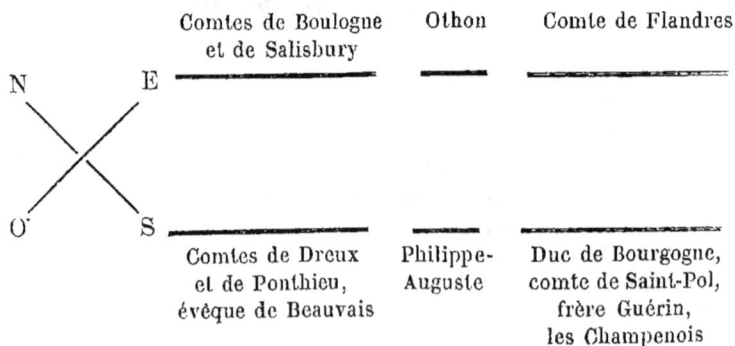

rum protensa erat, ut diximus directe, et occupabat campi spatium mille quadraginta passuum. Erat enim ibi electus, non ut quidem pugnaret, sed armatos exhortabatur et animabat ad honorem Dei et regni et regis, et ad defensionem salutis proprie, videlicet

Voici comment M. Winkelmann croit devoir la rectifier :

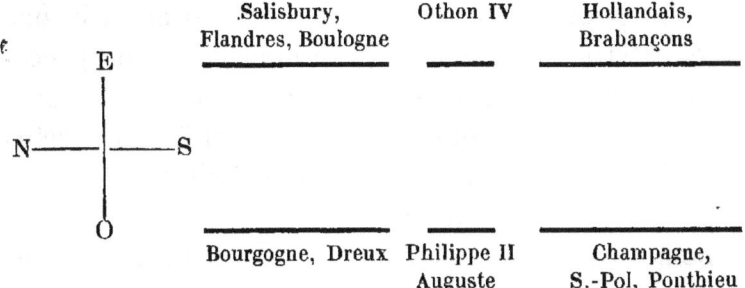

Disons d'abord que l'orientation de M. Winkelmann est évidemment fausse. Si l'on se reporte au § 184, on se convaincra que les deux armées occupaient les positions que leur donne M. Lebon dans sa carte. Si l'auteur allemand s'était rappelé que les alliés avaient le soleil dans les yeux, il ne les aurait pas mis absolument face à l'ouest; car, en ce cas, la bataille n'aurait eu lieu qu'à la fin de la journée et nous savons qu'elle dura plusieurs heures. — Quant aux raisons qui ont fait intervertir l'ordre de bataille à l'historien de Frédéric II, et qui lui ont fait mettre le duc de Bourgogne à l'aile gauche, la principale, nous dit-il, est que « celui-ci se trouvait à l'arrière-garde pendant la marche « de Tournai sur Bouvines. L'armée ayant transformé subitement « son ordre de marche en ordre de bataille, il dut se trouver néces- « sairement à l'aile gauche. » Cela serait vrai si les Français et les Impériaux s'étaient rangés en bataille sur la gauche, autrement dit sur le côté sud, de la route de Tournai à Bouvines. Mais c'est tout le contraire qui eut lieu. « Hostes..... diverterunt ad dexte- « ram partem itineris quo gradiebantur.......... et steterunt a « parte septentrionali. » Voy. plus haut § 184.

L'erreur de M. Winkelmann provient de ce qu'il ne s'est pas rendu compte du mouvement de conversion dont il a été question dans le § 183. Nous lisons dans le présent § 186 que le combat principaliter[1] Odonem nobilissimum ducem Burgundie, Gaucherum comitem Sancti Pauli qui quibusdam suspectus erat, tanquam aliquando favisset hostibus, unde et ipse dixit electo se die illo futurum bonum proditorem, Mattheum de Montemorencii, militem probissimum, Johannem[2] comitem Bellimontis, et multos alios strenuos milites, et preterea[3] milites Campanie centum et octoginta numero. Omnes isti erant in una acie, electo sic disponente, qui quosdam alios precedentes retroposuit, quos formidolosos et tepidos noverat. Istos autem de quorum probitate et fervore certus erat, in una et prima acie posuit et dixit illis : « Cam- « pus amplus est ; extendite vos per campum directe, « ne hostes vos intercludant. Non decet ut unus miles

---

s'engagea d'abord à l'aile droite où se trouvaient le duc de Bourgogne, frère Guérin, le comte de Saint-Pol et les Champenois (§ 187). Or nous avons vu plus haut que les Champenois figuraient dans l'arrière-garde qui fut attaquée avant même la formation en bataille (§ 183). Il est donc certain que cette arrière-garde resta à tenir tête à l'ennemi pendant que l'on allait prévenir le roi et que celui-ci rappelait son avant-garde. Cette résistance de l'arrière-garde eut pour conséquence le mouvement de conversion à gauche des alliés qui voulurent ainsi la tourner ; pour faire face à ce mouvement de l'ennemi, Philippe-Auguste effectua une conversion à droite qui le mit face au front de l'armée impériale. Dans chacun de ces mouvements en sens inverses l'un de l'autre, les deux armées opposées avaient chacune pour pivots leurs corps déjà engagés.

Tous ces faits résultent si logiquement les uns des autres, les termes de notre chroniqueur sont si clairs sur ces points qu'il n'y a vraiment pas lieu de les révoquer en doute, même lorsqu'ils ne sont pas d'accord avec ceux de Matthieu Paris et de la *Flandria generosa* que cite M. Winkelmann.

1. *principaliter* omis dans P.
2. *Johannem* manque dans P.
3. *postea* Brux.

« scutum sibi de alio milite faciat ; sed sic stetis ut
« omnes quasi una fronte possitis pugnare. » His dictis, premisit idem electus, de consilio comitis Sancti
Pauli, centum et quinquaginta satellites in equis ad
inchoandum bellum, ea intentione ut predicti milites
egregii invenirent hostes aliquantulum motos et turbatos.

187. — Indignati sunt Flandrenses, qui erant ferventissimi ad pugnam, quod non a militibus, sed a
satellitibus primo invadebantur ; nec se moverunt de
loco quo stabant, sed eos ibidem exspectantes acriter
receperunt, et equos eorum fere omnium interfecerunt
et eos multis vulneribus affecerunt, neminem eorum
nisi duos tantum lethaliter vulneraverunt. Erant enim
satellites illi probissimi de valle Suessionis, nec minus
pugnabant sine equis quam in equis. Galterus autem
de Guistella et Buridanus[1], qui, cum esset admirande
virtutis et quasi imperterritus, reducebat[2] militibus
suarum memoriam amicarum[3] non aliter quam si tirocinio luderetur[4], cum quosdam de ipsis satellitibus in
terram prostravissent, declinaverunt ab eis et prodierunt in campo aperto, volentes congredi militibus ;
quibus congressi sunt quidam milites de acie Campanensium non minori virtute quam ipsi. Fractis itaque
utrorumque lanceis et evaginatis gladiis, ictus inge-

1. *Buridaridus* Chr.
2. Les mss. autres que P. et Chr. rapportent tout ceci à Gautier et à Buridan « qui cum *essent* admirande virtutis et quasi « *imperterriti, reducebant...* » ; nous avons préféré la leçon de P. et de Chr. qui est conforme au texte de la *Philippide* (livre XI).
3. P. portait *suorum amicorum* qu'une main beaucoup plus moderne a transformé en *suorum anticorum*.
4. *luderet* Chr.

minant, sed superveniente Petro de Remi et illis qui in eadem acie erant[1], Galterus de Guistella et Buridanus[2] per vim capti ducti sunt quibus adherebat quidam miles Eustachius nomine de Maquerlinis cum magna superbia vociferans : « Ad mortem Franco-« rum[3] ! Ad mortem Francorum ! » Quem circumdederunt Franci, ita quod unus eorum amplexatus est cum, et caput ejus inter cubitum et pectus suum premens, galeam evellit de capite illius ; alius cultellum intra mentum et loricam per guttur in[4] pectus usque ad vitalia[5] immittens, mortem quam Francis minabatur cum clamore, subire fecit cum horrore ; et ita eo mortuo, Galtero et Buridano captis, crevit Francorum audacia, et quasi certi de victoria, omni timore abjecto, totis viribus usi sunt[6].

188. — Satellites[7], ut diximus, ab electo premissos[8] secutus est, non minori levitate quam si aquila volaret in columbas[9], Gaucherus comes Sancti Pauli cum suis militibus electis ab ipso optimis, et perforavit eos per medium eorum mira velocitate transiens, multos feriens et a multis percussus, equos et homines indifferenter occidens et prosternens et nullum capiens,

---

1. Les cinquante-trois derniers mots (*cum quosdam — erant*) ont été remplacés dans Cotton par *idem tamen*.
2. Pour plus de clarté, le rédacteur de Cotton a rajouté ici *a nostris*.
3. Cette exclamation n'est pas répétée dans Brux.
4. *in* omis dans P.
5. *vitabilia*, Chr.
6. Sur les faits racontés dans ce paragraphe, voy. Ph. Mouskés, v. 21771-21794 et 21989-22024.
7. Ce mot est resté en blanc dans Brux.
8. *premisso*, Brux.
9. *columbasi* (sic), Chr.

et ita reversus est per aliam partem hostium, multitudinem eorum quam maximam intercludens quasi in sinu quodam. Prosequitur illum non minori audacia comes Bellimontis, Mattheus de Montemorencii cum suis, et ipse dux Burgundie multis bonis militibus stipatus, et pugna Campanensium. Facta est ibi admirabilis pugna ex utraque parte[1]. Dux Burgundie qui erat valde carnosus et flegmatice[2] complexionis[3], prosternitur in terram, equo suo ab hostibus occiso. Densantur[4] itaque circa illum cunci Burgundionum[5] circumvallantes[6] illum; adducitur alius equus; dux de terra suorum manibus elevatur, equo sistitur, gladium vibrat in dextra, dicit se velle ulcisci lapsum suum, et invadit hostes cum iracundia; nec discernit cui obviet, sed in omnibus sibi obviantibus casum suum ulciscitur, non aliter quam si equum ipsius eorum quilibet occidisset. Ibidem pugnabat vicecomes Meleduni, qui mirabiliter preliabatur, habens in acie sua probissimos milites, qui eodem modo quo et comes Sancti Pauli invasit hostes in alia parte, et perforavit eos, et reversus est per aliam partem per medios hostes. Ibi[7] percussus fuit in illa[8] acie Michael de Hàrmes a quodam Flandrensi lancea per scutum, loricam et femur, et consutus fuit alvee selle et equo,

1. Les huit derniers mots (*Facta — parte*) manquent dans Cott.
2. *fleumatice,* P. et Chr.
3. Les neuf derniers mots (*Dux — complexionis*) manquent dans Brux.
4. *Densatur,* P., Chr. et Cott.
5. *Burgundiorum,* P. et Brux.
6. *circumvallant,* P., Cott. et Brux.
7. *In illa acie,* Cott.
8. *alia,* P. et Brux.

et ita tam ipse quam equus corruerunt in terram. Hugo de Malo Auneio prostratus in terram, et multi alii equis occisis prostrati et viriliter resurgentes, non minus acriter pugnabant super pedes suos quam super equos.

189. — Comes Sancti Pauli ab illa cede paululum digressus, ut qui ictibus innumeris tam sibi quam a se illatis fatigatur erat, aliquantulum repausavit; facie sua ad hostes versa, vidit unum de militibus suis[1] circumvallatum ab hostibus[2], ad quem liberandum cum nullus ei pateret aditus, licet nondum spiritum resumpsisset, ut per insertissimum cuneum hostium cum minori periculo transire posset, incurvavit se super collum equi, ipsum collum utroque brachio amplectens, et equum calcaribus urgens cuneum hostium irrupit, et per medium eorum ad suum militem usque[3] pervenit[4]. Ibi se erigens, gladio exerto, omnes circum astantes hostes mirabiliter dissipavit, et sic audacia admirabili seu temeritate, cum ingenti suo periculo, suo milite a morte incolumi liberato, de manibus hostium evadens, in suorum agmine se recepit. Testati enim sunt qui affuerunt, quod ipse in tanto ibidem periculo fuit, quod duodecim lanceis uno eodemque momento impellebatur; non tamen ipsum vel equum prosternere aut illum ab equo evellere, potuerunt. Spiritu itaque parumper resumpto, iterum

---

1. *suis* omis dans Chr.
2. *hostibus suis,* Chr.
3. *usque* omis dans Chr.
4. Les neuf derniers mots (*et per medium — pervenit*) manquent dans P.

cum suis militibus qui interim respiraverant in medios hostes infertur.

190. — Victoria itaque ibidem dubiis alis aliquandiu[1] circumvolante, cum jam pugna ferventissima spatio trium horarum duravisset, tandem totum pondus belli versum est in Ferrandum et in suos. Nam et ipse multis[2] confossus vulneribus, prostratus in terram, captus[3] ductus est, et plurimi de militibus ejus cum eo. Ipse quidem fere exanimis diuturnitate pugnandi Hugoni de Maruel[4] et Johanni[5] fratri ejus specialiter se reddidit[6] ; alii omnes qui in ea parte campi pugnabant, aut interfecti aut capti aut turpi fuga Francis insequentibus sunt salvati.

191. — Interea adveniunt[7] legiones communiarum que fere usque ad hospitia[8] processerant, et vexillum[9] beati Dionysii, et accurrunt quantocius ad aciem regis[10], ubi videbant signum regale, vexillum videlicet floribus lilii distinctum quod ferebat die illo Galo de Montigniaco, miles fortissimus sed non dives[11]. Super-

---

1. *aliquando dici* (sic), Chr.
2. *multis* est remplacé par un blanc dans Chr.
3. *et captus*, Chr.
4. *Maroil* P. — *Marueil* Cott.
5. *Johanni de Marueil*, Cott.
6. *dedidit*, Chr.
7. *advenerunt*, Brux.
8. *usque a Picia* (?), Ott. et Brux.
9. *cum vexillo*, Cott.
10. *regis* omis dans Chr.
11. C'est peut-être en souvenir des services que Galon de Montigny avait rendus dans cette journée, que le roi lui fit en janvier 1216 une riche donation de terres (*Cat.* 1635. Voy. aussi 2174). Richer de Sénones (M. G. XXVI, p. 295-296) attribue à Galon divers exploits peu vraisemblables. Ce passage indique clairement la dis-

venientes communie specialiter Corbeii, Ambianenses, Belvaci et Compendii, Atrabate, penetraverunt cuneos militum, et posuerunt se ante ipsum regem. Sed[1] illi qui erant in acie Othonis, viri bellicosi et audacissimi, ipsos incontinenti repulerunt usque ad regem, et ipsis paululum[2] dissipatis fere pervenerunt ad regem[3]. Quo viso milites prenominati[4] qui erant in acie regis, processerunt, rege cui timebant aliquantulum post se relicto, et opposuerunt se Othoni et suis, furore Theutonico solum regem querentibus. Eis itaque precedentibus[5] et furorem militum[6] Theutonicorum virtute admirabili impedientibus, pedites Theutonici[7] circumvallaverunt regem et ab equo uncinis et lanceis gracilibus in terram ab equo[8] provolverunt; et nisi dextra superna et incomparabili armatura protegeretur, eum penitus occidissent. Pauci autem milites qui cum eo remanserant, et supradictus Galo qui vexillo sepius inclinato auxilium vocabat, et specialiter Petrus Tristanides qui sponte ab equo descendens, se pro[9] rege

tinction qui existait entre l'oriflamme et la bannière de France. C'est à tort que Richer de Sénones et Philippe Mouskés (v. 21716 et seq.) ont confondu ces deux étendards. Sur ce point voy. Du Cange, *Dissertation XVIII sur l'histoire de S. Louis.*

1. *Et,* P.
2. *paulatim,* P.
3. Les huit derniers mots (*et ipsis — regem*) manquent dans Chr. et Brux.
4. *supranominati,* Chr.
5. *querentibus,* P.
6. *militum* manque dans P., Cott., Brux. et Ott.
7. *Theutonici* omis dans P.
8. D. Brial avait supprimé ce second *ab equo* que l'on trouve très inutilement répété dans tous les mss.
9. *et pro,* P.

ictibus exponebat, eosdem pedites prosternunt, dissipant et occidunt ; sed et ipse rex, spe[1] citius a terra surgens inopinata levitate equum ascendit.

192. — Pugnatur ergo ibi ab utraque parte admirabili virtute, et cadunt multi ; ibique ante oculos ipsius regis occiditur Stephanus de Longo Campo, miles probus et fidei integre, cultello recepto in capite per ocularium galee. Hostes enim quodam genere armorum utebantur admirabili et hactenus inaudito ; habebant enim cultellos longos, graciles, triacumines[2], quolibet[3] acumine[4] indifferenter secantes a cuspide usque ad manubrium quibus utebantur pro gladiis. Sed per Dei adjutorium prevaluerunt gladii Francorum et virtus eorum indefessa. Repulerunt itaque totam aciem Othonis et pervenerunt usque ad eum, adeo ut Petrus Malevicinus, miles quidem plus armis quibus alios precellebat quam seculari prudentia pollens, ipsum Othonem per frenum apprehenderet ; sed cum non posset ipsum a turba qua consertus erat extrahere[5], Girardus Scropha cultellum quem nudum in manu

---

1. *spe* manque dans Chr.
2. *trialumines*, Chr. et Brux. — *tercio alumines*, Cott. — Aubri de Trois-Fontaines en reproduisant ce passage ajoute que cette arme s'appelait *fauchart :* « quem falsarium nominant » (M. G. XXIII, 901, l. 11). Cependant la description que donne notre auteur fait croire que l'arme employée par les Allemands avait une lame mince à trois arêtes tranchantes de la pointe à la garde, ce qui ne conviendrait pas au fauchart qui n'avait qu'un seul tranchant. Voy. Viollet-le-Duc, *Dictionnaire du mobilier*, article *Fauchart*.
3. *quolibet* manque dans Chr.
4. *alumine,* Chr. et Brux. — *quolibet acumine* manque dans Cott.
5. C'est Bernard d'Hostmar et Hellin de Wavrin qui firent lâcher prise à Pierre Mauvoisin ; leur dévouement les fit tomber aux mains des Français (Ph. Mouskés, v. 22071-22082).

habebat, dedit in pectus ejus ; sed ipsum propter armorum densitatem, quibus milites nostri temporis impenetrabiliter muniuntur, ledere non valens, ictum reiteravit[1] ; sed ictui secundo obviavit caput equi quod erat arduum et erectum. Descendit ergo cultellus mira fortitudine impulsus in cerebrum equi, per oculum receptus. Equus itaque lethaliter vulneratus se giravit, et flexit caput suum versus illam partem[2] qua venerat, et ita imperator ostendit militibus nostris[3] dorsum, et a campo recessit, aquila cum carro dimissa et prede[4] exposita. Quo viso, rex ait suis : « Hodie non videbitis amplius faciem ipsius. » Cum igitur paululum processisset, labitur equus, et statim adducitur alius equus recens[5], in quem cum ascendisset fuge velociter se mandavit. Jam enim non poterat nostrorum militum ulterius sustinere virtutem, nam ipse Barrensis bis ipsum per collum tenuerat ; sed equi velocitate et suorum militum densitate prereptus est ei, qui, dum imperator fugeret, mirabiliter preliabantur, adeo ut ipsum Barrensem, qui processerat plus quam alii, prosternerent in terram. Galterus enim junior et Guillelmus de Garlanda, lanceis suis fractis et gladiis sanguinolentis, et Bartholomeus de Roia, cum essent, ut dictum est, prudentes viri, et alii qui cum eis erant, non judicabant bonum esse regem, qui plano gressu sequebatur, procul a se dimittere ; unde non fuerant

1. *reiterat,* P.
2. *caput suum versus illam partem* remplacé dans Chr. par *in partem suam.*
3. *nostris* manque dans Cott.
4. *pede* (sic), Chr.
5. Suivant Philippe Mouskés, c'est Gui d'Avesnes qui aurait donné son cheval à Othon (v. 22085 et suiv.).

progressi quantum et ipse Barrensis, qui, cum pedes esset, equo occiso, circumvallatus hostibus, se mira virtute, more suo defendebat. Tamen quia unus contra multitudinem obtinere non potest, captus aut interfectus fuisset, nisi supervenisset Thomas de Sancto Valerico, vir quidem strenuus potens in armis, cum equitatu suo in quo erant quinquaginta equites[1] et duo millia peditum; et ita ipsum Barrensem a manibus hostium liberavit, sicut mihi ille qui interfuit enarravit[2].

193. — Reviviscit ibidem prelium. Preliabantur enim dum imperator fugeret, Bernardus de Hostemale, miles fortissimus, comes Otho de Tinqueneburc, comes Conradus de Tremognia et Girardus de Randerodes[3], cum aliis viris fortissimis quos specialiter elegerat imperator propter eminentem militie virtutem, ut essent prope se in prelio. Isti pugnabant et sternebant et vulnerabant nostros; tamen prevaluerunt nostri, nam ibidem capti sunt duo prefati comites[4] cum ipso Bernardo et Girardo; carrus discerpitur, draco frangitur, aquila alis evulsis et confractis ad ipsum regem defertur.

Comes vero Bolonie ab ipso pugne initio nunquam pugnare cessavit, nec poterat ab aliquo superari. Iste comes Bolonie arte quadam mirabili usus erat : fecerat enim sibi quasi vallum quaddam de satellitibus armatis et confertissimis duplici serie in modum rote ad instar castri obsessi, ubi patebat quidam aditus quasi

1. *milites,* Chr.
2. Les six derniers mots (*sicut — enarravit*) manquent dans Cott.
3. *Kanderodes,* Chr.
4. *milites,* Chr.

porta qua recipiebatur, quoties vel spiritum volebat resumere, vel ab hostibus urgebatur, et sic sepissime faciebat.

194. — Iste comes et Ferrandus et imperator ipse, sicut postea didicimus a captivis juraverant quod ad[1] aciem regis Philippi, aliis omnibus neglectis progrederentur et quousque ad ipsum pervenirent, non retorquerent habenas, et ipsum[2] occiderent, ea videlicet intentione, quia, si rex (quod Deus avertat!)[3] occisus fuisset, de reliquo exercitu facillime posse triumphare sperabant ; et propter hoc jusjurandum Otho et sua acies non pugnavit nisi cum rege et acie sua. Ferrandus voluit et incepit venire ad ipsum, sed non potuit ; quia, ut dictum est, interclusa fuit via ejus a Campanensibus. Reginaldus comes Bolonie, omnibus aliis omissis, ad ipsum regem in ipso pugne initio pervenit ; sed cum prope regem esset, dominum suum, ut arbitror, reveritus, ab ipso declinavit, et congressus est cum[4] Roberto comite Drocarum, qui non procul a rege stabat in acie valde densa. Sed et Petrus comes Altissiodori, cognatus regis viriliter pugnabat pro rege, licet (proh dolor !) Philippus filius ejus, cognatus uxoris Ferrandi ex parte matris, staret ab opposito contra regem. Adeo enim excecati erant oculi adversariorum, quod multi eorum, licet haberent fratres, privignos, vitricos[5] et cognatos ex parte nostra,

1. *id* (sic), Chr.
2. Un bourdon a fait sauter les six derniers mots (*pervenirent — ipsum*) au copiste de Chr.
3. *quem Deus averterat* (sic), Chr.
4. *cum* omis dans Chr. et dans P. n'a été rajouté dans ce dernier que très postérieurement.
5. *victricos*, Chr. et P.

nihilominus tamen, reverentia domini secularis spreta, timore Dei abjecto, bello injusto eos quos revereri et diligere saltem naturali jure tenebantur, lacessere presumebant.

195. — Iste comes Bolonie, licet ita strenue preliaretur, multum dissuaserat pugnandum esse, sciens audaciam et probitatem Francorum ; unde imperator et sui ipsum pro proditore habebant, et, nisi prelio consensisset, ipsum vinculis mancipassent. Cum igitur pugna pre manibus haberetur, ipse dicitur dixisse Hugoni de Boves : « Ecce pugna quam tu suadebas, « ego autem dissuadebam. Tu fugies tanquam formi- « dolosus; ego autem sub periculo mei capitis « pugnabo, et remanebo captus vel interfectus. » Et his dictis, accessit ad locum pugne sibi destinatum, et pugnavit, ut dictum est, diutius et fortius quam aliquis qui eidem prelio interesset[1].

196. — Interea rarescunt acies ex parte Othonis, ipso inter primos fugiente. Dux Lovanie, dux de Lamburc, Hugo de Boves et alii per centenarios, per quinquagenarios, et per diversi numeri turbas, se jam mandaverant turpi fuge. Comes tamen Bolonie, adhuc[2] pugnans, evelli non poterat a campo, adjutus tantum sex militibus qui, eum nolentes dimittere, cum eo pugnabant, donec satelles quidam, Petrus scilicet de

---

1. *qui ex parte ejus esset,* Cott. — Cet épisode se retrouve dans presque tous les historiens de la bataille de Bouvines; seulement plusieurs le placent pendant le conseil de guerre qui eut lieu avant la bataille. Voy. Baudouin d'Avesnes, M. G. Scr. XXV, 450. — *Flandria generosa,* ibid., IX, 333. — Ph. Mouskés, v. 21621-21646. — Matthieu Paris, II, 579. — Ménestrel de Reims, § 277.

2. *et adhuc,* Chr.

Turella[1], qui, cum probissimus esset et equus suus occisus esset ab hostibus, pedes pugnabat, accessit ad ipsum comitem, et elevata equi tectura, mucronem usque ad capulum in ventrem equi ejus immisit ; quod cum quidam miles ipsius comitis vidisset, freno apprehenso, ipsum a conflictu retrahebat invitum. Insequuntur illos duo[2] fratres milites strenui, Queno et Johannes de Conduno, et ipsum militem prosternunt in terram, et statim ibidem labitur equus comitis, et ipse comes ita jacuit supinus, femur dextrum habens sub collo equi jam mortui, unde vix extrahi potuit. Supervenerunt Hugo et Galterus de Fontibus, et Johannes de Roboreto ; qui cum contenderent inter se cui eorum ascriberetur captio comitis, supervenit Johannes de Nigella cum suis militibus, miles quidem procerus corpore et forme venustissime, sed virtus animi venustati corporis in eo minime respondebat, unde et in prelio illo nondum cum aliquo conflixerat die tota[3] ; rixabatur tamen cum aliis qui ibi detinebant comitem, volens sibi ex ejus detentione laudis aliquid mendicare[4] ; et prevaluisset, nisi supervenisset[5] electus, quem cum cognovisset comes, se illi reddidit[6], et rogavit ut soli vite illius faceret misereri. Garcio quidam fortis scilicet corpore et virtutis integre, Cornu-

1. Ph. Mouskés attribue l'exploit de Pierre de la Tournelle à un chevalier nommé Rousseau (v. 21815-21828).

2. *duos* (sic), Chr.

3. Ph. Mouskés, qui n'écrivait, il est vrai, que bien des années plus tard, rapporte au contraire que Jean de Nesles s'était vaillamment conduit durant cette journée (v. 21826 et suiv.).

4. *vendicare*, Brux.

5. *nisi supervenisset* manque dans Chr.

6. *dedidit*, Chr.

tus[1] nomine, cum staret ibi, ferro exerto, abstulerat jam ipsi comiti galeam, et vulnus impresserat maximum in facie ipsius, et militibus, ut dictum est, inter se concertantibus, voluit ab inferiori parte[2] immittere cultellum ; sed, 'cum ocree consute essent pannis lorice, viam vulneris non potuit invenire. Cogitur itaque comes surgere de terra, sed cum vidisset non procul inde Arnulphum de Audenarda, militem probissimum, cum aliquot equitibus ad ejus auxilium properantem, finxit se non posse[3] pedibus stare, et in terram sponte prolapsus, adjutorium exspectabat. Sed qui astabant ictus plurimos ingeminantes, velit nolit, compellunt illum ascendere in roncinum, sed[4] ipse Arnulphus et qui cum eo erant, capiuntur.

197. — Omnibus itaque fere equitibus aut fuga de campo ereptis aut captis[5], aut interfectis, cum jam Othonite utraque belli latera denudassent, stabant adhuc in medio campi satellites pedites fortissimi, Brabantiones et alii quos pars adversa quasi vallum ante se posuerant numero septingenti. Quos cum vidisset ipse rex magnanimus adhuc stare, misit Thomam de Sancto Valerico, virum nobilem, virtute commendabilem et aliquantulum litteratum, contra illos ; qui cum esset[6] bene munitus, licet jam armis aliquantulum fatigatus pugnando, habens secum de terra sua ibidem fideles

---

1. Tous les mss. portent *Comotus*, excepté Chr. qui est d'accord en cela avec la *Philippide*.
2. *porte* manque dans P.
3. *finxit ut non posset*, Chr.
4. Dans P. une main plus récente a intercalé *et* entre *sed* et *ipse*.
5. *aut campis captis*, Chr.
6. *cum armis esset*, Chr.

viros equites quinquaginta et pedites duo millia, irruit cum magno furore in eos et omnes penitus trucidavit. Mirabile dictu[1] ! cum idem Thomas post victoriam recenseret numerum suorum, non invenit de toto numero suo deesse nisi unum solum, qui statim inter occisos quesitus et inventus et ad[2] castra delatus, infra paucos dies vulneribus per medicos sanatis, incolumis est effectus. Nec voluit rex quod sui sequerentur fugientes hostes[3], nisi tantum per unum milliare propter loca incognita et noctis vicinitatem, et ne casu aliquo viri magni qui capti tenebantur evaderent vel de custodum manibus raperentur, qui timor illum maxime coarctabat. Dato itaque signo, tubis clangentibus revocantur acies, et ad castra cum magno gaudio revertuntur.

198. — O[4] mira principis clementia, et inaudita a seculo novitas pietatis ! Eodem vespere[5], cum adducti fuissent ante conspectum regis proceres qui capti fuerant, quinque videlicet comites et viginti quinque alii qui tante erant nobilitatis ut eorum quilibet vexilli gauderet insignibus, preter alios quamplurimos inferioris dignitatis, licet omnes de regno suo, qui in mortem ipsius conspiraverant et pro posse suo ipsum occidere procuraverant, secundum leges et secundum terre illius consuetudinem tanquam rei lese majestatis capitibus essent plectendi, ipse tamen tamquam mitis et

1. *dictum,* P.
2. *in,* P.
3. *hostes* manque partout sauf dans Chr.
4. *O* manque dans Brux.
5. Le roi coucha ce soir-là au pont de Bouvines (Ph. Mouskés, v. 22197), le lendemain à Douai (v. 22225) et reprit le chemin de Paris le surlendemain (v. 22227).

misericors, vitam omnibus condonavit. Quanto[1] enim fervebat in eo contra rebelles rigoris severitas, tanto[2], imo duplo major semper vigebat in eodem clementia in subjectos; cujus summa intentio semper erat *parcere subjectis et debellare superbos*[3]. Omnes tamen ergastulis mancipavit. Eis itaque incatenatis et quadrigis impositis, iter Parisius direxit.

199. — Cum autem esset Bapalmis, intimatum est ei quod comes Reginaldus Boloniensis nuncium post prelium miserat ad Othonem, suggerens ei ut Gandavum accederet et, vires recolligens, auxilio Gandavorum et aliorum[4] bellum renovaret. Quo audito, sive veridico auctore[5] sive non, rex admodum perturbatus ascendit in turrim ubi positi erant, usque in sequens mane servandi[6], duo majores comites, Ferrandus videlicet et Reginaldus, et ira dictante improperavit ei, scilicet Reginaldo, quod, cum[7] esset homo suus legitimus, fecerat eum novum militem; cum esset pauper fecerat eum divitem; ipse vero, pro bonis mala retribuens, una cum comite Alberico patre suo ad Henricum quondam regem Anglie in regis et regni perniciem se transtulerat. Postmodum resipiscens in magnam ipsius amicitiam est receptus; et preter comitatum Domno-Martini, qui, Alberico comite, patre ejus, in partibus Neustrie in servitio regis Anglie defuncto,

1. *Quanta*, P.
2. *tanta*, P.
3. Æneid., l. VI, v. 855.
4. *et aliorum Flandrensium*, Cott.
5. *auctore* corrigé en *auditore* dans Chr.
6. Les cinq derniers mots (*usque — servandi*) ne se trouvent que dans Chr. et Cott.
7. *cum dudum*, Chr.

ad eum fuerat jure hereditario devolutus, addiderat ei comitatum Bolonie. Ipse vero postmodum culpam culpe adjiciens, ad regem Anglie Richardum transiens, quamdiu idem Richardus vixit, ei semper contra ipsum adhesit. Defuncto vero Richardo rege, ipsum iterum in suam recipiens amicitiam, cum duobus comitatibus[1] predictis, addiderat ei tres comitatus Moretonii, Albemarne et Warenarum. His omnibus beneficiis oblivioni traditis, sine causa commovit contra ipsum universam Angliam, Theutoniam, Flandriam, Henolliam et Brabantiam; naves etiam ejus apud Dam portum[2], anno preterito, cum aliis diripuerat; nuper cum reliquis ejus mortem juraverat, contra ipsum corporaliter pugnaverat; post pugnam, post vitam ei[3] misericorditer condonatam, missis nunciis, Othonem et alios qui de bello evaserant, ad bellum iterum procuraverat incitare. « Hec omnia, inquit, mihi fecisti; « vitam tamen tibi non adimam; sed, donec hec omnia « lueris, ergastulum non evades. » Et cum hec dixisset, inde fecit eum Peronam adduci, et ibi in turrim munitissimam includi, et cautissime custodiri ligatum compedibus mira subtilitate perplexis et fere indissolubilibus, conjunctis invicem catena tante brevitatis, quod vix passum efficiat semiplenum. Ejusdem catene medio inserta erat et[4] alia catena longitudinis decem pedum, infixa caput alterum cuidam trunco mobili quod duo homines vix movere poterant, quoties comes iturus erat ad secreta nature[5]. Ferrandum vero Pari-

1. *comitatoribus*, Chr.
2. *partim*, P. Ott. et Brux.
3. *ei prius*, Brux.
4. *in*, Chr.
5. Renaut fut plus tard transporté au Goulet où il mourut, peut-

sius devectum, in turri nova extra muros inclusum, arcte custodie mancipavit.

200. — Comes vero Salesberiensis ipso die pugne traditus est a rege comiti Roberto, ea intentione ut rex Anglie cujus frater idem Salesberiensis erat, filium ejusdem comitis Roberti, quem captum tenebat, sicut supra commemoravimus, commutaret pro eo. Sed idem rex, tamquam nature contrarius, carnem et sanguinem suum semper odio habens, qui nepotem suum Arturum, cui, cum esset filius Gaufridi fratris ejus primogeniti, jure primogeniture debebatur regnum, manu propria occiderat, et Elienordim sororem ejusdem Arturi, virginem neptem suam, jam fere per annos viginti incarceratam tenebat, extraneum quem tenebat pro fratre suo naturali seu carnali noluit commutare[1]. Vere ipse est lynx[2] typica Merlini, de qua idem Merlinus, de patre ejus, quem leoni comparaverat, loquens : *Ex eo*, inquit, *procedet lynx penetrans omnia, que ruine proprie gentis imminebit, per illam namque utramque insulam amittet Neustria, et pristina*

être par un suicide, aux environs de Pâques 1227. — (*Anonymi cont. altera appendicis Roberti de Monte;* D. Brial, XVIII, 348. — Aubri de Trois-Fontaines, M. G. XXIII, 919. — Ménestrel de Reims, § 291. — *Annales Aquicinctini cont.* D. Brial, XVIII, 554, A.)

1. Ce passage fut écrit avant la Purification de l'année 1215 (2 février), car l'échange du comte de Salisbury eut lieu vers cette époque (*Chron. anonymi Laudunensis canonici*, D. Brial, XVIII, 718). Dès le 6 septembre 1214, le roi d'Angleterre avait, par une lettre publiée dans Rymer (éd. de 1816, p. 124), demandé conseil aux évêques et aux barons de son royaume au sujet de cet échange. Si l'on en croit l'*Histoire des ducs de Normandie* (p. 144), Robert de Dreux aurait du reste été traité fort doucement en Angleterre.

2. *lux*, Cott.

dignitate spoliabitur. Alii vero prisiones in duobus castelletis in capitibus utriusque pontis sitis Parisius, et in aliis munitionibus per diversa regni loca, carceribus mancipantur[1].

201. — O quam recta, quam justa[2], quam irreprehensibilia sunt judicia tua, Domine ! qui dissipas consilia principum et reprobas cogitationes populorum; qui malos toleras, ut exerceas bonos; qui vindictam ad tempus differs, ut mali interim convertantur ; qui exspectatos frustra ad penitentiam tandem digne permittis, citra tamen merita, flagellari; qui quod mali ad exterminium bonorum temere disponunt, semper in contrarium convertis ad vindictam malorum, laudem vero bonorum. Ecce non solum isti qui fuerunt in hoc bello confecti, conspiraverant contra regem, imo donis et promissis illecti comes Herveus Nivernensis, et omnes proceres trans Ligerim, et Cenomannie, et[3] Andegavie, et Neustrie[4], excepto solo Guillelmo de Rupibus, senescallo Andegavie, Juchello de Mediana[5], vicecomite Sancte Susanne[6], et aliis quam paucis[7], jam regi Anglorum suum sponderant favorem, occulte tamen propter metum regis sua vota tegentes[8], quousque certi essent quis esset

---

1. Voy. *Cat.* 1521, diverses listes de prisonniers faits à Bouvines.
2. A (corrigé en O) *quam justa, quam recta,* Chr.
3. *et* omis dans Brux.
4. *et Neustrie* omis dans Chr.
5. *Juchello Medionarcha,* Brux.
6. Les six derniers mots (*Juchello — Susanne*) manquent dans Chr.
7. *et paucis aliis,* Chr. Dans Cott. les mots *et paucis aliis* qui remplacent tout le reste de l'énumération sont à la suite de *Guillelmo de Rupibus.*
8. *regentes,* P.

pugne exitus futurus. Jam quasi de victoria presumentes, regnum diviserant universum, Viromanniam cum Perona Reginaldo comiti, Parisius Ferrando quasi funiculo distributionis, et aliis alia oppida, Othone distributore, temere partientes ; et ita Ferrandus et Reginaldus id quod pro honore, ut putabant, petierant, pro sue confusionis ignominia habuerunt, Deo sic justissime ordinante. Hec supradicta de eorum presumptionibus et proditionibus a certis relatoribus et ipsorum consiliorum participibus post victoriam ad aures regis delata sunt. Absit enim ut de eis, licet hostibus, aliquid contra nostram conscientiam confingamus ! Sed tantum id quod scimus et verum esse credimus referamus[1].

202. — Sicut etiam fame loquacitate cognovimus, ipsa vetula comitissa Flandrie, Hispana genere, matertera ipsius Ferrandi, filia regis Portugalensis[2] unde et regina-comitissa appellabatur, prestigiis et sortilegiis eventus belli scire desiderans, ab angelis qui hujusmodi artibus presunt, secundum morem Hispanorum[3] tale meruerat habuisse responsum : « Pugnabitur, et « in ipsa pugna rex prosternetur in terram, et equo- « rum pedibus conculcabitur, et carebit sepultura. « Ferrandus post victoriam cum[4] maxima pompa « a Parisianis recipietur. » Hec omnia recte intelligente[5] possunt interpretari in verum. Consuetudo

1. Les trois dernières phrases depuis *Hec supradicta* manquent dans Cott.

2. *Portigalensis*, P.

3. *secundum morem Hispanorum* est écrit une première fois un peu plus haut, dans Chr., entre les mots *belli* et *scire*.

4. *cum* omis dans tous les mss. sauf dans P.

5. *intelligi* (sic), Chr.

enim demonis est semper talibus qui eum colunt amphibologice loqui, eorum desideria palliata veritate involvens, ut suos semper cultores decipiat, et ut ipsi de se bona semper credant dici que Deus ad eorum confusionem et aliorum honorem fieri disponit. Unde illud :

Cresus[1] perdet Aliṁ transgressus maxima regna[2].

Et Juvenalis :

Et semel[3] ambiguo deceptus Apolline Cresus[4].

203. — Quis autem verbis explicare, quis corde cogitare, quis calamo, carta aut tabulis exarare posset gratulabundos plausus, hymnos triumphales, innumera tripudiorum genera populorum, mellifluos clericorum cantus, dulcisonas in ecclesiis classicorum pulsationes, ornatus ecclesiarum intus et extra solennes, vicos, domos, vias per universa oppida et civitates cortinis et pannis sericis intextas, floribus, herbis et viridibus arborum ramis ubique stratas; omnes autem cujusque generis, sexus et etatis homines ad tanti triumphi[5] spectacula concursantes; rusticos et messores, intermissis operibus, falcibus, rastris[6] et tribulis in collo suspensis (erat enim messionis tempus), ad vias catervatim ruentes, cernere cupientes Ferrandum in vinculis, quem modo formidabant in armis ?

---

1. *Cressus*, Chr.
2. Κροῖσος Ἅλυν διαβὰς μεγάλην ἀρχὴν καταλύσει. Diodor. Sicul., IX, 31.
3. *Si me mal* (sic), Brux.
4. *Cressus*, Brux. — Nous ignorons d'où Guillaume le Breton a pu tirer ce vers que nous n'avons pu parvenir à trouver dans Juvénal.
5. *triumphali* (sic), P.
6. *et rastris*, Chr.

Nec verecundabantur illudere ei rustici, vetule et pueri, nacta occasione ab equivocatione nominis, quia nomen ejus tam equo quam homini equivocum erat, et casu mirabili duo equi ejus coloris qui hoc nomen equis imponit, ipsum in lectica vehebant. Unde et ei improperabant quod modo ipse erat vinculatus[1] Ferrandus[2], quod recalcitrare non poterat qui prius impinguatus dilatatus recalcitravit, et *calcaneum in dominum suum elevavit*[3]. Hec omnia ubique fiebant quousque perventum est Parisius. Parisiani vero cives et universa scolarium multitudo incomparabiliter omnibus aliis, clerus et populus cum hymnis et canticis ipsi regi obviam procedentes, quanta esset in animo letitia gestis[4] exterioribus[5] declarabant; nec sufficiebat eis de die taliter exsultare, imo de nocte, imo septem noctibus continuis, innumerosis[6] luminibus, adeo ut nox sicut dies illuminari videretur. Maxime scolares cum maximo quidem sumptu convivia, choros, tripudia, cantus, indefesse agere non cessabant.

204. — Paucis postea elapsis diebus, Pictones tante[7] fama victorie perterriti, missis legationibus regi magnanimo reconciliari elaborabant. Sed rex magnanimus, eorum perfidia semel, imo multotiens jam comperta, sciens eorum favorem semper suo domino onerosum et nunquam fructuosum fore, eorum peti-

---

1. *vinculatus* manque dans P. et Cott.
2. *ferratus*, P., Chr. et Cott.
3. Joann. XIII, 18.
4. *gentis*, P.
5. *exercioribus*, Chr.
6. *numerosis*, P.
7. *tanta*, Chr.

tioni minime acquievit[1], et collecto exercitu, in Pictaviam ubi erat rex Johannes, proficiscitur festinanter[2]. Cum igitur pervenisset Loudunum, quod erat oppidum opulentum et bene munitum in finibus Pictavorum, venerunt ad eum legati a vicecomite Thoarcii, viro prudente et potente, omnes fere Pictones etiam Aquitanicos potentia precellente, pro pace vel saltem pro induciis supplicantes. Rex magnanimus, malens more suo pace semper quam bello vincere, mediante Petro duce minoris Britannie, cognato regis, cujus uxor neptis erat dicti vicecomitis, ipsum vicecomitem in amicitiam suam sine difficultate recepit. Sed et[3] ipse rex Anglorum[4], cum distaret ab eo loco XVII[5] milliaribus, nec haberet quo fugeret, nec exspectare Partenaci ubi erat, nec in apertum ut pugnaret procedere auderet, misso Renulfo comite Cestrie, cum magistro Roberto domini pape legato et aliis, cepit de induciis tractare; et licet rex Philippus magnanimus, cum haberet in exercitu suo duo millia militum et amplius preter aliam aliorum multitudinem, posset et totam terram et ipsum regem Anglie occupare in brevi, quinquennes tamen ei et suis inducias solita benignitate concessit[6]. Induciis itaque ex utraque parte firmatis, rex magnanimus revertitur Parisius, ubi inito cum uxore Ferrandi et Flandrensibus colloquio, sexto decimo

---

1. *acquisivit*, P.
2. C'est un mardi que le roi quitta Paris (Ph. Mouskés, v. 22276).
3. *et* omis dans Brux.
4. *Anglie*, Chr.
5. *XVIII*, Chr.
6. Cette trêve, conclue à Chinon le 18 septembre 1214, devait durer jusqu'à la fête de Pâques 1220 (*Cat.* 1506).

[1214-15] LIBER. 299

kalendas novembris[1] contra spem et voluntatem fere omnium, de consueta mansuetudine sua concessit ut, Godefrido, filio ducis Brabantie quinquenni, in obsidem sibi dato, et omnibus munitionibus Flandrie et Henoldie eorumdem sumptibus omnino destructis, tam ipsum Ferrandum quam alios proceres, reddita pro unoquoque legitima redemptione tanto delicto[2] debita, ad propria remitteret carcere liberatos[3]. Comiti vero Hervco et aliis quos suspectos habebat licet eos de majestate lesa potuisset damnare nullam penam aliam inflixit, nisi quod de fidelitate erga ipsum, saltem in posterum observanda, ab eis jusjurandum exegit.

205. — In sequenti martio[4] facta[5] fuit eclipsis lune generalis, XVI ejusdem mensis[6] et duravit[7] a galli cantu[8] usque ad[9] solis ortum dici sequentis[10].

---

1. Tous les mss. sont d'accord pour cette date; il faudrait pourtant *nono kalendas novembris*, le traité ayant eu lieu le 24 et non le 17 octobre (*Cat.* 1509).

2. *dilecto* (sic), Chr.

3. Les termes du traité ne sont pas, tant s'en faut, aussi favorables aux prisonniers que le dit Guillaume le Breton : « Completis autem omnibus istis, sicut dictum est, erit in voluntate « domini regis de domino meo F. comite Flandrie et Hainonie, « et de aliis hominibus meis de Flandria et Hainonia, pro bene- « placito suo de tali guerra redimendis. » On sait d'ailleurs que Ferrand ne fut mis en liberté que vers l'Épiphanie de l'année 1227 (*Chron. du ménestrel d'Alphonse de Poitiers*, D. Brial, XVII, 431 D).

4. *Martio sequenti*, P. et Cott.

5. *facta* omis dans Brux.

6. C'est le 17 mars 1215, et non le 16, qu'eut lieu cette éclipse.

7. *incipiens*, P.

8. *a primo galli cantu*, P.

9. *post*, P.

10. *diei Martis ante festum beati Gregorii*, Brux. et Cott. — La Saint-Grégoire tombant le 12 mars, il faudrait lire *post* au lieu de

206. — Anno Domini MCCXV, arripuit iter eundi in Albigenses Ludovicus filius Philippi crucesignatus, cui venit obviam Simon ille nobilis comes Montisfortis apud Pessulanum; qui, recepta a Pessulanis[1] purgatione canonica, et cautione de fide catholica de cetero firmiter observanda, duxerunt exercitum usque Tolosam, et eam obsederunt. Tolosanis autem pro pace supplicantibus, turellis et propugnaculis ad voluntatem Ludovici et Simonis comitis[2] ex condicto dirutis[3] obsidio est sublata[4] sub hoc pacto, quod, omnibus hereticis converti nolentibus de civitate ejectis, catholice viverent et mandatis apostolicis obedirent.

207. — Eodem anno in Pascha, cives Colonienses[5] pacti sunt pecuniam Othoni reprobo ut recederet ab eis, et absolverunt eum ab omni debito quod eis debebat, et dederunt ei insuper sexcentas marcas argenti; et ipse post Pascham clam recessit, et post ejus recessum uxor ejus, filia ducis Brabantie, sub specie viri pere-

---

ante. — C'est ici que se termine le texte de Guillaume le Breton tel qu'il est contenu dans le ms. P (lat. 5925). — La suite des événements du règne de Philippe-Auguste a été ajoutée, ainsi que le dit D. Brial (p. 114), par quelque moine de Saint-Denis, et le savant éditeur a rejeté cette continuation à la suite de la chronique de Guillaume telle qu'elle se trouve dans les autres mss. Pourquoi D. Brial a-t-il néanmoins inséré le premier paragraphe de cette continuation (*Eo tempore — victoria* p. 107) dans le texte même de la chronique? Il n'avait cependant aucune raison de l'admettre; car, outre qu'il ne se trouve, de même que ceux qui le suivent, que dans le seul ms. P, il fait double emploi avec le récit du siège de la Roche-au-Moine que Guillaume a déjà fait dans le § 179.

1. *Pessulanitis*, Chr.
2. *Ludovici Simon comes* (sic), Brux.
3. *dimisis* (sic), Chr.
4. *soluta*, Chr.
5. *Tholosuni* (sic), Cott.

grini similiter recessit a Colonia et secuta est virum suum[1].

208. — Interea Fredericus rex obsederat castrum munitissimum nomine Werdam[2] in quo propter loci munitionem, Otho reprobus posuerat prisones suos, videlicet duodecim obsides quos habebat a civibus Aquisgrani, et episcopum Monasteriensem quem ante biennium ceperat in quadam ecclesia, et duos comites, et multos alios; quos omnes rex Fredericus, oppugnato per septem hebdomadas oppido et demum capto, liberavit et liberos ad propria remisit. Inde obsedit Estrivellam[3] et cepit. Inde Aquisgranum[4] accedens honorifice est receptus et diademate totius Teutonice coronatus[5]. Consumptis ibidem aliquot diebus cum gaudio tante solemnitati debito, equitavit Coloniam, et imposuit sibi[6] ibidem coronam propter loci et civium[7] reverentiam et amorem[8].

209. — A tempore quo Teutonici obtinuerunt dynastiam[9] Imperii, hec semper apud eos consuetudo

---

1. Voy. Bœhmer, *Regesta imperii*, V, éd. Ficker, p. 148-149.
2. *Werden*, Brux. — L'éditeur des *Annales Stadenses* (M. G. Scr. XVI, p. 356), M. Lappenberg, identifie cette ville avec Kaiserswerth que le comte Adolphe de Berg força à capituler, le 24 juillet 1215 (Bœhmer, *Regesta*, V, éd. Ficker, p. 201, sous la date du 27 juillet).
3. Trifels, château ruiné près d'Annweiler (Palatinat), ne se rendit qu'après le 12 août 1215 (Bœhmer, *loc. citat.*, p. 203).
4. *Et Aquisgranis*, Chr.
5. 25 juillet 1215 (Bœhmer, *loco citat.*, p. 201).
6. *eis*, Brux.
7. *loci et civitatis et civium*, Cott.
8. *honorem*, Cott. — Frédéric fit, le 4 août 1215, une entrée solennelle à Cologne, mais on ne voit nulle part qu'il s'y soit fait couronner de nouveau (Bœhmer, *loc. citat.*, p. 203).
9. *dynastiam seu dignitatem*, Cott.

quasi quedam lex inviolabiliter observatur, quod electus imperator nunquam coronatur a papa Romano nisi prius fuerit rex coronatus Aquisgrani; et postquam ibidem semel tulerit coronam, nihil restat nisi ut in imperatorem Rome a summo pontifice coronetur; et hoc fit propter reverentiam et majestatem Caroli Magni cujus corpus requiescit ibidem. Eodem die quo rex Fridericus coronatus fuit, ibidem statim[1] crucem assumpsit terre Hierosolymitane viriliter succursurus.

210[2]. — Interea Reginaldus comes Bolonie servatur in carcere in turre nova Perone, nec est qui intercedat pro eo. Sed et comes Ferrandus non potest regi efficere quod spopondit; nam cives Valencianenses servili presumptione malunt dominum suum diutius in[3] carcere sic squalere quam videre ruinam turrium aut murorum suorum, nec volunt pati quod ville sue munitio[4] in aliquo minuatur[5].

211. — Eodem anno, Johannes rex Anglie crucesignatus est[6], et statim oritur bellum intestinum in Anglia; comites[7], proceres et universi fere populi insurgunt in regem, propter quasdam consuetudines serviles et exactiones et angarias intolerabiles, quibus affligebantur Anglici[8]. Sed rege tantam seditionem

1. *statim* omis dans Brux. et Cott.
2. Ce paragraphe manque dans Ott.
3. *in* omis dans Chr.
4. *municipia*, Cott.
5. *minuantur*, Cott. Les dix derniers mots (*nec volunt — minuatur*) manquent dans Brux.
6. Jean prit la croix le 2 février 1215, c'est-à-dire après que les barons avaient déjà réclamé la confirmation de la *charter of liberties* de Henri Ier (Matth. Paris, II, 584).
7. *Omnes*, Chr.
8. *Angelici* (sic), Chr.

non valente sufferre, satisfactum est proceribus et populis ut volebant.

212[1]. — Seditione illa sedata, Johannes rex misit archiepiscopum Duroverniensem[2] et alios solemnes nuncios in Franciam ad Philippum regem, humiliter petens ut aliquam partem terre sue quam bello acquisierat, ei pro certa pecunie quantitate reddere dignaretur; quibus idem rex magnanimus breviter et regaliter respondit mirabile et inauditum esse ut crucesignatus terram vellet emere, qui potius distrahere deberet, si sue peregrinationi insisteret, sicut debet; sibi autem pecuniam abundare et in desiderio se habere terram potius emere quam vendere, si forte alicubi inveniret venalem; jure patrum suorum bello tandem acquisita velle modis omnibus retinere, nec participem admittere in eisdem[3].

213[4]. — Robertus de Corcon, apostolice sedis legatus, et multi cum eo et sub eo adhuc predicabant publice per universum regnum gallice et multos crucesignabant indifferenter, parvulos, senes, mulieres, claudos, cecos, surdos, leprosos; propter quod multi divites crucem tollere abhorrebant, quia hujusmodi confusio presumebatur potius impedire negotium crucis, quam posse succurrere Sancte Terre. Sed in predicationibus suis, quibus videbantur velle placere

1. Ce paragraphe manque dans Brux. et dans Ott.
2. *Divislinensem,* Chr.
3. Les trente-six derniers mots (*sicut debet — eisdem*) manquent dans Cott. — Les faits racontés dans ce paragraphe sont au moins invraisemblables. L'archevêque de Canterbury vint bien sur le continent en 1215, mais « rege invito et ei minas intentante » (R. de Coggeshall, 174).
4. Ce paragraphe manque dans Brux. et Ott.

populo plusquam necesse esset, diffamabant clerum, turpia dicentes et confingentes coram populo de vita eorum, et ita inter clerum et populum materiam scandali et schismatis seminabant; propter que et propter quedam alia gravamina tam rex quam clerus universus, contra ipsum legatum, sedem apostolicam appellaverant[1]. Potens est tamen Dominus hec omnia pro voluntate sua sedare, et Terram Sanctam de manibus inimicorum crucis per infirma mundi, si voluerit, liberare, qui potens est *filios Israel de lapidibus suscitare*[2].

214[3]. — Licet Johannes rex Anglie senatui et populo regni sui corporaliter juravisset paci stare inter eos firmate et viginti tres[4] barones de primoribus regni, de ejus mandato, in ipsius animam id ipsum jurassent, hoc addito in ipsius juramenti forma, quod si rex contra pacis formam venire presumeret ullo modo, ipsi ejusdem regis licentia arma moverent licite contra ipsum ; ipse tamen, religione juramenti contempta, pacem sic juratam et confirmatam nullatenus voluit observare, et ita guerra est inter eos damnabiliter reincepta. Ipse vero Johannes (qui, cum rex esset, jam se fecerat vassallum, nempe ecclesie Romane, sub mille marcarum argenti annua pensione) impetravit a papa pacem pro nulla haberi et super juramento prestito dispensari cum ipso[5]. Cum igitur

---

1. Voy. le continuateur de Robert Abolant. (D. Brial, XVIII, 283 C.)
2. Matth., III, 9.
3. Ce paragraphe manque dans Brux. et Ott.
4. Il faudrait *viginti quinque*. Voy. Matth. Paris, II, 604.
5. Jean envoya dans ce dessein le légat Pandolphe à Rome

barones et cives Londonie specialiter et alii castellorum et civitatum populi, cum multo rerum et corporum dispendio, guerram aliquandiu sustinuissent, demum inito consilio convocaverunt Ludovicum primogenitum Philippi regis filium, et, datis obsidibus et juramentis prestitis, ipsum sibi [1] dominum prefecerunt [2], qui statim, patre suo penitus dissentiente, ducentos [3] milites probatissimos cum multitudine satellitum in eorum misit auxilium, firmiter eis spondens quod eos, quamprimum commode posset [4] fieri, sequeretur [5]. Ipsi itaque sic missi tam civitatem Londonias

(Matth. Paris, II, 613 et seq.). Innocent III annula la grande charte par une bulle du 24 août 1215 (Potthast, 4990).

1. *ipsi* Chr.

2. Les barons envoyèrent en France Sohier de Quincy, comte de Winchester, et Robert Fitzwalter. Après avoir reçu vingt-quatre otages parmi lesquels se trouvaient les comtes de Gloucester et d'Hertford, et les avoir mis en garde à Compiègne, Louis s'engagea à passer en Angleterre à la Pâque suivante (Matth. Paris, 648-650. — R. de Coggeshall, 176-177. — *Hist. des ducs de Normandie*, 160. C'est principalement à cette chronique si précieuse pour toute cette expédition que nous aurons recours pour compléter le récit de Guillaume).

3. *DC^{tos}* Chr. — *dictos* Brux.

4. *possent* Chr.

5. Une fois assuré des promesses des barons, Louis se rendit à Hesdin et réunit environ 140 chevaliers qu'il fit embarquer à Calais pour Harwell d'où ils gagnèrent Londres. Ces troupes, qui se montaient à environ 7,000 hommes, étaient sous le commandement de Guillaume de Beaumont, surnommé Pied-de-Rat. A quelque temps de là, Louis expédia 120 autres chevaliers que Sohier de Quincy conduisit par la Tamise à Londres, où ils arrivèrent le 9 janvier 1216 (R. de Coggeshall, 178) ou le 27 février (Matth. Paris, II, 650). G. le Breton aurait donc été plus exact s'il eût écrit *ducentos et sexaginta milites* (*Hist. des ducs de Normandie*, 160-162).

quam alia municipia et civitates per totam hiemem, una cum baronibus, ab insultibus et violentia Johannis regis per multa prelia defensabant.

215[1]. — In diebus illis, Johannes rex obsedit civitatem Rovestriam, et tandem cives ad deditionem coegit[2].

216. — Interea sancti patres, scilicet universi ecclesiarum prelati, vocati a papa Innocentio tertio, Rome celebrant concilium generale septuaginta unius primatum et quadringentorum episcoporum, preter alios inferioris dignitatis, mense novembri[3], anno incarnationis Domini millesimo ducentesimo decimo quinto, pontificatus vero ejusdem Innocentii[4] anno decimo octavo. In eodem concilio excommunicavit idem papa, multis contradicentibus, barones Anglie et complices eorum. Sed et comitem Sancti-Egidii, qui vocabatur Tolosanus, et ejus filium damnatos de heresi videbatur velle restituere ad terras suas quas eis catholici, una cum Simone nobili comite Montisfortis, de mandato Romane ecclesie per Dei adjutorium abstulerant et de ejusdem pape licentia possidebant; quod ne fieret universum fere concilium reclamabat.

217. — Anno[5] MCCXVI, dominus papa anxius de succurrendo regi Anglie, vassallo suo, misit Gualam presbyterum cardinalem in Franciam, qui, cum modis omnibus procurare laboraret[6] ne Ludovicus in Angliam

1. Ce paragraphe manque dans Brux. et Ott.
2. La prise de Rochester eut lieu le 30 novembre 1215. (Matth. Paris, II, 625.)
3. Le quatrième concile du Latran dura du 11 au 30 novembre 1215.
4. *Innocentii pape* Chr.
5. *Anno Domini* Cott.
6. *procurasset* Chr.

transfretaret, et id efficere non posset, significavit domino pape navigium paratum esse, et milites cum armis jam positos in procinctu. Impetrato a christianissimo rege Philippo salvo transitu, per terram ejus in Angliam transvectus est[1]. Papa vero, certificatus de rumoribus, excommunicavit nominatim ipsum Ludovicum et quosdam consiliarios ipsius, et generaliter omnes qui vassallo suo regi Anglie faciebant guerram[2].

218. — Philippus autem rex[3], nolens aliquatenus notari[4] de perjurio super treugis dudum percussis cum rege Anglie, licet rex Anglie easdem treugas jam sepius violasset, totam terram filii sui et aliorum baronum qui cum eo erant confiscavit, et obtulit se manum contra eos gravare[5], si ecclesia eum super his debere amplius facere judicaret[6]. Papa tamen, eum nihilomi-

1. On trouvera dans Matth. Paris les détails les plus circonstanciés sur la mission de ce légat en France (II, p. 650-653).
2. Voy. Potthast, 5299. Cette excommunication fut prononcée par le légat, le 23 mai, à Winchester (*Hist. des ducs de Normandie*, 169).
3. *rex* omis dans Chr.
4. *vocari* Chr.
5. *aggravare* Chr.
6. Les mesures violentés dont il est ici question furent-elles jamais appliquées? Guillaume le Breton est le seul à en parler. — Il n'est pas facile de savoir quelle conduite tint Philippe-Auguste lors de l'offre faite à son fils par les barons anglais. Notre chroniqueur dit formellement (§ 214) que Louis se lança dans cette entreprise contre l'opinion de son père, « patre suo penitus dissentiente ». Mais il semble que si le roi eût formellement désapprouvé l'expédition, il aurait bien pu trouver quelque moyen de retenir son fils en France. Or il paraitrait, d'après un passage de Matth. Paris (II, 653), que le roi de France, n'étant pas sans inquiétude sur la fidélité des barons (la demande des otages était un résultat de cette inquiétude), se serait d'abord opposé au départ du

nus de favore filii sui suspectum habens, archiepiscopo Senonensi et ejus suffraganeis litteras destinavit, in quibus notabat ipsum regem excommunicatum esse. Propter quod synodo apud Meldunum congregata, universi primates regni proclamaverunt quod ipsum regem propter hoc excommunicatum non haberent, nisi de voluntate pape fierent certiores.

219. — Cum hec aguntur in Francia, ipse papa, de transitu Ludovici in Angliam certioratus, inconsolabiliter dicitur doluisse, et volens se ad vindictam armare, fecit sermonem ad clerum et populum, sumpto hoc theumate a prophetia : *Mucro, mucro evagina te et lima te ut interficias et splendeas*[1]; et in ipso sermone solemnizavit excommunicationes in Ludovicum et in suos, et vocatis notariis cepit dictare sententias duras et intolerabiles contra Philippum regem et contra regnum suum.

220. — Talia eo cogitante, Dominus, qui in omni

prince, puis que, lors d'une visite que lui fit celui-ci à Melun, le 26 avril, il se laissa fléchir, mais ne donna pas de consentement officiel : « ... mente, voluntate et adjutorio consensit; sed previdens « futurorum eventuum pericula, palam assensum non adhibuit; « et sic non quasi volendo vel persuadendo, sed quasi permit- « tendo, licentiam consensit... » Ce qui est certain, c'est qu'une fois que Louis eut passé la Manche, il ne reçut de son père aucun appui et qu'il n'eut aucun rapport avec lui lors du voyage qu'il fit en France en 1217 (voy. plus bas p. 312).

De tout cela il résulterait que Philippe-Auguste, sans s'opposer matériellement à une expédition qu'il avait lui-même projetée quelques années auparavant, l'aurait jugée désormais intempestive et se serait sagement tenu sur la réserve. — On peut se faire une idée des dispositions du roi par une anecdote rapportée par le *Ménestrel de Reims* (§ 301-302), anecdote qui, sans être historique, montre du moins quelle était sur ce point la tradition populaire.

1. Ezéchiel, XXI, 28.

articulo ipsi Philippo regi consuevit adesse, mucronem quem in alios evaginari et limari fuerat exhortatus, in ipsum convertit. Nam primo tertianam passus et in brevi curatus, medicis ignorantibus, Deo, sicut credimus, disponente, incidit[1] in acutam ; quam cum multis diebus fovisset, nec a cibis, quibus in magna quantitate ex consuetudine vescebatur, utpote illius egritudinis ignarus, minime[2] abstineret, demum paralysi percussus, et ad ultimum in lethargiam prolapsus, vitam finivit. Cujus finis, quia in multis negotiis rigorem nimium quam maxime attendere videbatur, letitiam potius quam tristitiam generavit subjectis. Anime tamen ejus propitietur Ille cujus vice inter homines fungebatur ! Sedit autem octodecim annis et mensibus sex. Obiit autem quinto idus junii[3] ; cui successit Cincius natione Romanus, qui in ipsa consecratione Honorius est vocatus. Nunc ad ea que gerebantur interim in Anglia stylum vertamus[4].

221. — Eodem igitur anno, in Pentecoste precedenti[5], applicuit Ludovicus insule que dicitur Tanet, cum paucis militibus ; nam major pars exercitus ipsius, orta tempestate nubilosa et ventorum discordia, retro-

1. *decidit* Chr.
2. *minime* manque dans Brux. et Cott.
3. Il faudrait *XVII kal. augusti*. Innocent III mourut le 16 juillet 1216.
4. *vertamus Honorio* (sic).
5. *precedenti* omis dans Cott. — L'*Histoire des ducs de Normandie* (p. 168) qui, pour tous ces événements, contient les détails les plus minutieux et les plus exacts, dit que Louis s'embarqua le lendemain de l'Ascension (20 mai) à Calais et qu'il débarqua le 21 à Stonar dans l'île de Thanet. Voy. dans la même chronique (p. 165-167) l'énumération de ceux qui accompagnèrent le prince. Voy. aussi R. de Coggeshall, 181.

versi ad eosdem portus a quibus navigare ceperant[1], sunt repulsi. Post triduum, mari pacificato, secuti sunt Ludovicum, et venerunt ad insulam illam in qua ipse erat eorum exspectans adventum[2]. Die illa et hora qua Ludovicus applicuit, Johannes rex erat cum immensa multitudine armatorum[3] prope mare, exspectans ipsum Ludovicum, sciens ipsum venturum et volens, ut dicebat, ei congredi antequam, post navigandi tedia et marinos fetores Francigenis inconsuetos, spiritum resumeret aut quocumque se edulio recrearet. Quo comperto, statim ipse Ludovicus arma arripuit, et marini fetoris oblitus, armatorum non considerans paucitatem (licet, ut dictum est, major pars sui exercitus absens esset), ad locum quo stabat Johannes cum suo exercitu properavit; Johannes vero, licet triplo[4] haberet majorem exercitum[5], castra relinquens, promissionis sue et regalis superbie non recordans, tutius elegit fugere quam pugnare[6].

1. *ceperat* Chr.
2. Le seul vaisseau du prince Louis avait réussi à gagner Stonar (R. de Coggeshall, 181).
3. *armorum* Chr.
4. *duplo* Chr.
5. *canticum* (sic) Chr.
6. Le récit de Guillaume le Breton n'est pas tout à fait exact. Le roi d'Angleterre avait eu le dessein de bloquer la flotte française dans le port de Calais, mais une tempête qui s'éleva la veille de l'Ascension dispersa si bien ses vaisseaux que, forcé de renoncer à ses projets, il se retira à Cantorbéry. Le 21 mai, on vint lui apprendre que la flotte de Louis était signalée; Jean se garda d'ajouter foi à cette nouvelle et répondit que c'étaient ses propres nefs qui revenaient de Romney, où la tempête les avait forcées à se réfugier; mais cette illusion lui fut enlevée par le légat Gualon qui arrivait précisément de Romney, et, le 22 mai, il put de la côte de Sandwich apercevoir les vaisseaux de Louis

222. — Johanne itaque rege in fugam verso, Ludovicus recollectis militibus suis, qui, ut dictum est, tempestate orta per diversa loca dispersi fuerant, consumptis paucis diebus apud Tanetam, Londonias venit[1], et a Londonianis cum gaudio est receptus. Inde obsedit Rovecestriam[2] et cepit; inde reversus per Londonias Cantuariam cum gaudio est receptus[3]; et cum multa oppida et municipia obtinuisset, dederunt ei manus rex Scotie[4] et multi alii proceres, et adheserunt ei. Sed et Willelmus Longa-Spata, frater ipsius Johannis regis transtulit se ad partem Ludovici[5], et eum juvit, hac sola speciali causa ductus, quia ei certo innotuit relatore dictum Johannem regem cum ipsius uxore, rupto federe naturali, commisisse incestum, dum ipse esset in Francia carceri mancipatus. Rex itaque Johannes, viribus suis diffidens, trans Humbrum in partes Noricas secessit. Ludovicus vero

---

dans la direction de l'île de Thanet; pris d'un découragement subit, Jean quitta son armée à la dérobée et s'enfuit à Douvres, puis le lendemain 23 à Winchester. C'est là que le légat excommunia nominativement le prétendant français et plusieurs de ses partisans. (R. de Coggeshall, 181. — *Hist. des ducs de Normandie*, 167-170.)

1. Le fils de Philippe-Auguste entra le 2 juin à Londres; il repartit le 6 pour Rogate qu'il prit le même jour. (*Hist. des ducs de Normandie*, 171-172.)

2. *Soucestriam* Cott.

3. C'est avant d'entrer à Londres que Louis occupa Rochester et Cantorbéry. (*Hist. des ducs de Normandie*, 170-172.)

4. Le roi d'Écosse ne vint faire hommage à Louis que beaucoup plus tard pendant le siège de Douvres (22 juillet-14 octobre 1216). Voy. *Hist. des ducs de Normandie*, 179, et R. de Coggeshall, 182.

5. C'est pendant les quinze jours que dura le siège de Winchester que le comte de Salisbury se rallia au parti de Louis. (*Hist. des ducs de Normandie*, 174.)

ad portus rediens, introitum Anglie liberare volens omnino, castrum inexpugnabile quod Dorobernia dicitur, vulgo autem *Dovre*, obsedit et per multum tempus oppugnavit, sed non cepit[1]. Demum enim malitiam Johannis regis Domino terminante, idem Johannes vitam finivit. Quo mortuo Guala cardinalis[2] Henricum filium ejus nondum duodennem coronavit, et statim prefatus Willelmus et multi alii qui in odium patris contra ipsum cum Ludovico pugnabant, ipsi filio facto novo regi[3] reconciliati sunt, et Ludovico penitus defecerunt. Porro[4] maxima erat in obsidione victualium penuria; sed et pecunia, qua stipendia exercitui ministrarentur, deficiebat. Rex enim Philippus, excommunicari metuens[5], nullum adjutorium filio faciebat, per multos super hoc nuncios requisitus; unde enim Ludovicus, consilio inito[6], treugis datis et receptis[7], in patriam repedavit. Pater tamen ejus, tanquam vir christianissimus, nec etiam verbo ei communicare voluit[8].

1. Ce siège, qui durait depuis le 22 juillet (voyez la note 4 de la page précédente), fut interrompu le 14 octobre par une trêve. (*Hist. des ducs de Normandie*, 180.)

2. *cardinalis et legatus ibidem* Cott.

3. *regalis* (sic) Chr.

4. *preterea* Cott.

5. Le légat avait convoqué un concile à Melun afin de mettre la France en interdit; Philippe-Auguste convoqua de son côté une assemblée à Laon pour la mi-carême et somma Louis d'y venir. (G. de Coventry, II, 235.)

6. Louis avait réuni ses partisans à Cambridge et Henri les siens à Oxford. (G. de Coventry, II, 235.)

7. *et receptis* omis dans Chr. — Ces trêves devaient durer jusqu'à la fin du mois qui suivrait Pâques. (G. de Coventry, II, 235.)

8. « .... mais onques à son père n'i parla. » (*Hist. des ducs de Normandie*, 187.)

223. — Anno itaque ab incarnatione Domini MCCXVII, viribus ut potuit recollectis, et pecunia ab amicis plurima, insufficienti tamen, extracta[1], in Angliam est reversus[2], et castrum predictum viriliter oppugnavit[3]. Cum itaque tam ipse quam ejus exercitus in obsidione illa fere per annum sedisset, vires ipsius debilitari ceperunt, maxime ex defectione Willelmi Longe-Spate et aliorum Anglicorum[4]. Interea Guala cardinalis, apostolice sedis legatus, collecto exercitu Anglicorum illorum qui filio regis Anglie novo regi favebant, obsedit Linconium; quod cum nunciatum esset Ludovico, inito consilio, misit illuc Robertum filium Walteri cum Thoma comite Pertici et Simone Pissianita, et quam maxima multitudine Anglorum[5] qui cum eo erant. Quibus advenientibus, pars adversa, soluta obsidione, statim fugit, et insidiis positis reversi sunt subito, et irruerunt in nostros ex improviso, et pugna commissa, interfectus est inprimis predictus[6] Thomas ille nobilis comes Pertici, cum nondum complesset vigesimum secundum etatis sue annum; sed et Robertus filius Galteri, et infinita multitudo qui cum eo erant, capti

1. *mendicata* Chr.
2. Louis débarqua le 25 mars 1217 à Sandwich. (*Hist. des ducs de Normandie*, 188-189.)
3. Le prince français alla bien à Douvres le 26 mars; mais il ne fit qu'y prolonger la trêve avec les assiégés. Il y revint le 12 mai, après une chevauchée qui le mena successivement à Cantorbéry, Winchester et Londres. (*Hist. des ducs de Normandie*, 189-192.)
4. Ces défections avaient eu lieu pendant que Louis était en France. (*Hist. des ducs de Normandie*, 187. — G. de Coventry, II, 235.)
5. *Angelorum* (sic) Chr.
6. *predictus* omis dans Brux.

fuerunt[1]. Simon Pissianita, et milites Franci qui militabant cum eo, visa[2] fortitudine partis adverse et impotentia partis sue, caute recedentes a campo, tristes et victi ad Ludovicum venerunt. Tunc meror et luctus omnium et lamentatio per castra. Hoc audito in Francia, Robertus de Corteneio, cognatus regis, et multi alii magni viri, collecto exercitu, mare ingressi sunt ut succurrerent Ludovico[3]. Dum autem essent in medio mari, compererunt paucas naves levi cursu de Anglia venientes; quibus compertis, fecit Robertus de Corteneio navem in qua erat, dirigi ad eas, credens de facili eas occupare posse. Naves autem alie sociorum ipsius non sunt secute eum. Sola ergo navis illa, congressa quatuor navibus Anglicis, in brevi superata et capta est, et Eustachius cognomento Monachus, miles tam mari quam terra probatissimus, et Droco Romam rediens clericus, et multi alii qui in eadem navi capti fuerunt, decollati sunt, et ita, hoc viso, omnes alie naves Francorum ad portum a quo processerant, nimio timore perterrite, redierunt[4]. Ludovicus igitur[5], amisso omni succursu tam per mare quam per terram, pace prout potuit inter ipsum et novum regem Anglie reformata, recepta a fisco pecunia, scilicet[6] quindecim millibus[7] marcarum argenti

1. La bataille de Lincoln eut lieu le 18 mai 1217.
2. *vissa* (sic) Chr.
3. Ce secours, parti de Calais le 24 août, avait été organisé par Blanche de Castille qui était venue s'établir dans cette ville. (*Hist. des ducs de Normandie*, 198-200.)
4. Cette défaite navale eut lieu devant Thanet le 24 août. (*Hist. des ducs de Normandie*, 202. — Gautier de Coventry, 238-239.)
5. *igitur* omis dans Chr.
6. *scilicet* omis dans Chr.
7. 17,000 dit l'*Hist. des ducs de Normandie*, 204.

pro reditu, obtenta ad sumptus[1] regis Anglie a summo pontifice sibi et suis omnibus absolutione, in patriam repedavit[2].

224. — Anno ab incarnatione Domini MCCXVIII[3], obiit Odo nobilis dux Burgundie crucesignatus, qui condito testamento pecuniam sufficientem et milites et viros armatos misit pro se in obsequium sancte Crucis ad succurrendum Sancte Terre.

225. — Eodem anno, in festo beati Johannis, Petrus Parisiensis episcopus et frater ejus Galterus camerarius, Herveus comes Nivernii et multi alii boni milites et aliorum hominum multitudo, iter arripuerunt sancte peregrinationis in obsequium sancte Crucis[4].

226[5]. — Eodem anno, in vigilia Assumptionis, quidam latro Anglicus[6] natione, cum aliquot diebus in superioribus testudinibus Parisiensis ecclesie latuisset, nactus demum occasionem, uncino deorsum immisso,

---

1. *assumpto* (sic) Chr.
2. Louis reçut à Londres la nouvelle de la défaite de Thanet le 26 août au soir. Après des pourparlers qui durèrent depuis le 28 août, la paix fut convenue le mardi 5 septembre 1217 dans une ile de la Tamise, devant Kingston; le lendemain 6 septembre, au même lieu, le légat prononça l'absolution de Louis et de ses partisans (*Hist. des ducs de Normandie*, 202-205). La paix ne fut solennellement conclue que le 11 septembre à Lambeth (Rymer, éd. de 1816, I, 148), et Louis, qui avait reçu le 14 septembre un sauf-conduit de Henri III, ne s'embarqua que vers la Saint-Michel (Rymer, *loc. citat.* — G. de Coventry, II, 239).
3. 6 juillet.
4. Ces croisés n'arrivèrent en Égypte qu'à Pâques de l'année suivante. (*Estoire d'Eracles*, XXXII, chap. 3.)
5. Le § 226, qui manque dans Brux. et dans Cott., est transporté dans Ottoboni tout à la fin de la chronique, à la suite du § 235.
6. *Angelicus* (sic) Chr.

arripere nitebatur pelves argenteas cum candelabris argenteis, quibus cerei[1] perpetuo lumine ante magnum altare relucebant. Cerei autem elevati corripuerunt igne pannos sericos quibus ecclesia in tantis solemniis ornabatur, et consumpsit ignis, antequam incendio possent aliqui subvenire, DCCC marcarum pretio estimatos.

227. — Proh[2] dolor ! eodem tempore sanctus comes Simon in obsidione Tolose, quam ipse cum aliis catholicis pro fide catholica obsederat, vulneratus in capite petra missa de petraria, fuit martyrio coronatus[3].

228. — Eodem anno, obiit Otho reprobus imperator in castro Brunswic[4], prius restitutis omnibus que occupaverat de ecclesie et imperii rebus, absolutione nihilominus impetrata qua[5] per multos annos fuerat innodatus.

229. — Eodem anno in kalendis octobris, facta est pruina asperrima septem[6] diebus continuis, et congelati et inaniti sunt racemi pro maxima parte qui colligebantur adhuc.

Eodem mense tertio kalendas novembris, factum est gelu asperum[7] continue usque in festum beati Nicolai, nivibus plerumque interjectis, adeo ut omnes vie desiccarentur, omne lutum duresceret, et stagna et flumina famosa, maxime Sequana et Ligeris[8], gelaren-

1. *cerie* (sic) Chr.
2. *Proch* Brux.
3. 25 juin 1218.
4. *Bruinsic* Chr. — Othon mourut le 19 mai 1218.
5. *quam* Chr.
6. *sex* Cott.
7. *asperum et duravit* Cott.
8. *Sequalia et Liger* Chr. — Les quatre derniers mots (*maxime — Ligeris*) sont omis dans Cott.

tur et viantibus gradibilia se preberent. Austris itaque modico tempore flantibus, cum asperitas frigoris cessavisset ad tempus, ecce subito Boreas cum horrore subito revertitur, et duravit gelu continue et nix fere continua usque medium martii sequentis; et tunc demum gelu vix cessante[1], frigus tamen et ventorum intolerantia non cessavit, adeo ut in medio adhuc maii vix pauce spice in segetibus, in vitibus quoque rarissimi palmites[2] apparerent. Unde et propriis oculis vidi multis in locis terras in quibus seges frigore nimio deperierat, iterum coli et denuo seminari.

230. — Eodem anno, in autumno[3], universitas christianorum qui erant in Terra Sancta obsedit civitatem famosissimam Damietam in confinio Egypti super Nilum sitam, que Memphis antiquitus dicebatur, et oppugnaverunt illam per annum[4]. In fine anni exierunt de exercitu christianorum quidam circiter decem millia et pugnaverunt contra Sarracenos qui eorum castra obsederant, et victi sunt ab ipsis. Ibidem captus est Galterus cambellanus et Milo electus Belvacensis et multi alii christiani[5].

231. — Eodem anno, in hieme, Herveus de Leone,

---

1. *gelu et nive cessantibus* Cott.
2. *plamites* (sic) Chr.
3. Ce n'est pas en automne, mais le 9 mai 1218, que l'armée chrétienne quitta le port d'Acre pour aller assiéger Damiette. (*Estoire d'Eracles*, XXXI, chap. 14.)
4. *manum* (sic) Chr. — Damiette fut prise en novembre 1219; le château ne se rendit qu'en janvier 1220. (*Estoire d'Eracles*, XXXII, chap. 12.)
5. Cette malheureuse affaire eut lieu non pas à la fin de 1218, comme Guillaume le Breton pourrait le faire croire, mais le 29 août 1219. (*Estoire d'Eracles*, XXXII, chap. 10.)

vir inter Britones armis et divitiis potens, cum esset in obsequio sancte crucis apud Acharon, mortuo ibidem Morvano vicecomite Fagi, sororio ejus, cupiditate terre ejusdem occupande ductus, contra salutem suam et prohibitionem [1] patriarche Hierosolimitani et christianorum qui ibidem erant, iter iterum arripuit in patriam redeundi; cujus occasione multi alii qui valde esse succursui Sancte Terre necessarii potuissent, iter similiter [2] arripuerunt [3] cum eodem, numero sexdecim millia. Qui omnes cum jam essent prope terram in littus juxta Brundusium, nec distarent a terra quantum arcus tribus jactibus emittere potest [4], subita et inaudita tempestate exorta, vespere et nocte tota, et sequente die usque in vesperum laborantes, navibus demum fractis septem numero, omnes perierunt naufragio, paucis, circiter [5] octoginta, evadentibus, tabulis et aliis navium fragminibus adherentes. Et ita qui cupiditate terre occupande Dei servitium intermisit, justo Dei judicio terra caruit et honore sepulcri [6].

232. — Anno Domini MCCXIX [7] perseveravit ventorum rabies ab occidente flantium continue toto martio

1. *et prohibitionem* manque dans Chr.
2. *simul* Chr.
3. *arripiunt* Chr.
4. *post* (sic) Chr.
5. Il y a dans Brux. un mot laissé en blanc entre *circiter* et *octoginta*.
6. Le nécrologe de Landevenec, cité par D. Lobineau, place la mort de Hervé le 23 octobre. (*Hist. de Bretagne*, I, 213.)
7. Dans Chr. cette date termine le paragraphe précédent et se trouve remplacée ici par *Eodem anno*. Dans Brux. la date est inscrite au milieu d'un blanc laissé entre les deux paragraphes, et le § 232 commence aussi par *Eodem anno*.

et aprili; et licet, agri, strate, vici et platee desiccarentur, fluvii tamen, quamvis non plueret, adeo tumescebant, quasi contra naturam temporis et aeris qualitatem, quod prata, virgulta, vici et vinee, et sata vicina fluminibus, non sine colonorum jactura stagnarent toto aprili et usque medium maii mensis. Parisius etiam infinitate domus infinitis[1] obsidebantur fluctibus, quod non nisi navigio intrabantur; et pons qui Parvus dicitur, aquis inundantibus, suum viatoribus officium denegabat, maio mense fere jam medio.

Item, circa festum beati Johannis et usque ad gulam augusti, pluere non cessavit, propter quod et messis et vindemia tardius sunt collecte.

233. — In Ascensione Domini ejusdem anni, arripuit iter eundi in Albigesium, missus a patre suo, Ludovicus primogenitus Philippi regis filius, et cum eo Petrus dux Britannie, Noviomensis, Silvanectensis, Tornacensis, et multi alii episcopi, comites[2] et barones, et infinita militum et peditum multitudo, inveneruntque Almaricum comitem filium sanctissime memorie Simonis comitis Montisfortis, in obsidione Miromandie, quam cum eodem Almarico ceperunt, et interfecerunt omnes municipes cum mulieribus et parvulis, omnes indigenas usque ad quinque millia. Inde profecti obsederunt Tolosam, et tepide oppugnaverunt eam, quibusdam de nostris prodiciose impedientibus negotium crucifixi; sicque infecto negotio redierunt in patriam minus laudis quam vituperii reportantes.

234. — In vigilia Assumptionis beate Marie ejus-

---

1. *infinitis in terminum* Chr.
2. *comites* omis dans Cott.

dem anni, dum vigilia celebraretur, facta sunt tonitrua, fulgura et fulgetre quales antea non fuerunt, frequenterque tonuit in illis diebus, adeo ut in crastino Nativitatis beate Marie fulmen desursum veniens in campanariam turrim Beati Dionysii que mire erat altitudinis, gallum auratum cum lebete deaurato prostraverit de turris summitate in terram, duravitque ignis putens, ipsos lapides et ligna consumens per biduum.

235. — Eodem anno, vindemia passa est multa inconvenientia; pluit enim continue tempore quo florere debuerat. Pruina fuit maxima die lune[1] in fine Augusti, qua vinee sunt aduste. In fine vero septembris, quando racemos colligere solebamus, factum est gelu asperrimum per tres septimanas, nec maturuerant racemi, et nix profunda ruit et cooperuit terram per multos dies, et ita fere totum vinum amisimus in universo regno Francie. Racemi demum collecti adeo usti erant, quod nihil aliud esse videbantur quam artinum torculari jam pressum; nec vidi aliquem qui jactaret se habuisse vini quartam partem estimationis sue, quamlibet vini viridis et immaturi. Postea non cessavit pluere continue usque ad[2] kalendas februarii[3] tantaque aquarum inundatio fuit, quod stagna pontes, molendina quamplurima[4] et domicilia corruerunt.

1. *dine* (sic) Chr. — Le dernier lundi d'août tombait le 26 en 1219.
2. *in* Chr.
3. Février 1220.
4. *plurima* Chr.

CONTINUATION

DU MANUSCRIT DE PARIS (Lat. 5925).

1[1]. — Eo tempore quo Philippus rex Francorum, sicut predictum est, pugnabat contra Othonem imperatorem et Flandrenses in Flandria, bellabat[2], Ludovicus primogenitus ejus contra Johannem regem Anglie in Andegavia, et eum fugavit viriliter de obsidione quam fecerat ad Rupem-Monachi. Quia vero pater et filius de tam magnis adversariis eodem tempore triumphare meruerunt, in ejusdem triumphi memoriam rex Philippus edificari fecit abbatiam de ordine Sancti Victoris Parisiensis, juxta Silvanectum[3], que appellatur Victoria[4].

2. — Post hec tempora, Innocentius papa celebravit Rome concilium; vir clari ingenii, magne probitatis et sapientie, cui nullus secundus tempore suo; fecit enim mirabilia in vita sua. Eo anno quo concilium factum est, mortuus est idem Innocentius apud Perusium[5].

---

1. Voy. plus haut, page 299, note 10.
2. *rebellabat* ms.
3. *Silvanectenum* (sic) ms.
4. Les fondements de l'abbaye de la Victoire ne furent jetés qu'au commencement du carême de l'année 1222. (*Gall. christiana*, X, col. 1503.)
5. On a vu plus haut (*Guill. Arm.*, §§ 216 et 220) que le concile

3. — Post hec Lodovicus primogenitus Philippi regis Francie perrexit in Angliam cum apparatu et exercitu valido contra Johannem regem Anglie. Londonienses statim eum receperunt; multe civitates ei se dederunt; barones de terra illa fere omnes eidem homagium fecerunt. Rex Johannes nimio terrore et timore perterritus, aufugit[1]; non multo post mortuus est. Barones Anglie Henrico filio Johannis regis Anglie statim adheserunt, Ludovicum turpiter relinquentes, spreto moderamine juramenti quod ei fecerant. Comperta ab eo proditione Anglorum, Ludovicus rediit in Franciam. Prefatus Johannes rex Anglorum terram suam jam posuerat sub protectione ecclesie Romane, et pape Innocentio de toto regno suo homagium fecerat.

4. — Per hec tempora, Simon comes Montisfortis factus est comes Tolosanus, Innocentio papa procurante et rege Philippo concedente, propter hereticam pravitatem Albigensium et propter apostasiam Remundi comitis Tolosani. Et cum tota terra Albigensium dicto Simoni reddita fuisset, Albigenses et Tolosani contra juramentum et homagium venientes, Tolosani civitatem contra ipsum munierunt, quam dictus Simon viriliter obsedit; sed, in ipsa obsidione lapide percussus, vitam in fide catholica finivit.

5. — Eo tempore quo Philippus rex Francorum magnanimus cepit infirmari, cometes horribilis apparuit in Occidente[2], pretendens signum mortis ejusdem

---

de Latran eut lieu en novembre 1215 et qu'Innocent III ne mourut que le 16 juillet 1216.

1. *affugit* ms.

2. Cette comète fut visible pendant huit jours au commencement de juillet 1223. (Chron. de Guill. de Nangis, I, 169.)

et debilitatem regni Francorum; pro cujus morte dolendum, si funus haberet amicum.

6. — Anno ab incarnatione Domini MCCXXIII, pridie idus Julii[1], obiit Philippus rex Francorum illustris apud castrum quod vocatur Medunta[2]; qui sensu[3] et industria vir prudentissimus, virtute strenuus, gestis magnificus, fama preclarus, victoriosus in bellis, ac triumphis multis et magnis plurimum gloriosus, jus et potentiam regni Francorum mirabiliter dilatavit, et regalem fiscum ampliavit in multis; multos etiam preclaros principes terris, militibus, armis et opibus prepotentes, regno suo et sibi graviter adversantes, debellavit viriliter et devicit. Ecclesiarum quoque defensor maximus et protector, istam precipue sanctam ecclesiam, Sancti videlicet Dionysii[4], speciali favoris gratia et quasi quodam amoris privilegio fovit propensius et

---

1. Le ms. porte *Junii* que le correcteur du XIVe siècle, dont il a été question plusieurs fois, a remplacé par *Julii*.

2. C'est Raoul de Coggeshall (p. 195-196) qui donne le plus de détails sur les derniers moments de Philippe-Auguste. Le roi était à Pacy où il tenait une assemblée de seigneurs au sujet d'une conspiration tramée par quelques-uns de ses barons, lorsqu'il se sentit malade. Le mardi 11 juillet 1223, il se fit saigner; mais se croyant mieux, il négligea le régime que lui recommandaient ses médecins. Le mercredi, se sentant plus mal, il reçut les sacrements et fit venir son fils à qui il recommanda de rester en paix avec l'Église. Le troisième jour, pendant qu'on le ramenait à Paris, il dut s'arrêter à Mantes, où il mourut le lendemain 14 juillet. Ses obsèques eurent lieu dès le samedi 15, à Saint-Denis. — Voy. aussi la chronique *Ad cyclos Paschales*, éd. Berger. *Bibl. de l'École des chartes*, 1879, p. 289.

3. *sensus* ms.

4. Cette expression prouve que la présente continuation est due à un moine de Saint-Denis.

protexit, et quem habebat erga ipsam dilectionis affectum multotiens effectu operis comprobavit. Porro ipse ab annis teneris zelator fidei christiane, vexillo crucis affixo humeris in sua juvenili etate, contra Sarracenos in manu valida transfretavit, ubi in obsidione Aconitane urbis usque ad ejus consummatam debellationem plenamque recuperationem preclare et efficaciter laboravit. Ac postmodum vergens in senium, proprio filio non pepercit, quin eum mitteret bis adversus hereticos Albigenses cum magnis sumptibus et expensis, et alia tam in vita sua quam in suo decessu multa largitus est ad ejusdem negotii Albigensis subsidium et juvamen. Preterea dando pauperibus et dona plurima charitative per loca varia dispergendo, eleemosynarum fuit largissimus seminator. Sepultus autem est in ecclesia Beati Dionysii digne et honorifice, sicut tali et tanto principi competebat.

7. — Ad ipsius enim exequias (quod non sine nutu et providentia Dei gestum esse videtur) affuerunt duo archiepiscopi, videlicet Remensis Guillelmus et Senonensis Galterus, et viginti episcopi, videlicet de Romana curia, Coraldus Portuensis episcopus cardinalis et sedis apostolice in terram Albigensium tunc legatus; de Anglia, Pandulfus Norvicensis episcopus; de Remensi provincia, Catalaunensis Guillelmus, Belvacensis Milo, Noviomensis Girardus, Laudunensis Ansellus, Suessionensis Jacobus, Silvanectensis Garinus, Atrebatensis Pontius, Ambianensis Gaufridus; de provincia Senonensi, Carnotensis Galterus, Altissiodorensis Henricus, Parisiensis Willelmus, Aurelianensis Philippus, Meldensis Petrus, Nivernensis

Reginaldus[1]; de provincia Rotomagensi, Bajocensis Robertus, Constantiensis Hugo, Abrincensis Willelmus, Lexoviensis Willelmus; de provincia Narbonensi, Fulco Tolosanus ; qui prelati de mandato domini Pape, imo de ipsa potius, ut credibile est, ordinatione divina, pro negotio Albigensi tunc temporis erant Parisius congregati. Missam autem exequialem celebrarunt simul Portuensis episcopus et Remensis archiepiscopus, una voce ad duo altaria propinqua, ceteris episcopis cum clericis et monachis, quorum aderat innumera multitudo, assistentibus et eis respondentibus sicut uni. Inter quos adfuit et Johannes illustris rex Hierosolymitanus, qui in Franciam venerat pro negotiis et necessitatibus Sancte Terre, presentibus ad hoc inclytis predicti regis Philippi filiis, Ludovico primogenito et Philippo.

8. — Sepedictus autem rex Philippus tale condidit testamentum[2]. Legavit ad subsidium Terre Sancte trecenta millia librarum Parisiensium ; videlicet prefato regi Johanni centum millia, militie Templi centum millia, Hospitali Hierosolymitano centum millia[3]. Datum

1. *Rogerus* ms. — On ne trouve pas un seul Roger dans la liste des évêques de Nevers.
2. *Cat.* 2172. — On sait que ce testament rédigé en septembre 1222 est très probablement autographe. Voy. *Musée des Archives nationales*, n° 214. M. Teulet en a donné une édition intégrale dans le tome I des *Layettes du Trésor des chartes,* n° 1546. Pour la facilité des recherches, nous renverrons au texte publié par D. Brial dans lequel les articles sont numérotés.
3. Si l'on additionne les sommes mentionnées dans les art. 5 et 6 du testament de Philippe-Auguste, on trouvera un total de 157,500 marcs d'argent, ce qui fait environ 393,750 livres et non pas 300,000.

est de suo¹ Amalrico comiti Montisfortis viginti millia librarum Parisiensium, ad uxorem ejus et suos de Albigensi terra et manu hostium reducendos. Preterea dedit quinquaginta millia librarum Parisiensium, pauperibus eroganda². Magnam etiam summam pecunie dicitur.....³.

1. D. Brial avait inexactement imprimé *Donavit etiam*. Ce qui pourrait faire croire à un legs fait par Philippe-Auguste. Or ce legs ne figure pas dans le testament du roi. La leçon originale du ms. lat. 5925, que nous publions aujourd'hui et que Duchesne avait reproduite, vient confirmer la supposition faite par le nouvel éditeur de D. Vaissète : « Il serait plus exact, écrit M. Molinier, « de dire que cette somme fut prise par le roi Louis VIII, à la « demande du pape, sur les vingt-cinq mille marcs laissés par « son père pour aumônes et restitutions. » (*Hist. du Languedoc*, VI, 568, note 5.)

2. L'article 7 du testament contient un legs de 21,000 livres aux pauvres et l'article 13 celui d'une rente de 20 sous par jour au profit de l'Hôtel-Dieu de Paris.

3. C'est ici que se termine le fol. 301 du ms. lat. 5925. L'écrivain qui a complété le recueil de biographies royales primitivement contenu dans ce ms. a, comme on le sait, arraché les feuillets suivants pour les remplacer par les cahiers où se trouvent à présent les vies de Louis VIII, de saint Louis et de Philippe le Hardi ; mais il a négligé de transcrire à nouveau les dernières lignes de ce paragraphe que nous allons compléter par le texte des Chroniques de Saint-Denis : « Et si laissa grant somme d'avoir « pour restorer les torz fais qu'il avait fais pour ses guerres* ; si « establi vint moines prestres en l'abbaye de Saint-Denys en « France par dessus le nombre qui devant y estoit, qui sont tenus « à chanter pour l'ame de luy. Mors fu en l'an de l'Incarnacion « Nostre Seigneur mil deux cens vingt et trois, de son aage « soixante et trois, et de son règne quarante trois**. »

* Voy. l'article 1 du testament.
** On voit par l'article 10 du testament que Philippe-Auguste avait à cet effet légué ses joyaux à l'abbaye de Saint-Denis ; les joyaux, à l'excep-

Nous ignorons où D. Brial a pris les trois lignes qui terminent son édition; si elles présentent de l'analogie avec les Chroniques de Saint-Denis, elles n'en sont pas, à coup sûr, la traduction.

tion d'une croix d'or que les religieux voulurent conserver, furent rachetés au mois d'août 1223 par Louis VIII, moyennant 11,600 livres, dont 10,000 furent employées à la fondation en question et 1,600 à créer des distributions extraordinaires à faire aux religieux la veille et le jour de l'anniversaire du roi. (Teulet, *Layettes du Trésor des chartes*, II, n° 1597.)

CONTINUATION

DU MANUSCRIT COTTON.

1. — Anno incarnationis Dominice MCCXX, firmate sunt treuge inter Philippum regem Francie et Henricum juvenem regem Anglie[1].

1. Voici la liste des principales pièces relatives au renouvellement de la trêve conclue jadis avec Jean Sans-Terre et qui devait expirer à la fête de Pâques 1220 :

1° 1219, 1ᵉʳ avril. — Honorius papa III Philippum regem Francorum rogat et obsecrat ut treugas olim inclitæ recordationis Johanni regi Angliæ concessas ad quinquennium proroget. (Potthast, 6032.)

2° Sans date. — Honorii precibus obsecutus, significat Philippus qua conditione concesserit liberis Johannis, quondam Angliæ regis, prorogationem induciarum quas cum eodem Johanne sanciverat olim, ad quatuor annos. (D. Brial, XIX, 684 C.)

3° 1219, 10 mai. — Philippo regi Francorum gratias refert, quod treugas olim inter eum et claræ memoriæ Johannem regem Angliæ irritas per quadriennium ultra terminum usque ad quem firmatæ fuerant duxit prorogandas. Obsecrat eum qui prorogationem eamdem juramento suo firmare noluerit ut treugas ipsas stabiliat. (Potthast, 6060.)

4° [1219] 24 juillet. — Henrici III ad Philippum litteræ de treuga renovanda. (Rymer, éd. de 1816, p. 156.)

5° [1219] 2 septembre. — De conductu pro nunciis regis Franciæ. (Ibid.)

6° [1220] 10 janvier. — Pandulphi, apostolicæ sedis legati, ad Hubertum de Burgo, Angliæ justiciarium, litteræ de forma treugæ regi Franciæ mittenda. (Ibid., 157.)

2. — In Quadragesima precedenti, dominus papa episcopum cardinalem qui fuerat..... in Franciam destinavit, petens per eum a Philippo rege, ut per singulas domos totius regni permitteret tres denarios annuatim usque in triennium ad succursum Albigesii erogari. Rex autem huic petitioni minime acquievit.

3. — Almauricus, filius Simonis sanctissimi comitis Montis Fortis, etate illa viriliter oppugnavit infideles, qui, licet paucos bellatores haberet, multa eorum castella obtinuit. Sed proh dolor! Guido frater ejus eodem tempore ab infidelibus interfectus est[1]; manus autem Domini erat cum Almaurico, que supplebat numerum bellatorum. Erat enim in partibus illis prefatus episcopus cardinalis legati fungens officio a summo pontifice destinatus.

4. — Magister Galterus Cornutus a majori parte capituli Parisiensis in episcopum est electus et ab archiepiscopo Senonensi et ejus suffraganeis confirmatus; contradictus tamen a cancellario et quibusdam aliis canonicis, Romam vadens, gratiam in conspectu Romani pontificis invenire non valens, depositus in patriam est reversus, et episcopus Altissiodorensis ejus

---

7° Sans date. — Regis Anglie ad regem Franciæ de treuga proroganda littera. (Ibid., 158.)

8° Sans date. — Ejusdem litteræ Petro de Collomedio, de eodem negotio. (Ibid.)

9° 1220, 3 mars. — Henri III, roi d'Angleterre, fait connaître les conditions de la trêve conclue entre lui et Philippe-Auguste. (*Cat.*, 1955.)

Voy. aussi *Cat.*, 1956 et 1957, et Rymer, p. 159.

1. Gui, comte de Bigorre, fut mortellement blessé le 27 juillet 1220 devant Castelnaudari. Voy. plus bas, § 5, et D. Vaissète, *Hist. de Languedoc*, éd. Privat, tome VI, p. 536.

loco est subrogatus; que omnia Philippo regi minime placuerunt[1].

5[2].— Almauricus comes obsederat Castrum Novum, sorteque accidit ut Guido comes Bigorensis, frater ejus, annum etatis sue circiter XXII agens, nocte quadam cum militibus excubias observaret. Mane facto, exarmaverunt se milites, egressum hostium die illa ulterius non timentes, et ad castra reversi sunt. Quo comperto egressi sunt hostes. Guido autem et duo milites alii qui nondum fuerant exarmati, eis strenue occurrerunt et eos in oppido fugaverunt tanto impetu quod ipsi cum eis primum vallum, quod barbacana dicitur intraverunt. Credebant enim quod alii de exercitu sequerentur eosdem; et sic tali infortunio et incircumspecto probitatis ardore capti et interfecti fuerunt.

6. — Eodem anno, Altissiodorensis episcopus[3] transfertur ad cathedram Parisiensis ecclesie, odiosus Philippo regi et universitati scholarum, cujus improbitate actum est ut omnes magistri theologie et aliarum facultatum, qui Parisius docebant suspenderent a legendo a media Quadragesima usque ad medium Augusti; propter quod tam a clero quam a populo et militibus odio habebatur[4].

7. — Eodem anno, coronatus est in imperatorem Romanum Fredericus rex Apulie et Suavie, in festo Omnium Sanctorum, ab Honorio papa tertio.

1. Sur cette élection, voy. *Gallia christ.*, VII, 90, 91, et les lettres d'Honorius II. (Potthast, 6233, 6239, 6240.) Voy. aussi plus bas, § 6, et la continuation de Robert Abolant. (D. Brial, XVIII, 289 D.)
2. Ce paragraphe fait double emploi avec le § 3.
3. Guillaume de Seignelay.
4. Ce paragraphe complète le § 4.

8. — Anno ab incarnatione Domini MCCXXI, Philippus rex christianissimus, cum consilio et auxilio quorumdam episcoporum regni sui, misit in Albigesium ducentos milites et decem millia peditum armatorum ad succurrendum comiti Almaurico, qui patri suo sanctissimo Simoni successerat in terra illa. Sed protervia hereticorum contra eum in tantum invaluerat, quod ipse eis resistere vix posset, nisi catholicorum adjutoria per matrem suam ecclesiam et per episcopum Carcassonensem Guidonem piis predicationibus mendicaret. Huic exercitui misso de Francia prefuerunt archiepiscopus Bituricensis et comes Marchie.

9. — In eodem anno sextarius annone venditus fuit Parisius XVI solidis Parisiensium, et fuit raritas frugum per universum regnum Francie, a mari Anglie usque ad alveum fluminis Ligeris. Tempore quo frequentabantur nundine Endicti prope Sanctum Dionysium, tante et tam frequenter oriebantur tempestates horridissime, quod infra octo dies interfecti fuerunt in pago Belvacensi et Parisiaco per loca ictibus fulminum quadraginta homines et quidam auriga et jumentum suum in exitu Endicti fulminati sunt die Jovis post festum sancti Johannis. In castro quod dicitur Petrafontis, dum presbyter divinis intenderet sacramentis, ita tonuit et pluit quod in eadem ecclesia quinque homines mortui fuerunt, et ipse sacerdos et viginti quatuor alii homines adeo lesi et vulnerati fuerunt, quod longo tempore post vix convalescere potuerunt; calix in altari fuit comminutus per frusta, Eucharistia remanente integra et intacta. Sequenti die Veneris, ante festum beati Petri-ad-vincula, fulminata

et damnificata est domus Eleemosyne juxta ecclesiam Beate Marie Parisius, et domus Eleemosyne ante ecclesiam Sancti Stephani de Monte; et in duobus aliis locis ceciderunt fulmina in Parisiaca civitate; quidam carpentarius fuit fulmine interfectus.

10. — Anno ab incarnatione Domini MCCXXII, cum christiani tenuissent Damietam per duos annos, preerat eis Pelagius Romane ecclesie cardinalis, ex parte Romani pontificis legati fungens officio, et pecuniam publicam que per universum mundum ab ecclesiasticis viris nomine vicesime, et aliis modis minus rectis, tam a clero quam populo fuerat extorta, pro voluntate sua quibus volebat dispensans; qui cum esset Hispanus genere, Francigenis minus quam quod deberet, donabat. Hic persuasit, imo coegit christianos, ut castra moventes irent et Taphnida obsiderent. Quod cum dissuaderetur ei a Johanne rege Jerosolymitano, christianissimo et in bello fortissimo, et ab aliis qui periti erant in usu armorum, ipse potestate sibi tradita excommunicavit omnes qui ei contradicerent in hoc facto, et etiam omnes qui ejus proposito contrairent aut ejus voluntati in aliquo dissentirent; unde ipsi propter Deum obedientes eidem et scienter manum in ignem mittentes, perrexerunt cum eo. Soldanus autem congregavit exercitum. Erat autem septimus annus quo Nilus solet excrescere; qui cum excrevisset, vallibus et terris inferioribus jam stagnantibus, christianorum exercitus non potuit aut ultra progredi, aut Damietam redire, nec aliqua de parte poterant eis victualia provenire. Unde necessitate compulsi et rex et cardinalis et omnes alii se dediderunt soldano et

reddiderunt ei Damietam pro redemptione corporum suorum; et ita apparuit manifeste quod coacta servitia et pecunia extorta nunquam placent Deo.

11. — Anno prenotato, orta est guerra in minori Britannia, in patria Ocismorum que olim Legionia, nunc vero Leonia appellatur[1].

---

1. A partir de ce point, le compilateur du ms. Cotton fait un retour en arrière et reprend le récit du règne de Philippe-Auguste à partir de 1214, d'après Vincent de Beauvais (livre XXX, ch. 52), dont il fait des extraits jusqu'en 1250. Enfin il termine son œuvre par la petite chronique parisienne de 1249 à 1269 que M. Delisle a publiée dans les *Mémoires de la Société de l'Histoire de Paris*, IV, 187-190.

Ouvrages publiés par la Société de l'Histoire de France
depuis sa fondation en 1834.

Ouvrages in-octavo à 9 francs le volume.

- L'Ystoire de li Normant. 1 vol. *Épuisé.*
- Grégoire de Tours. Histoire ecclésiastique des Francs. Texte et traduction. 4 vol. *Épuisés.*
- — Idem. *Texte latin.* 2 vol.
- — Idem. *Trad.* 2 vol. *Épuisés.*
- Lettres de Mazarin a la reine, etc. 1 vol. *sur grand papier.*
- Mémoires de Pierre de Fénin. 1 vol.
- Villehardouin. 1 vol. *Épuisé.*
- Orderic Vital. 5 vol.
- Correspondance de Maximilien et de Marguerite. 2 vol.
- Histoire des Ducs de Normandie. 1 vol. *Épuisé.*
- Œuvres d'Eginhard. Texte et traduction. 2 vol. Tome Ier *épuisé.*
- Mémoires de Philippe de Commynes. 3 vol. T. Ier *épuisé.*
- Lettres de Marguerite d'Angoulême, sœur de François Ier. 2 vol.
- Procès de Jeanne d'Arc. 5 v.
- Beaumanoir. Coutumes de Beauvoisis. 2 vol.
- Mémoires et Lettres de Marguerite de Valois. 1 vol.
- Chronique latine de Guillaume de Nangis. 2 vol.
- Mémoires de Coligny-Saligny. 1 vol. *Épuisé.*
- Richer. Histoire des Francs. Texte et traduction. 2 vol.
- Registres de l'Hôtel de Ville de Paris pendant la Fronde. 3 vol.
- Le Nain de Tillemont. Vie de saint Louis. 6 vol.
- Barbier. Journal du règne de Louis XV. 4 vol. T. I et II *épuisés.*
- Bibliographie des Mazarinades. 3 vol.
- Comptes de l'Argenterie des rois de France au XIVe s. 1 vol. *Épuisé.*
- Mémoires de Daniel de Cosnac. 2 vol. *Épuisés.*
- Choix de Mazarinades. 2 vol.
- Journal d'un Bourgeois de Paris sous François Ier. 1 vol. *Épuisé.*
- Mémoires de Mathieu Molé. 4 vol.
- Histoire de Charles VII et de Louis XI, par Th. Basin. 4 vol. T. I et II *épuisés.*
- Grégoire de Tours. Œuvres diverses. Texte et traduction. 4 vol. Tomes I et II *épuisés.*
- Chroniques de Monstrelet. 6 vol. Tomes I et III *épuisés.*
- Chroniques de J. de Wavrin. 3 vol.
- Miracles de saint Benoît. 1 vol.
- Journal et Mémoires du marquis d'Argenson. 9 vol. T. I et II *épuisés.*
- Chronique des Valois. 1 vol.
- Mémoires de Beauvais-Nangis. 1 vol.
- Chronique de Mathieu d'Escouchy. 3 vol.
- Choix de pièces inédites relatives au règne de Charles VI. 2 vol.
- Commentaires et Lettres de Blaise de Monluc. 5 vol. T. I *épuisé.*
- Œuvres de Brantôme. T. I à XI. Tomes I et II *épuisés.*
- Comptes de l'Hôtel des rois de France aux XIVe et XVe siècles. 1 vol.
- Rouleaux des morts. 1 vol.
- Œuvres de Suger. 1 vol.
- Mémoires et Correspondance de Mme du Plessis-Mornay. 2 vol.
- Joinville. Histoire de saint Louis. 1 vol.
- Chronique des comtes d'Anjou. 1 vol. *Épuisé.*
- Chroniques des églises d'Anjou. 1 vol.
- Introduction aux Chroniques des Comtes d'Anjou. 1 vol.
- Chroniques de J. Froissart. T. I, 1re et 2e parties, et t. II à VII.
- Chroniques d'Ernoul et de Bernard le Trésorier. 1 v.
- Annales de Saint-Bertin et de Saint-Vaast d'Arras. 1 v.
- Mémoires de Bassompierre. 4 vol.
- Histoire de Béarn et Navarre. 1 vol.
- Chroniques de Saint-Martial de Limoges. 1 vol.
- Nouveau recueil de comptes de l'Argenterie des rois de France au XIVe s. 1 vol.
- Chanson de la Croisade contre les Albigeois. 2 vol.
- Chronique du duc Louis II de Bourbon. 1 vol.
- Chronique de Le Févre de Saint-Remy. 2 vol.
- Récits d'un Ménestrel de Reims au XIIIe siècle. 1 vol.
- Lettres d'Antoine de Bourbon et de Jeanne d'Albret. 1 vol.
- Mémoires de La Huguerye. 3 vol.
- Anecdotes et apologues d'Étienne de Bourbon. 1 vol.
- Extraits des auteurs grecs concernant la géographie et l'histoire des Gaules. T. I à III.
- Histoire de Bayart. 1 vol.
- Mémoires de N. Goulas. 3 v.
- Gestes des évêques de Cambrai. 1 vol.
- Les Etablissements de saint Louis. T. I et II.
- Chron. normande du XIVe s.
- Relation de Spanheim sur la cour de France en 1690.
- Œuvres de Rigord et de Guillaume le Breton. T. Ier.

SOUS PRESSE :

- Œuvres de Brantôme. T. XII.
- Chroniques de J. Froissart. T. VIII.
- Extraits des auteurs grecs concernant la géographie et l'histoire des Gaules. T. IV.
- Les Etablissements de saint Louis. T. III.
- Lettres de Louis XI. T. Ier.
- Œuvres de Rigord et de Guillaume le Breton. T. II.
- Mémoires d'Olivier de la Marche. T. I.

BULLETINS ET ANNUAIRES.

Bulletin de la société, années 1834 et 1835. 4 vol. in-8°. — 18 fr.
Bulletin de la société, années 1836-1856. *Épuisé.*
Table du Bulletin, 1834-1856. In-8°. 3 fr.
Bulletin de la société, années 1857-1862. In-8°. — Chaque année, 3 fr.
Annuaires de la société, 1837-1863. In-18. — Chaque volume, de 1837 à 1844, 2 fr.; de 1848 à 1863, 3 fr. *Les années* 1845, 1846, 1847, 1853, 1859, 1861 et 1862, *épuisées.*
Annuaire-Bulletin, années 1863 à 1868. — Chaque année, 9 fr.
Annuaire-Bulletin, années 1869 à 1881. — Chaque année, 5 fr.

Imprimerie Daupeley-Gouverneur, à Nogent-le-Rotrou.

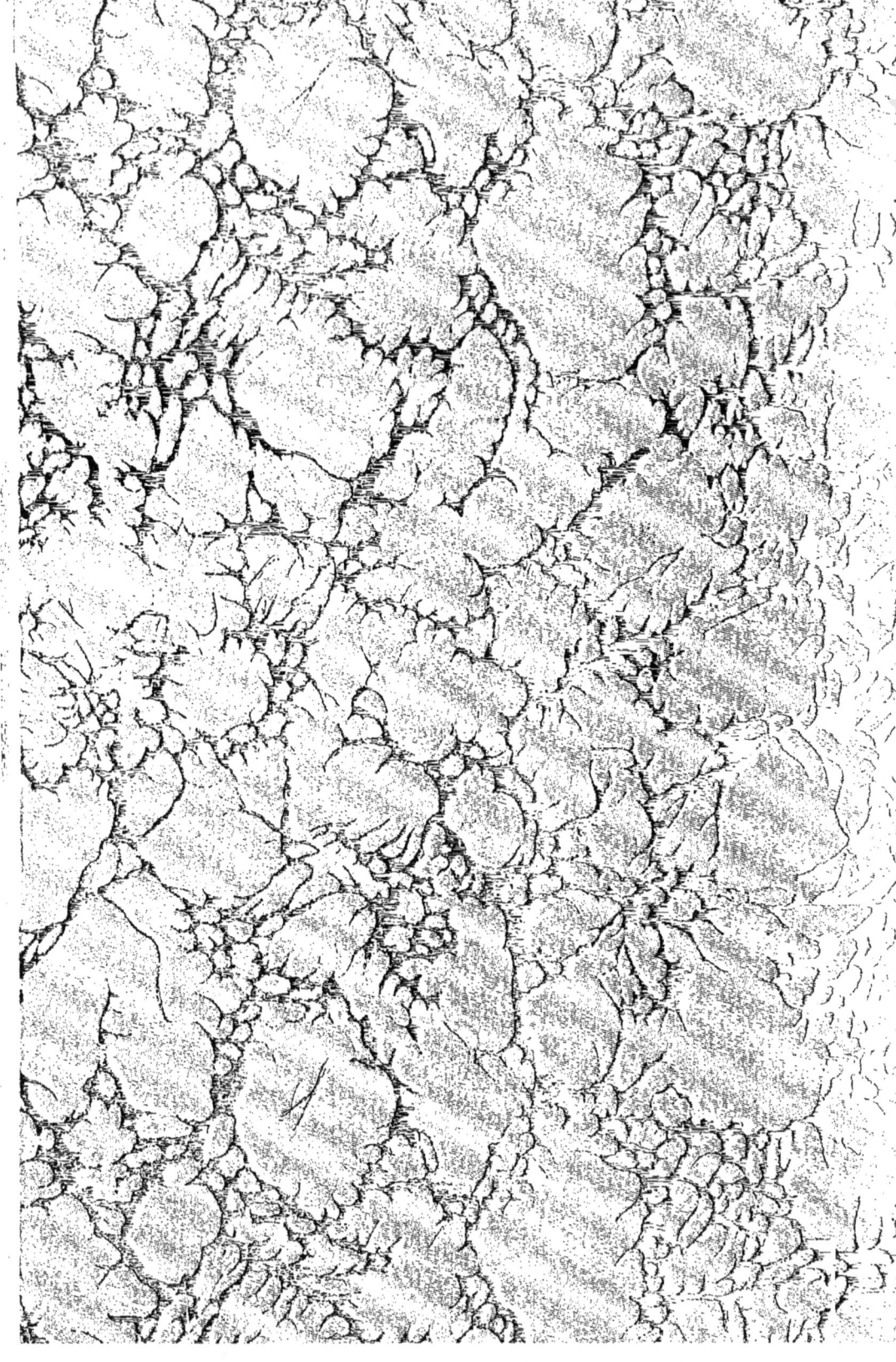

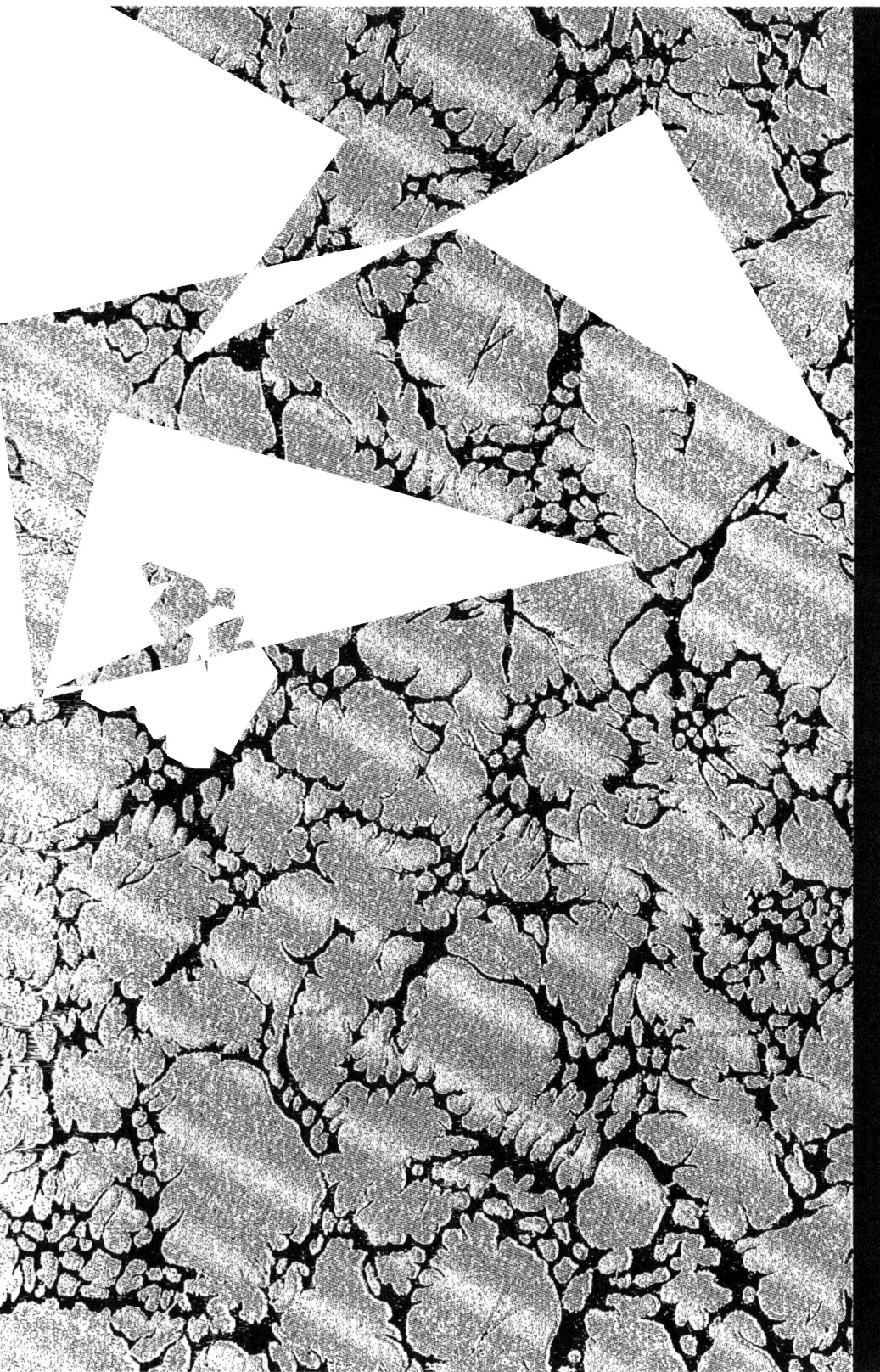

www.ingramcontent.com/pod-product-compliance
Lightning Source LLC
Chambersburg PA
CBHW070845170426
43202CB00012B/1956